结构动态视角下的长期增长

Long-Term Growth from the Perspective of Structural Dynamics

赵奕菡　著

中国社会科学出版社

图书在版编目（CIP）数据

结构动态视角下的长期增长 / 赵奕菡著. -- 北京：中国社会科学出版社, 2025.5. -- ISBN 978-7-5227-4783-5

Ⅰ. F124.1

中国国家版本馆 CIP 数据核字第 20256E9X28 号

出 版 人	赵剑英	
责任编辑	党旺旺	
责任校对	罗婉珑	
责任印制	张雪娇	
出　　版	中国社会科学出版社	
社　　址	北京鼓楼西大街甲 158 号	
邮　　编	100720	
网　　址	http://www.csspw.cn	
发 行 部	010-84083685	
门 市 部	010-84029450	
经　　销	新华书店及其他书店	
印　　刷	北京君升印刷有限公司	
装　　订	廊坊市广阳区广增装订厂	
版　　次	2025 年 5 月第 1 版	
印　　次	2025 年 5 月第 1 次印刷	
开　　本	710×1000　1/16	
印　　张	15	
插　　页	2	
字　　数	209 千字	
定　　价	98.00 元	

凡购买中国社会科学出版社图书，如有质量问题请与本社营销中心联系调换
电话：010-84083683
版权所有　侵权必究

前　言

　　经济增长是我们这个历史时代的标志，不仅涉及国家的综合实力和国际地位，也关系每个个体的前途命运。我们所经历的增长不仅是量变，更是一种质变。农业的相对衰落，以城市为中心的工业和服务业占据主导地位；更多的年轻人离开乡村，进入城市工作和生活；新的产品和服务涌现——高铁、新能源汽车、电子设备、互联网医疗、在线教育……经济增长从来都不是简单的规模扩张，而是始终伴随着经济结构不断的调整变化。只是，在经济的高速增长期，人们习惯性地忘却了结构性问题，好像经济结构总是会自发地调整到与增长相适应的水平。

　　当前，中国经济已经由高速增长阶段转向高质量发展阶段。在经历了前一时期的高速增长之后，积累的结构性问题也逐渐暴露出来，出现了内需不足和供给过剩并存的局面，给经济带来了较大的下行压力。为什么长期增长过程中会积蓄结构性问题，经济结构性失衡会对经济增长产生多大程度的影响，如何打破中国当前的局面，建立供给和需求的高水平动态平衡，实现国民经济的良性循环，从而推动中国经济持续稳定地增长，都是值得我们深入思考的问题。

　　西方经济学对经济增长的考察多是从宏观总量的视角出发，用收敛假说解释长期经济增速的下降（Barro and Sala-I-Matin, 1992）。2000 年前后，增长理论也开始关注经济结构变迁，以非位似偏好产生的恩格尔效应、部门间技术进步差异产生的价格效应为基础，构建多部门增长模型，解释经济增长的库兹涅茨事实（Matsuyam，

1992；Echevarria，1997；Dennis and Iscan，2009）。这类研究对于理解经济增长如何导致经济结构变迁具有启发意义，但对于经济结构对经济增长的反作用并没有清晰的定论。并且，对不同结构之间内在关联的研究相对缺乏，没有表现出结构分析应当具有的内在统一性。后者在以结构研究著称的发展经济学那里，也是如此。

马克思主义政治经济学对于经济增长的分析兼备了宏观的、结构的和动态发展的视角，既强调社会经济再生产的比例结构对经济增长的制约，又关注技术进步带来的结构变化对于分配和长期增长的影响。线性经济理论与马克思主义政治经济学继承于同一古典传统，同样关注生产结构对收入分配和经济增长的重要作用，同时提供了一套多部门生产框架下研究长期经济问题的数理模型。而本书的主要工作就是结合马克思主义政治经济学的分析方法和线性生产理论的基本模型，构建一个适用于分析中国经济增长问题的理论框架，从结构动态的视角考察中国经济的增长问题。

具体而言，本书的研究可以概括为理论和经验两个部分。理论层面上，首先，探讨了马克思主义政治经济学与线性生产理论的兼容性问题，论证了将线性生产理论的实物分析方法引入马克思的经济理论的可行性和必要性。其次，推导了联合生产情况下静态均衡的存在性、非负性和唯一性条件，为分析包含固定资本的增长模型提供了理论基础。最后，引入了参数动态化的建模思想，构建了包含动态结构参数的线性生产模型，并推导了该模型的动态均衡增长路径及其存在性条件。研究发现，将结构变化纳入分析框架后，长期的均衡增长不仅不会自发实现，甚至难以通过政策调控予以改善；维持相对稳定的增长依赖于一定的生产过剩，而这种过剩的代价需要由所有生产部门共同承担。

经验层面上，首先，利用线性生产理论的模型和投入产出数据，构建了包含固定资本的三部类表，提供了从结构视角考察长期增长问题的量化分析框架。其次，对中国经济增长不同阶段的潜在增长率和最优增长结构进行了测算，分析了不同时期制约和推动中国经济增长的结构性因素，以及现阶段中国经济增长放缓的原因。最后，通过与主要经济体的横向对比，探讨了工业化和长期经济增长过程中表现出的结构变化趋势。结果表明：与长期的高速增长相伴，中国工业化进程中的有偏技术进步导致了潜在增长率的持续下降。从近年来潜在增长率的变化来看，推动中国经济增长的因素没有明显的变化，造成实际增长率下降的原因主要是生产结构错位导致的周期性经济增速下行压力。美国和日本的历史经验表明，在工业化完成后，技术结构一般会发生反向变动，该阶段经济增长同时面临结构调整引起的价值实现困难和积累的动力不足，因此合理调整收入分配结构、正确引导资本流向、发展产业核心竞争力是这一阶段的核心问题。

本书的研究具有以下三方面的创新。首先，拓展了线性生产理论在联合生产问题上的研究。线性生产理论在单一生产的理论和经验研究方面都已经发展得较为完善，但在联合生产体系下，投入系数矩阵不再是方阵，广义里昂惕夫逆矩阵可能不存在或不再满足非负，这导致单一生产所具有的经济性质在联合生产中变得很不确定。本书应用线性规划和摩尔—彭诺斯伪逆方法，证明了联合生产体系下最优解和均衡解的一致性，并给出了价值、价格和数量均衡的存在性、非负性和唯一性的成立条件，从而发展了线性生产理论的静态均衡分析框架。

其次，引入了参数动态化的建模思想，构建了包含结构动态的线性生产模型。相比传统宏观经济增长模型，线性生产理论认为经济增长要在生产结构中决定，但现有的基于线性生产理论的增长研究只涉及了静态均衡及其稳定性分析。本书引入了参数动态化的建模思想，构建了动态的线性生产模型，推导了动态均衡增长路径的存在性条件，并对制约经济增长的结构性因素进行了系统分析。揭示了结构性的不足和过剩才是实际经济增长的常态，而温和的结构性生产过剩是维持稳定增长的必要条件。

最后，提出了研究中国经济增长问题的政治经济学量化分析框架。马克思主义政治经济学多重视文本及定性分析，相较于其他学派在定量分析以及经验检验方面较为缺乏，尤其在研究中国经济问题时，没有形成系统的量化分析框架。本书借鉴并发展了线性生产理论的基本模型，从生产结构角度构建了适用于经验分析的三部类模型，丰富和发展了这一领域的相关研究，提高了马克思主义政治经济学研究中国经济现实问题的适配性。同时，通过对工业化不同阶段的积累模式和循环模式的考察，尤其对于后工业化时期积累模式变化的一般规律和循环模式可行路径的探讨，拓展了政治经济学研究的边界。

  本书的撰写和出版离不开许多人的帮助。本书是在我的博士学位论文基础上编著而成的，在出版之际，要特别感谢我的导师李帮喜老师。在博士论文的选题、写作、打磨和修订的各个环节，李老师对我进行了细致的指导和帮助。即便博士毕业之后，李老师仍然常常关心我的科研进展和工作情况，在做学问、做人、做事的方方面面给予我指点和启发。李老师严谨的治学态度、非凡的人格魅力和处世原则深深地感染了我。对恩师多年来的栽培，感激之情无以言表，唯有不懈努力，认真做学问，传承师恩，方不负李老师的教诲和期望。本书的部分章节曾以学术论文的形式发表，我要特别感谢我的合作者赵峰老师、冯志轩老师、梁俊尚老师和卢睿同学，正是在与各位合作者的交流和思想碰撞中激发了本书的创作灵感。我还要感谢清华大学的蔡继明老师、北京理工大学的贾利军老师、南开大学的王生升老师、中国人民大学的赵峰老师，在我的博士论文写作期间，对我进行的指导和帮助。感谢国家社会科学基金、当代经济学博士创新项目、北京理工大学青年学术启动计划对我研究工作的支持。感谢中国社会科学出版社的各位老师对本书出版给予的帮助，如果没有他们的努力，本书难以出版呈现在各位读者眼前。由于时间仓促，本书难免存在一些错误和不足之处，恳请各位读者多提宝贵意见。

摘　　要

　　经济增长的相关研究多见于宏观总量或静态结构分析，鲜有研究将长期增长和结构动态相结合。本书结合了马克思主义政治经济学的基本原理和线性生产理论，构建了从结构动态视角研究长期增长的理论框架和经验研究工具，对中国经济增长的历史特征和结构变化趋势进行了考察。

　　在理论层面，首先回顾了线性生产理论在单一生产体系下对马克思主义政治经济学的数理重构，得出了关于经济增长的基本命题。而后对联合生产体系下静态均衡的求解进行了理论拓展，通过引入摩尔—彭诺斯伪逆，推导了联合生产情况下静态均衡的存在性、非负性和唯一性条件，为分析包含固定资本的增长模型提供了理论基础。最后引入了参数动态化的建模思想，构建了包含动态结构参数的三部类模型，推导了动态均衡增长路径及其存在性条件。研究发现：将结构动态纳入分析框架后，长期的均衡增长不仅不会自发实现，甚至难以通过政策调控予以改善。维持相对稳定的增长依赖于一定的生产过剩，这种过剩的代价需要由所有生产部门共同承担。市场机制下生产过剩带来的社会价值丧失无法自发分散到全部生产部门，因此需要通过一定的经济政策实现部类间合意的价值转移。

　　在经验层面，首先利用三部类模型和投入产出数据，构建了包含固定资本在内的三部类表，提供了从结构动态视角考察长期增长问题的量化分析框架。而后对中国经济增长不同阶段的潜在增长率和最优增长结构进行了测算。最后通过与主要经济体的横向比较，探讨了工业化和长期经济增长过程中表现出的结构变化趋势。结果表明：与长期的高速增长相伴，中国工业化过程中的有偏技术进步导致了潜在增长率的持续下降。结合潜在增长率和最优增长结构的变化情况，近年来推动中国经济增长的因素没有明显变化，造成实际增长率下降的主要原因是生产结构错位导致的周期性经济增速下行压力。美国和日本的历史经验表明，在工业化完成后技术结构一般会发生反向变动，该阶段经济增长同时面临结构调整引起的价值实现困难和积累动力不足。合理调整收入分配结构、正确引导资本流向、发展产业核心竞争力是这一阶段的核心问题。

  本书的主要创新如下：第一，拓展了线性生产理论在联合生产问题上的现有研究，证明了劳动价值、生产价格和数量均衡的条件；第二，构建了包含结构动态的三部类生产模型，将经济增长与结构动态纳入了统一的分析框架，说明了均衡增长的不可持续；第三，提出了结构动态视角下研究长期增长问题的量化分析框架，计算了政治经济学意义上的潜在增长率和最优增长结构。

关键词：经济增长；结构动态；数理马克思经济学；线性生产理论；固定资本

Abstract

   Researches on economic growth have mainly focused on the analysis of macro aggregates or static structures. Few studies have combined long-term growth and structure dynamics. In this book, we combined the basic principles of Marxist economics and linear production theory to construct the theoretical framework and empirical research tool for studying long-term growth from the perspective of structural dynamics. The historical characteristics and structural change trends of China's economic growth will also be examined.

   At the theoretical level, we first reviewed the mathematical reconstruction of Marxist economics by linear production theory under a single production system, and derived basic propositions about economic growth. Then, the existence, non-negativity, and uniqueness conditions of static equilibrium under joint production were given by introducing the Moore-Penrose pseudoinverse. This provides a theoretical basis for analyzing growth models that include fixed capital. Finally, we constructed a three-sector model with dynamic structural parameters, and deduced the dynamic equilibrium growth path and its existence conditions. The results show that after structural dynamics were incorporated into the analytical framework, long-term equilibrium growth will not be achieved spontaneously, and will even be difficult to achieve through policy regulation. Maintaining relatively stable growth relies on a certain degree of overproduction, and the cost of this overproduction needs to be borne by all production sectors. The loss of social value caused by overproduction cannot be spontaneously dispersed to all production sectors under market mechanisms. Therefore, it is necessary to achieve value transfer between sectors through certain economic policies.

At the empirical level, we first used the three-sector model and input-output data to construct a three-sector table containing fixed capital, which provided a quantitative analysis framework for examining long-term growth from a structural dynamics perspective. Then, we calculated the potential growth rate and optimal growth structure of China's economy at different stages. Finally, by comparing with major economies, the structural changes exhibited during industrialization and long-term economic growth were explored. The results indicate that, accompanied by long-term high-speed growth, the biased technological progress in China's industrialization process has led to a continuous decline in potential growth rates. Based on the changes in potential growth rate and optimal growth structure, there has been no significant change in the factors driving China's economic growth. The main reason for the decline in actual growth rate in recent years is the cyclical downward pressure on economic growth caused by the mismatch of production structure. The historical experience of the United States and Japan shows that the technological structure generally changes in the opposite direction after the completion of industrialization. At this stage, economic growth faces problems both in value realization and insufficient accumulation caused by structural adjustment. Reasonably adjusting the income distribution structure, correctly guiding capital flow, and developing core competitiveness of industries are the essential issues of this stage.

The main innovations of this book are as follows: Firstly, we provided the conditions for labor value, production price, and quantity equilibrium, and expanded the existing research of linear production theory on joint production. Secondly, we constructed a three-sector structural dynamic model, incorporated economic growth and structural dynamics into a unified analytical framework, and effectively demonstrated the unsustainability of equilibrium growth. Thirdly, a quantitative analysis framework for studying long-term growth from the perspective of structural dynamics was proposed. The potential growth rate and optimal growth structure in the sense of political economy were calculated.

Key Words: economic growth; structural dynamics; mathematical Marxian economics; linear production theory; fixed capital

目 录

第一章 绪论 ·· (1)
  第一节 中国经济增长问题的相关探讨 ······················· (1)
  第二节 经济学对于长期增长中结构问题的认识 ············ (5)
  第三节 本书的逻辑框架与篇章结构 ·························· (9)

第二章 线性生产理论及其与马克思主义政治经济学的融合 ·· (12)
  第一节 线性生产理论的古典思想渊源 ······················ (12)
  第二节 经典线性生产模型 ···································· (16)
  第三节 线性生产理论的最新研究进展 ······················ (24)
  第四节 线性生产理论与马克思主义政治经济学的融合 ····· (35)
  第五节 本章小结 ·· (47)

第三章 线性生产理论的静态均衡分析 ························ (49)
  第一节 单一生产情况下的马克思—置盐体系 ············· (49)
  第二节 联合生产情况下的劳动价值与最优价值 ·········· (55)
  第三节 联合生产情况下的生产价格与数量均衡 ·········· (68)
  第四节 本章小节 ·· (82)

第四章 线性生产理论的动态分析与拓展 ····················· (84)
  第一节 参数动态化的建模思想 ······························ (84)

第二节　结构动态增长模型 …………………………………（87）
　　第三节　数值模拟 ……………………………………………（105）
　　第四节　本章小结 ……………………………………………（119）

第五章　中国经济的潜在增长率与最优增长结构 ………………（121）
　　第一节　三部类表的构建 ……………………………………（122）
　　第二节　中国经济的潜在增长率 ……………………………（129）
　　第三节　中国经济的最优增长结构 …………………………（138）
　　第四节　本章小结 ……………………………………………（149）

第六章　经济增长与结构变化的趋势 ……………………………（152）
　　第一节　资本循环与经济结构 ………………………………（153）
　　第二节　工业化过程中的循环模式 …………………………（159）
　　第三节　中国循环模式的阶段性特征 ………………………（165）
　　第四节　美国与日本循环模式的比较 ………………………（174）
　　第五节　本章小结 ……………………………………………（183）

第七章　结论与展望 ………………………………………………（185）
　　第一节　主要结论 ……………………………………………（185）
　　第二节　政策启示 ……………………………………………（188）
　　第三节　模型的适用性和研究展望 …………………………（190）

附　录 ………………………………………………………………（194）
　　附录A　矩阵幂收敛 …………………………………………（194）
　　附录B　Perron-Frobenius 定理的一个推广 ………………（197）

参考文献 ……………………………………………………………（201）

索　引 ………………………………………………………………（220）

Contents

Chapter 1　Introduction ·········· (1)
　Section 1　Discussion on China's economic growth ·········· (1)
　Section 2　Recognition on structural issues in long-run growth ·········· (5)
　Section 3　Logical framework and structure of the book ·········· (9)

Chapter 2　Linear production theory and its integration with Marxist economics ·········· (12)
　Section 1　Classical ideological origin of linear production theory ·········· (12)
　Section 2　Classical linear production model ·········· (16)
　Section 3　Latest research results of linear production theory ·········· (24)
　Section 4　Integration of linear production theory and Marxist economics ·········· (35)
　Section 5　Summary ·········· (47)

Chapter 3　Static equilibrium of linear production theory ·········· (49)
　Section 1　Marx-Okishio system in the case of single production ·········· (49)
　Section 2　Labor value and optimal value in the case of joint production ·········· (55)

Section 3　Production price and quantity equilibrium in the case of joint production ……………………………………… (68)
Section 4　Summary ……………………………………………… (82)

Chapter 4　Dynamic analysis and expansion of linear production theory ……………………………………… (84)
Section 1　The idea of parametric dynamics ………………… (84)
Section 2　Structural dynamics growth model ……………… (87)
Section 3　Numerical simulation ……………………………… (105)
Section 4　Summary ……………………………………………… (119)

Chapter 5　Potential growth rate and optimal growth structure of China's economy …………………… (121)
Section 1　Construction of three-sector table ……………… (122)
Section 2　Potential growth rate of the China's economy …… (129)
Section 3　Optimal growth structure of China's economy …… (138)
Section 4　Summary ……………………………………………… (149)

Chapter 6　Trends of economic growth and structural change ……………………………………………… (152)
Section 1　Capital circulation and economic structure ……… (153)
Section 2　Circulation patterns in the process of industrialization ………………………………………… (159)
Section 3　Phased characteristics of China's circulation pattern …………………………………………………… (165)
Section 4　Comparisons of circulation patterns with the United States and Japan …………………………………… (174)
Section 5　Summary ……………………………………………… (183)

Chapter 7　Conclusions and prospects .... (185)
　　Section 1　Main conclusions .... (185)
　　Section 2　Policy implications .... (188)
　　Section 3　Applicability of the model and research
　　　　　　　　prospects .... (190)

Appendix .... (194)
　　Appendix A　Convergence of power matrix .... (194)
　　Appendix B　An extension of Perron-Frobenius theorem ...... (197)

References .... (201)

Index .... (220)

第一章

绪　　论

第一节　中国经济增长问题的相关探讨

自18世纪工业革命以来，资本主义生产方式主导下的世界经济进入了长期增长的新纪元。过去的几个世纪中，伴随着技术革命和生产力的发展，世界经济增长的中心也在不断迁移，从欧洲到北美再到东亚，直到最近的几十年，中国成为了世界经济增长新的中心。

从新中国成立初期积贫积弱的农业国，到世界第二大经济体和第一大制造业国，中国经济发展取得了举世瞩目的成就。根据中国国家统计局公布的官方数据，从1952年到1978年，中国GDP年均增长率为5.9%。改革开放之后的40年间，这一数据到达了9.5%（见图1.1），同期居民消费水平年均增长率也到达了7.8%。按照世界银行公布的人均GNI标准，中国于1998年跻身中等收入国家，2012年正式成为中等偏上收入国家，2019年中国人均GNI首次突破了1万美元，与高收入国家的差距进一步缩小。经济总量的快速、稳定增长，不仅带来了居民生活水平的极大改善，也使得中国的综合国力和国际地位获得显著提高。

对于中国经济高速增长动因的探索，诞生了大量的文献。尽管相关探讨纷繁复杂，但是从文献和事实中我们仍能够看到与这种增

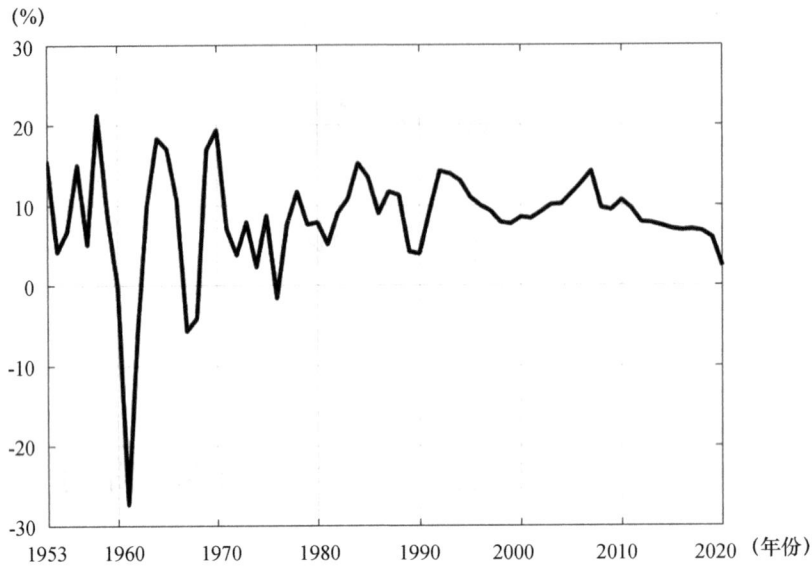

图1.1 中国GDP增长率变动趋势

长相伴的三种典型特征：一是投资驱动（卫兴华、侯为民，2007；Lo and Zhang，2011；刘世锦，2011；中国经济增长前沿课题组等，2012），二是偏向积累的分配结构（刘世锦，2011；冯志轩，2012；Qi，2020），三是外向型经济（裴长洪、彭磊，2006；刘瑞翔、安同良，2011；Zhu and Kotz，2011）。偏向积累的分配结构提高了经济中的剩余总量，配合相应的积累体制，使得这部分经济剩余大量转化为投资。投资驱动了生产规模的扩张和技术的进步，从而表现出经济的增长。国外市场在本国劳动报酬偏低、国内消费不足的情况下提供了需求，实现了国内产品的"价值补偿"；同时国外供给在投资扩张的过程中，实现了部分技术和生产资料的"物质补偿"。这三个特点相互联系，在相当长的一个时期内构成了中国经济的重要结构特征。

但是，近年来随着中国经济发展阶段的转变和国际形势的变化，这些基本结构特征也面临着挑战。长期投资驱动的增长模式带来的是资本有机构成的上升和资本周转的减慢，也引起了经济整体利润率和潜在增长率的下降（李帮喜等，2019a；Marquetti et al.，2020）。偏向积累的分配结构限制了内需水平，也固化了投资驱动的模式。而外向型经济更是面临复杂国际环境的挑战。一方面，由于资本主义世界体系的矛盾，自 2008 年国际金融危机以来各国经济恢复迟缓，"长期停滞"或已到来（Krugman，2014；Summers，2014；Kotz and Basu，2019；宋佳音等，2020），加上 2020 年年初以来新冠疫情的影响，国外市场面临多种不确定性（Baker et al.，2020；Brodeur et al.，2020；Ludvigson et al.，2020）。另一方面，一些资本主义中心国家，在面对资本主义世界体系的危机时，为维持本国的"中心"地位，试图破坏国际分工体系，对中国的国际供应链也造成了威胁（Long et al.，2020）。在诸多因素共同作用下，中国经济增速自 2008 年之后开始放缓，2015 年之后 GDP 增长率稳定回落到 7% 以下，正式从高速增长进入中高速增长期。

从世界经济发展史来看，全球主要经济体的高速增长期无不伴随着工业化的过程，而在工业化完成之后，这种高速增长往往不可持续。尤其在 20 世纪中叶之后，后发国家的工业化进程根植于全球分工体系，在工业化后期结构调整阶段更容易受到外部冲击而出现过早的去工业化，深陷中等收入陷阱，从而难以实现发展阶段的跨越（Weiss and Tribe，2015）。根据相关测算，中国在 2011 年就进入了工业化后期，当前正处于工业化后期向后工业化时期转型的关键节点（陈佳贵等，2012；黄群慧，2019）。同样面对发展阶段的转变和复杂的国际形势，中国能否实现稳定的经济增长，顺利进入高收入国家行列，谱写另一个东亚奇迹，再次成为世界关注的焦点。

针对近些年经济领域的复杂变化，中国的经济政策也发生了相应的转变。在意识到依靠传统的需求管理政策刺激经济增长收效甚微，甚至会加剧结构性问题后，探索出了供给侧结构性改革的政策方针，将政策的落脚点放到了生产领域，从生产领域提高供给质量，使供给结构与需求结构相适应。为了主动应对新发展阶段的经济结构特征和不稳定的国际经济形势，提出构建"以国内大循环为主体、国内国际双循环相互促进"的新发展格局，把实施扩大内需战略同深化供给侧结构性改革有机结合起来，以畅通国民经济良性循环，实现经济的高质量发展。新的政策导向是否能使中国平稳度过经济转型的关键时期，实现稳增长、调结构的政策目标具体依靠哪些政策手段，这些政策手段对中国长期的经济增长潜力又会造成什么样的影响，都成为目前相关研究中的热点话题（郭学能、卢盛荣，2018；王一鸣，2020；江小涓、孟丽君，2021）。

学界对于中国经济进入新常态后增长的放缓也形成了一些基本共识，认为这种结构性减速是从大规模工业化向城市化转变的过程中存在的普遍现象，符合经济发展的一般规律（李扬等，2014；黄群慧，2014）。结合中国的具体情况而言，人口红利消失、储蓄率下降、土地与自然资源供给的限制都导致了前一阶段以要素投入驱动的粗放式增长模式难以为继。而应对结构性减速的根本对策是从供给端入手调整经济结构，转换增长动力（中国经济增长前沿课题组等，2012；中国经济增长前沿课题组，2015；李扬、张晓晶，2015；蔡昉，2016；刘伟，2016）。

按照主流增长理论，生产是从要素投入到价值产出的单线程过程，从供给侧分析经济增长，无非依靠增加要素投入或提高全要素生产率两种途径。当要素投入不能持续增长的时候，经济增长只能依靠全要素生产率的提高，而后者往往被解释为优化资源配置和技术进步。在这一视角下，供给侧结构性失衡就是要素配置的失衡，由于生产要素没有从效率更低的企业或产业向效率更高的企业或产业流动，导致了宏观的全要素生产率偏低。这种基于供给侧的总量分析确实发现了导致经济增速放缓的问题所在，但全要素生产率本质上只是生产核算的余值，将问题归结于全要素生产率的提升实际上回避了对经济增长实质的解释。而将结构性问题简单理解为要素配置的失衡，认为通过市场配置可以完成结构调整和经济转型则是忽视了长期经济增长、技术进步和结构变迁之间的相互关系。

本书认为，当前中国经济已由高速增长阶段转向高质量发展阶段，经济发展过程中固然存在趋势性、周期性问题，但结构性问题仍然最为突出。在长期增长的过程中，经济结构不是一成不变的，而是持续地进行不可逆的变化。纵观整个经济史，世界主要经济体无论是在高增长时期，还是在停滞或增长减速阶段，都伴随着国民生产部门组成、相对权重和生产技术等动态特征的持续变化（Rosenberg et al., 1992；Pasinetti and Solow, 1994；Landesmann and Scazzieri, 1996）。这种经济结构的动态变化不仅是经济增长的结果和表现，也会反作用于经济增长。因此，要真正理解和解决中国当前面临的增长动力不足的问题，有必要从结构动态的视角对中国经济的长期增长进行系统考察。

第二节 经济学对于长期增长中结构问题的认识

经济增长和结构变化之间的联系一早就为古典经济学家所熟知，他们的增长理论（如斯密和李嘉图的理论）本质上是结构性的，因为经济增长必然与经济结构的变化相联系。在斯密的理论中，劳动分工可以在不同部门以不同的速度扩张，从而改变每个部门对总生产率和总产出增长的相对贡献（斯密，2015）。李嘉图认为，非生产性资源（如土地、矿山）的存在导致了收益递减的结构变化，并最终导致增长的停滞（李嘉图，1962）。在古典理论中，结构不变的经济系统意味着经济终将进入零增长阶段。

随着边际主义的兴起，以还原论为主要方法论的新古典经济学开始以原子化的个人主义方法刻画经济活动，有关经济结构的长期分析开始被边缘化。直到凯恩斯革命之后，宏观的需求结构才被引入经济学分析的中心地位。凯恩斯将总需求分解为消费、投资两大部分，消费需求取决于收入和边际消费倾向，投资需求则取决于流动性偏好和预期收益率。由于边际消费倾向递减，随着收入增长，投资的增长必须更快，以补足消费增长不足的部分，否则就会出现有效需求不足，进而引发失业和衰退。因此凯恩斯主张通过政府干预刺激总需求以实现短期的充分就业。但是，由于凯恩斯理论以短期分析为主，因而以此为基础的宏观结构分析也集中在需求侧，缺乏对长期结构变迁的认识。而与凯恩斯理论相对应，20世纪40年代兴起的现代经济增长理论，以长期增长为主要的关注对象，但是在技术外生假定下，哈罗德—多马模型和新古典增长模型都忽略了经济增长过程中的结构变迁。

在这一时期，真正具有结构分析框架的经济学理论是与新古典经济学有所区别的发展经济学。这一理论传统在一定程度上继承了古典经济学的思路。库兹涅茨（1989）和钱纳里（1991）在经验层面上总结了经济结构变迁的规律，这些规律成为后续关于结构变迁的理论研究所依赖的经验基础。尤其是库兹涅茨的研究，不仅提供了经济结构状态与变化的测度方法，还提供了关于产业结构变化的理论。库兹涅茨的基本观点是产业结构变化是技术进步的结果。在库兹涅茨看来，不同部门间由于科技资源的约束和发展阶段的差异会存在技术进步速度的差异，城市化过程会带来生产过程的改变，知识的积累会引起新部门的出现，这些技术因素会使得经济的结构发生明显的变化。同时，由于人的需求具有一定的结构和层次，不同部门商品的需求收入弹性存在差别。随着劳动生产率和人均产值的提高，不同部门的产品需求增长的速度也是不同的，从而需求结构的变化会带来产业结构的变化。此外，库兹涅茨认为，技术进步还会通过改变生产率进而改变国际比较优势格局来影响产业结构。除了库兹涅茨，发展经济学学者在这一理论传统下仿照发达国家的产业结构变迁规律从产业政策的角度提出了一系列结构化的经济发展理论，如大推进理论（Rosenstein-Rodan，1943）、不平衡增长理论（Hirschman，1958）等。但是，这些结构化的发展经济学理论在很大程度上将当时少数发达国家历史上走过的道路作为可复制的蓝本，将其结构变化视作经济发展的一般性过程，最终这种带有"现代化"特质的理论毫不意外地在战后许多发展中国家的实践中遇到了挫折。

直到20世纪80年代，新古典经济学内部才开始再度重视结构问题。例如通过引入熊彼特的"创造性破坏"思想，解释创新和技术进步如何通过增加产品数量、改进产品质量，在不断摧毁并创造新经济结构的同时，实现经济增长（刘伟、范欣，2019）。这一研究思路实际上是一种对于古典结构分析传统的复归。这种古典传统的恢复在近年来的新古典多部门模型中体现得更加明显。一些文献通过规定不同部门产品差异化的收入弹性，解释各部门间需求结构的变化（Kongsamut et al., 2001；Foellmi and Zweimüller, 2008），另一些研究则通过设置不同部门生产率（Ngai, 2007）和要素收入份额（Acemoglu and Guerrieri, 2008）的差异，从供给的角度解释相对价格的变化和经济结构的变迁。

从上面的分析中我们可以很容易发现，就目前新古典经济学的主流而言，其结构分析仍然具有一定局限性。作为产业结构或者说生产结构决定性因素的技术变迁和需求结构，在绝大多数情况下被视为是外生给定的，对资本积累的动态过程以及收入分配结构对技术和需求结构的影响着墨很少。而这直接导致了新古典结构分析最明显的特征：不同结构之间关联的模糊性。生产的技术结构、产业结构、分配结构和需求结构之间的联系需要一些中介环节，新古典多部门模型并没有表现出结构分析所应当具有的内在统一性，甚至在结构倾向最强的发展经济学那里，也是如此。

相比之下，马克思主义政治经济学作为古典经济学更为直接的继承人，结构分析是其最显著的特征。马克思对于增长的分析集中于资本积累理论和再生产理论。资本积累理论从相对宏观的角度阐明了资本主义的生产力和生产关系如何将剩余转化为资本积累并扩大再生产规模，从而揭示了资本主义经济增长的实质。而再生产理论则是在资本积累理论的基础上引入了社会生产结构，并从结构的视角分析了剩余——从而积累和增长——的实现条件，集中体现了社会生产过程中需求与供给的辩证统一关系。在古典经济学的基础上，马克思主义政治经济学强调生产过程的基础性作用，以阶级分析和再生产为理论内核，拓展出了一套内容更加丰富，逻辑更加一致，框架更为简洁的分析工具，既能够胜任短期分析的任务，同时也具有长期分析的视角。尽管马克思研究政治经济学，主要的分析对象是资本主义经济，但其研究方法和分析视角，不仅仅适用于资本主义社会，也同样适用于一切具有社会化大生产的社会形态（张宇，2011）。本书关注影响长期增长的结构性因素，就是立足于马克思的积累理论和再生产理论，试图构建从结构动态的视角考察长期经济增长的理论框架。

20世纪中叶开始发展起来的线性生产理论与马克思主义政治经济学继承于同一古典经济思想，同样关注生产结构的重要作用。线性生产理论认为，生产不是从要素投入到价值产出的单线程过程，而是由商品之间投入产出关系交织的再生产循环，主张在多部门的生产框架下，研究长期的经济问题。事实上，在线性生产理论和数理马克思主义政治经济学的发展过程中已经产生了诸多交叉融合（Okishio，1959；1963；Fujimori，1982；Kurz and Salvadori，1995），但相比于马克思对资本主义生产力和生产关系的分析，线性生产理论并不限定研究对象的具体经济制度，更致力于提供一个一般性的数理分析框架。

利用线性生产理论的数理分析研究中国经济增长问题具备以下优势：首先，线性生产模型注重生产部门之间的相互关联和社会再生产的整体考察，为我们从生产结构的角度研究制约增长的因素提供了非常便利的工具。其次，线性生产模型有足够的经验数据支持，里昂惕夫建立的投入产出体系可以方便地与线性生产的理论模型建立联系，为经验研究的开展提供了便利。最后，线性生产模型与线性规划问题具有天然的联系，通过线性规划找到最优的生产结构和积累路径，并以最优路径为参照系对现实生产结构进行动态考察，可以清晰地反映积累结构的偏离，从而利用适当的手段引导经济回到平衡的积累路径。

当然，现阶段线性生产理论（尤其在联合生产情况下）仍存在尚未解决的问题。本书的研究目的之一就是对线性生产理论进行系统梳理并进行理论拓展。此外，本书还希望将线性生产理论与马克思关于增长的一般经济规律相结合，以提供一个适用于分析中国经济增长问题的理论框架，一方面解释中国长期经济增长和生产结构变迁的内在逻辑，另一方面针对当前中国如何平稳度过经济转型时期，实现长期稳定增长提供切实可行的解决方案。

第三节 本书的逻辑框架与篇章结构

本书以中国经济的长期增长为主要研究对象，但在分析现实问题之前，首先需要对理论问题进行回应。具体而言，本书试图回答以下问题：

第一，线性生产理论与马克思主义政治经济学相结合的理论基础是什么？二者是否有兼容性？

第二，线性生产理论在联合生产情况下，静态均衡的存在性和唯一性的问题。

第三，如何构建包含结构动态的线性生产模型，使之更加适合我们的分析场景？

第四，如何建立马克思的再生产理论、包含固定资本的线性生产模型，以及统计数据之间的联系，从而为考察中国经济的长期增长提供统一的量化分析框架。

第五，不同时期推动和制约中国经济增长的主要因素是什么？现阶段中国经济增长放缓的原因又是什么？

第六，长期经济增长过程中，经济结构变化是否存在一般性规律和国别差异？中国的经济增长达到了什么阶段？可能会面临什么问题？我们又该如何应对？

如图 1.2 所示，对上述问题的回答形成了本书的基本逻辑框架。

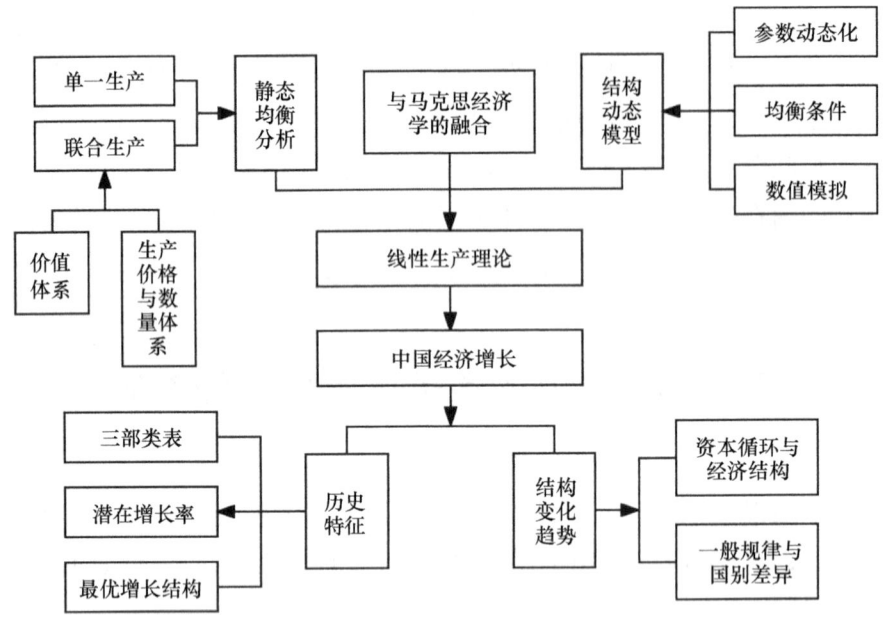

图 1.2 本书的逻辑框架

本书具体研究内容和结构安排如下：

第一章，绪论。阐述本书的由来、研究背景与意义。介绍本书所采用的思想方法和主要研究内容。

第二章，线性生产理论及其与马克思主义政治经济学的融合。梳理线性生产理论的思想渊源、发展脉络、最新研究成果，及其与马克思主义政治经济学融合的情况。总结这一领域研究中尚未解决的问题，为后续理论模型推导和经验研究提供参考和借鉴。

第三章，线性生产理论的静态均衡分析。重构单一生产体系下，关于经济增长的基本命题。给出联合生产体系下，静态均衡的存在性、唯一性条件并进行证明。从静态均衡方面发展了线性生产理论，并为动态分析框架的建构和经验研究提供理论基础。

第二章 线性生产理论及其与马克思主义政治经济学的融合

线性生产理论旨在循序古典传统，提供一个可以将生产、价格、分配、积累和增长纳入统一分析的框架，其典型特征是关注经济的结构和生产的循环过程。

经典的多部门线性生产模型有两个基本假定，一是以商品的投入产出关系表现社会平均的生产技术，二是实际工资率外生决定。在两个基本假定下，可以求解经济的价格均衡和数量均衡。价格均衡同时决定了工资—利润的分配关系，数量均衡则同时决定了经济的净产出和最优积累结构下的最大增长率。这里的均衡价格体系对应的是古典意义上的一般利润率和生产价格，而净产出对应的是古典意义上经济剩余的概念。借助于现代数学工具，尤其是矩阵代数，古典经济思想在线性生产模型中得到了数理重构。

线性生产理论的思想渊源最早可以追溯到配第、坎蒂隆等古典经济学家，他们以一些原始的概念刻画了不同经济部门之间的生产关系，以此为基础研究一国财富的生产和分配问题，为线性生产理论提供了最基础的概念和方法（Kurz，2000）。配第在《赋税论》中论及地租的决定，认为地租是农业生产的全部产品扣除种子和劳动者为换取生存必需品所交换的农产品之后的剩余，从而形成了经济剩余的原始概念。尽管配第并没有形成完善的价值—价格理论，但在他的论述中也体现了商品的"自然价值"由生产成本决定，工资由外生的自然基础决定的思想（配第，1963）。坎蒂隆则在配第的基础上更进一步，认识到了农业剩余在租地农场主和土地所有者之间的分配，并且在分析农产品在社会各阶级之间的流通和分配的过程中，结合了对农业再生产过程的考察（坎蒂隆，1997）。

如果早期古典经济学家只是为线性生产理论提供了基本概念和思想基础，那么魁奈和他创建的经济表则直接揭示了经济的循环过程，并形成了线性生产理论最原始的模型基础。里昂惕夫就曾明确表示，他所做的研究就是延续魁奈的工作，利用统计数据尝试构建美国1919年的"经济表"（Leontief，1936）。

魁奈被视为经济思想史上第一个对生产的循环过程进行系统表

述的经济学家。他将农业部门生产的剩余产品称为"纯产品",并认为纯产品构成了经济增长的基础。农业生产部门的一个典型特征是,第一年产出中的一部分产品将作为种子进入第二年的投入,并不断循环往复。魁奈依据这种生产的循环过程,建立了一个包含生产、分配、消费和投资的再生产框架——经济表,并对以农业生产为基础的社会再生产过程进行了系统剖析。可以说,经济表是马克思的再生产图式,里昂惕夫的投入产出体系和斯拉法用商品生产商品体系的雏形。平均生产技术假定、外生实际工资假定在经济表中已经有所体现。此外,固定资本和流动资本的概念也以"原预付"和"年预付"的形式体现在了经济表中(魁奈,2021)。

尽管魁奈已经提供了一套较为完整的分析框架,但受制于当时经济社会的发展背景,他对于生产和剩余的理解始终局限于农业生产领域,认为只有农业生产才能创造经济剩余,而全部的经济剩余最终都流向了土地所有者。斯密的贡献在于,将经济剩余的概念扩展到了一般行业,并指出经济剩余由劳动、资本、土地三种要素的所有者共享(斯密,2015)。李嘉图则提出了"必要消费"的概念,明确了社会总产品在扣除了生产资料和外生的必要消费之后才是经济剩余,这就将工资排除在了对剩余的分享之外(李嘉图,1962)。在阐述工资与利润的反向变动关系时,李嘉图遇到了价值依赖于收入分配关系的难题,他试图通过寻找一种独立于收入分配关系的不变价值尺度解决这一问题。尽管李嘉图本人并没有成功,但这一问题成了他的后继者斯拉法研究的起点(Sraffa,1960)。

如果说斯密和李嘉图更偏重于对价值和分配理论的研究,相比之下,托伦斯的进步则在于,涉及了数量和价格的对偶关系,从而将经济增长纳入了分析视野。在1821年出版的论文集中,托伦斯利用一个两部门的例子说明了:如果两部门都将全部剩余用于积累,那么两部门增长率将相等并等于利润率(Torrens,1821)。这意味着,在没有非生产性消费的情况下,经济的最大均衡增长率等于均衡利润率,这一思想将在冯·诺依曼增长模型中再次浮现出来(von

Neumann，1945）。

古典经济学的思想在马克思的理论体系中得到了重塑。在马克思的语境下，商品数量的增长表现为使用价值的增加，而这种使用价值的增加依赖于社会总资本的积累和扩大再生产，也即剩余价值的资本化。在《资本论》第二卷中，马克思构建了两大部类再生产图式这一分析工具，将社会总生产抽象为生产资料和消费资料两个生产部门，并将年产品价值分为不变资本价值、可变资本价值和剩余价值三个部分，从物质补偿和价值补偿的双重视角对社会再生产条件进行了考察。马克思对扩大再生产的分析表明：均衡增长路径下，两部类的积累率通过再生产的技术结构——资本有机构成相互联系，并趋于收敛；而在劳动生产率不变的情况下，经济增长率由利润率和积累率共同确定（马克思，2006a）。再生产的均衡路径可以很容易地与里昂惕夫的投入产出体系相联系。兰格提供了将投入产出体系与再生产体系相联系的早期尝试，并认为投入产出表可以用于指导社会主义国家解决价值、分配、消费、投资、增长和就业等一系列经济问题（Lange，1957）。

尽管两大部类再生产图式是建立在商品按劳动价值交换的假设前提下，但马克思也指出，在资本主义阶段，商品并非是按劳动价值进行一般交换。在《资本论》第三卷中，马克思阐述了资本主义竞争使得总剩余在总资本上重新分配，从而不同资本的利润率趋于一致，价值转换为生产价格（马克思，2006b）。转形后的生产价格体系对应的就是线性生产模型中的均衡价格体系。只是，由于当时数学工具的欠缺，马克思的价值向生产价格转形只完成了第一步。在后文中我们也将看到，现代经济学家是如何利用矩阵代数解释马克思的转形问题的。

马克思之后，边际学派兴起，主流经济学逐渐偏离了古典分析传统，平均意义上的生产技术被资本和劳动的边际替代率取代，生产的循环过程也被从初始投入到最终产品的线性流所取代（夏明，2006）。直到里昂惕夫的投入产出体系问世，古典的生产循环思想才再次被提及。俄国数学家 von Charasoff 在 20 世纪初就预言了里昂惕夫逆矩阵的存在以及数量体系和价格体系的对偶关系，但由于他的著作是以德文发表，并且使用了大量抽象的数学论述，并没有在当时引起足够的重视。他所考察的是为生产给定产出 y 所需要的生产资料的生产序列 $Ay, A^2y, \cdots\cdots$ 在前向追溯的过程中，奢侈品消失了，生产奢侈品所需的生产资料也消失了，进而生产这些生产资料的生产资料也消失了……回溯得越远，所需的生产资料就越少。利用矩阵理论，von Charasoff 证明了这一生产序列的级数收敛，并将这一极限称为"原始资本"，也就是线性经济理论中的均衡数量。同时，他还从矩阵收敛的角度证明了生产价格和"原始资本"分别是 A 矩阵的左右特征向量，其对应的特征值——一般利润率与均衡增长率相等，并利用马尔科夫过程描述了一般利润率和生产价格的形成（von Charasoff, 1909；1910；Huth, 2013）。

无论是 von Charasoff 还是后继者里昂惕夫、斯拉法、冯·诺依曼，都是在古典思想的基础上进行的数理重构。通过将古典的单一部门或是两部门生产模型扩充到多部门，将古典的单一生产体系扩充到一般的联合生产体系，使之逐渐接近现实经济中的生产循环。但从本质上讲，线性生产理论的大部分经济思想，是根植于古典经济理论继承和延伸出来的。

第二节　经典线性生产模型

里昂惕夫、斯拉法、冯·诺依曼几乎在同一时期各自提出了自己的理论，三者的共同点在于，均使用线性生产的基本模型反映生产的循环过程，但各自的研究侧重点又有所不同。里昂惕夫偏重于提供经验研究的分析框架，斯拉法关注的核心问题是经济中剩余的分配，而冯·诺依曼想要解决的是经济如何增长的问题。

一 里昂惕夫与投入产出体系

里昂惕夫构建投入产出体系的初衷是为经济学研究提供客观的可观测和量度的基础。在他看来，边际主义给想象力预留了过多的空间，而任何严肃的经济推理，必不可少的前提是对技术进行仔细调查。里昂惕夫早期的文章中，体现了古典客观价值的思想，即商品交换的比率取决于所使用的生产系统的相互依存结构，以及社会因素决定的收入分配关系（Kurz，2006）。但他并没有就此进行深入的理论研究，而是转向了投入产出表的编制，甚至在后期转向新古典主义，将投入产出方法视作一般均衡理论在国民经济数据中的具体应用（里昂惕夫，1993）。

里昂惕夫的基本模型可以分为封闭体系和开放体系，二者都遵循固定生产系数假定，这意味着规模报酬不变和边际收益递减。在里昂惕夫封闭体系中，家庭作为独立的产业部门与其他产业并列，增加值和最终需求作为最后一行和最后一列并入系数矩阵，因而工资与一般商品价格、劳动投入与一般商品数量一样作为整个体系的因变量，由给定技术下的一般均衡决定。这一设定限制了最终需求的改变，需求与技术一道被视作外生给定的。开放体系取消了固定消费系数这一设定，将劳动投入和最终需求作为单独的行向量和列向量进行处理，系数矩阵只包含一般商品的投入产出关系。现在常用的投入产出数据表就是以开放体系为理论基础进行编制的。

我们以矩阵形式给出里昂惕夫开放体系的基本方程。假定经济中不存在联合生产，不存在固定资本，不存在可替代的技术，劳动是同质的。假设经济中共有 n 种行业，生产技术可由 $n \times n$ 维非负投入系数矩阵 $A = (a_{ij})$ 和 n 维劳动投入系数行向量 $l = (l_j)$ 表示，其中 a_{ij} 为生产一单位商品 j 需要投入商品 i 的数量，l_j 为生产一单位商品 j 需要投入的劳动量。那么均衡价格 p 和产出 x 分别满足：

$$p = (1 + r)(pA + wl)$$
$$x = Ax + y$$

其中 r、w 分别为均衡利润率和工资率，y 为净产出，在静态均衡分析中也被解释为最终需求。通过引入里昂惕夫逆矩阵 $(I-A)^{-1}$，在开放体系中，给定合意的最终需求 y 可以倒推经济总产出 $x = (I-A)^{-1}y$，对偶的，给定合意的利润率和工资率可以推出全部商品价格（Pasinetti，1977）。

里昂惕夫体系的一个典型特征是，所有的探讨不涉及价格、工资率和利润率谁决定谁的问题，这使得该体系既可以套用古典的外生工资率假定，又可以套用新古典的一般均衡分析。这一点在投入产出表的恒等关系中也有所体现，即增加值由工资、利润、利息等生产要素所有者的收入共同构成。相应地，净产出也包含了全部的新增使用价值，并最终用于消费和新增投资。尽管里昂惕夫在经济思想方面表现出了强烈的折衷主义，但其开发的投入产出体系作为经验分析的工具为后续研究提供了便利。在本章第三小节，我们将继续介绍里昂惕夫体系如何从静态均衡分析发展为动态模型，从而应用到经济增长的研究当中。

二 斯拉法与标准体系

斯拉法所使用的基本模型在形式上与里昂惕夫的开放体系非常相似，但他关注的核心问题是古典的分配理论。在分析方法上，斯拉法主张回归古典的范式，态度鲜明地反对新古典的边际分析方法。在他的著作《用商品生产商品》的序言部分，斯拉法点明了该书副标题——经济理论批判绪论——的含义，即为批判新古典的边际分析方法提供基础（Sraffa，1960）。

在基本假定上，斯拉法明确说明了没用采用固定生产系数的假设。他研究的工资—利润分配关系是纯静态分析，因此，他所采用的多部门模型所体现的技术关系反映的仅仅是事后平均，而非假设技术规模报酬不变。在商品价格和分配关系谁决定谁的问题上，斯拉法采用了古典理论中分配关系外生决定的假设，但在他看来，实际工资包含生存工资和对部分经济剩余的分享。因此，在对工资的处理上，斯拉法与李嘉图和马克思有所差异。此外，斯拉法明确提出，他的研究中涉及的价格并非市场价格，而是古典意义上统一利润率下的生产价格，是从现实经济中剥离出的抽象概念。

斯拉法的主要工作之一，就是找到了李嘉图寻找的不变价值尺度，完成了李嘉图分配理论中工资与利润反向变动关系的证明。这是在多部门线性生产模型基础上，通过构建标准商品和标准体系来实现的。在斯拉法看来，标准商品是一组特殊的合成商品，它所包含的各种商品之间的比例，使得以这种特殊的合成商品作为投入可以生产出结构完全一致的产出。在这个生产过程中，作为净产出的标准商品与作为总投入的标准商品只存在一个比率的差别，这一比率被称为"标准比率"，即经济系统能实现的最大利润率。

我们以矩阵形式重构斯拉法的标准商品。仍以矩阵 A 表示生产的技术系数，以列向量 q 表示标准商品，R 表示标准比率，那么根据标准商品的定义可知

$$q - Aq = RAq \qquad (2.1)$$

其中，等式左边为净产出，右边为标准比率与总投入的乘积。由方程（2.1）整理可得

$$q = (1 + R)Aq \qquad (2.2)$$

从矩阵数学的角度来看，斯拉法的标准商品 q 等价于系数矩阵 A 的右特征向量，标准比率 R 也可由系数矩阵 A 的最大实特征值推出，而同一特征值对应的系数矩阵 A 的左特征向量即标准体系下的相对价格。

$$p = (1 + R)pA \qquad (2.3)$$

标准比率即这一价格体系下的最大利润率。由于标准体系与矩阵的特征体系等价，标准体系存在性、唯一性和非负性的证明可以完全由配龙—弗罗宾尼斯（Perron - Frobenius，PF）定理给出（Burmeister，1968）。

在由方程（2.2）和方程（2.3）构成的标准体系下，可以推出

利润率 r 和工资占净产出的份额 ω 之间存在线性负相关关系，即
$$r = (1 - \omega)R$$

由于最大利润率是由技术系数外生决定的，与商品价格相互独立，因而标准体系下的收入分配关系也独立于价格体系，工资份额—利润率曲线就表现为一条斜率为负的直线。

尽管斯拉法研究的重点是标准体系下的收入分配问题，但他工作中涉及劳动价值和联合生产的部分也成为后续研究的热点话题。其中，商品价格可以还原为有时期的劳动这一思想，后被数理马克思主义政治经济学家借鉴，用以证明价值向生产价格的转形过程。这部分内容我们将保留到本章第四小节。这里，我们主要回顾斯拉法在联合生产问题上所作的工作。

在此前的模型中，我们总假设经济中不存在联合生产。所谓联合生产，指的是一个生产部门或是生产过程不只生产一种产品。与联合生产对立的是单一生产。单一生产假设一个生产部门或是生产过程的产品只有一种，即不存在副产品。尽管在模型设定和推导过程中，单一生产假设应用更广，并且往往能得到更好的结论，但是实际生产过程中联合生产才是常见现象。即使一个生产过程只生产出一种用于出售的商品，该生产过程中产生的废料、污染物，或是生产过程中使用的固定资本和土地也常被视为联合生产的副产品进行模型化处理。在《用商品生产商品》的第二部分，斯拉法就采用了联合生产框架，用以分析固定资本和地租问题。

在斯拉法的分析中，商品种类与生产过程数量被假定为相等。因此，他所使用的仍是与单一生产相同的方阵进行建模，只是在联合生产情况下，生产技术由投入系数矩阵和产出系数矩阵共同刻画。这里我们采取更为一般的假设，以矩形系数矩阵的形式给出联合生产的基本模型。假设经济中存在 m 种商品和 n 个生产过程，$m \times n$ 维矩阵 A 和 B 分别表示投入和产出系数，那么价格体系 p

和数量体系 x[①] 均衡分别满足：

$$pB = (1 + r)(pA + wl)$$
$$Bx = Ax + y$$

斯拉法指出，在联合生产情况下，标准体系可能会出现负系数，此时不能按照系数全部为正来确定均衡利润率和标准商品。对此，斯拉法给出的解释是，标准商品只是抽象意义上的记账货币，完全可以将负系数解释为负债。同时，斯拉法也指出只有按照最低利润率得到的标准体系才有经济意义，否则商品价格将会是无穷大。此外，在联合生产情况下，商品价格无法还原为有时期的劳动量，工资变动时价格不能保证是正数，还可能会出现负的边际劳动价值。在联合生产的具体应用中，斯拉法证明了用联合生产方法计算的不同役龄的固定资本价格差刚好是年金折旧费用，并提出了在只包含固定资本的联合生产框架中，存在系数全部为正数的标准商品这一命题（但未证明）。而土地作为有等级差别的生产资料，应当像固定资本一样，体现在多于商品数量的单独的生产过程中（Sraffa，1960）。

从斯拉法的研究结果来看，联合生产并没有单一生产体系下的良好性质。不仅是劳动价值，价格和数量体系甚至也不存在具有经济意义的静态均衡解。为了对联合生产的情况做出合理的解释，后续研究部分沿着斯拉法的思路从均衡的视角探讨有经济意义的解的存在条件，部分转向了冯·诺依曼式的非均衡分析。

三　冯·诺依曼与非均衡增长体系

一般认为，联合生产问题由冯·诺依曼（von Neumann，1945）和斯拉法（Sraffa，1960）提出。但冯·诺依曼的分析方法是线性生产理论中特殊的存在，他不依赖于供求均衡建立方程组对经济变量

[①] 在联合生产情况下，x 不再代表产出量，此时的总产出为 Bx，而 x 一般被称为活动水平或均衡数量。

进行求解，而是放宽了供求一致的条件，转而构建并求解不等式体系。之所以要引入基于不等式的非均衡分析方法，是因为在一般的联合生产情况下，不能保证有经济意义的均衡解一定存在。

冯·诺依曼采用的基本假定为：生产技术规模报酬不变，劳动力供给可以无限增长，不存在非生产性消费，并且不要求商品种类和生产过程相等。我们仍采用 $m \times n$ 维非负矩阵 A 和 B 分别表示投入系数矩阵和产出系数矩阵，那么冯·诺依曼模型可以用不等式组表示为：

$$\alpha pA \geqslant pB$$

$$\beta Ax \leqslant Bx$$

其中 α 和 β 分别为利润因子和增长因子。

两个不等式的含义分别是，产出价格不超过投入和利润回报的总和，后一阶段的投入不大于前一阶段的产出。通过线性规划方法，冯·诺依曼证明了，当 A 矩阵每一列和 B 矩阵每一行都存在至少一个正的元素时，存在一组非负的 p 和 x，以及正的 α 和 β 满足上述不等式组，并且经济的最小利润因子 α 和最大增长因子 β 相等（von Neumann，1945）。[①]

与斯拉法提出的联合生产体系相比，冯·诺依曼采用了矩形系数矩阵，在这一意义上更具一般性。并且，尽管斯拉法提出了联合生产可能出现的各种情况，但并没有讨论限制各种情况出现的具体条件以解决联合生产中出现的各种问题。而冯·诺依曼至少成功的回答了：联合生产情况下，经济可以采用哪些生产过程，以何种速度增长，价格和利润率将各是多少（Kurz and Salvadori，1995）。

然而，对于经济分析来说，冯·诺依曼模型对生产和生活的刻画显然过于简单。只考虑了生产所必需的物质投入品，既没有考虑生产所需的劳动投入，也没有考虑维持劳动者生存所必需的消费。

[①] Howe（1960）提供了另一种证明方法。

只要求产出的商品数量和价值量大于投入商品,但不考虑生产出的剩余如何进行分配,又会对下一轮的生产造成什么样的影响。主要的原因是,冯·诺依曼本人并非一个专职的经济学者,而是一个数学家和计算机科学家。尽管如此,冯·诺依曼模型也为研究经济增长提供了一种新的思路。

森岛(Morishima,1969)就在冯·诺依曼模型的基础上加入了劳动投入和必要消费,并丰富了非均衡增长模型的经济含义。森岛模型可表述如下:

$$(1+g)(A+fl)x \leq Bx$$

$$(1+r)p(A+fl) \geq pB$$

$$(1+g)p(A+fl)x = pBx$$

$$(1+r)p(A+fl)x = pBx$$

$$pBx > 0$$

$$pflx > 0$$

其中 l 和 f 分别为外生的劳动投入系数和必要消费品向量,r 和 g 为一般利润率和增长率。

可以看出,前两个不等式与冯·诺依曼模型具有相似的形式,在考虑了生产所需的劳动投入后,其含义发生了变化。前一阶段的产出不仅要大于后一阶段生产所需的物质投入,还要包含从事生产劳动的劳动者生活所必需的消费品;而利润也包含了用于支付生产资料和劳动报酬两部分资本的回报。后四个公式分别意味着,过剩商品的价格将为 0,利润率低于一般利润率的生产过程不被采用,产出价值为正,工资价值为正。

与原始的冯·诺依曼模型相同,森岛保留了不存在非生产性消费的假定,因而模型中的一般利润率与增长率仍然相等。对于存在非负均衡解的条件,森岛也给出了经济学解释,即每一生产过程至少存在一种商品投入,每一商品至少被一个生产过程生产,从而在经济学含义层面发展了冯·诺依曼模型。但森岛的模型与冯·诺依曼模型一样，都是在静态分析的框架下研究经济的最大增长率。下一节中，我们还会看到冯·诺依曼模型在动态增长路径研究中的应用。

第三节　线性生产理论的最新研究进展

里昂惕夫、斯拉法和冯·诺依曼各自提出的理论框架被越来越多的学者沿用，一方面是对他们提出但没有解决的问题继续探讨，另一方面是将这种分析框架扩展到具体经济问题的研究中。本节将首先对线性生产理论在联合生产问题上的研究进展进行综述，而后聚焦到线性生产理论在收入分配与经济增长、技术进步与技术选择领域的应用。

一　固定资本与联合生产

单一生产情况下，价格和产出体系静态均衡的存在性条件最早由霍金斯和西蒙提出（Hawkins and Simon，1949），因此被称为霍金斯—西蒙（HS）条件。该条件要求投入系数矩阵满足 $I-A$ 的所有顺序主子式为正。HS 条件与经济的生产性条件等价，即存在非负向量 x，使得 $x > Ax$。从生产性条件的经济含义来看，这并不是一个很强的条件，但它保证了对于给定的工资率，经济系统存在唯一一对正的均衡利润率和均衡价格向量。对偶的，对于给定工资品束，正的均衡增长率、均衡产出，并且正的劳动价值存在且唯一（Gale，1960）。然而，在联合生产情况下，均衡的存在性、非负性、唯一性往往都不能得到保证，这也成了斯拉法提出联合生产之后，一个研究的重要方向。

联合生产静态均衡模型的构建分为方阵和非方阵系数矩阵两种，但求解静态均衡的思路基本一致，都需要将模型转化为方阵或是直接退化到单一生产模型再求解。基于方阵体系建模和求解的研究基本是对斯拉法工作的延续，比较有代表性的是 Manara（1980）、Varri（1980）、Baldone（1980）、Schefold（1980；1989）等人的研究。

Manara（1980）较早使用矩阵形式重构了斯拉法的联合生产框架，探讨了标准商品存在的条件和以标准商品作为计价物的情况下价格向量严格正的条件，并阐明了基本商品和非基本商品分别对应于投入矩阵中的不可约和可约矩阵块。他的工作主要是对斯拉法理论进行了数学补充，但并未对附加的数学条件进行经济学解释，并且整套假设和证明过程仍局限在方阵联合生产模型。

为了从经济学角度给出排除负价格的数学条件，Varri（1980）和 Baldone（1980）分别采取了类似的方法，将工资率内生于旧固定资本价格的决定。这种方法的思想基础是，机器的经济折旧年限和年度折旧金额取决于给定收入分配关系下采用不同役龄固定资本的盈利能力差别。但这种方法的问题在于，实际上改变了斯拉法所采用的技术独立于收入分配的静态假设。

Schefold（1980）证明了在只包含固定资本的方阵联合生产模型下，如果所有商品都可单独生产（all-productive），并且所有过程都是不可或缺的（all-engaging）[①]，那么联合生产系统是不可约的，这等价于配龙—弗罗宾尼斯定理可用于该联合生产模型。该研究实际上给出了方阵联合生产模型退化为单一生产模型的条件，但同时满足这两个条件是相对苛刻的，因此这一方法并没有从一般意义上给出联合生产下非负解的存在性和唯一性。

关于用方阵形式构建联合生产模型的合理性方面，Schefold 认为：一方面，实际经济中的竞争压力会增加产品的差异化程度，同时为了减少准租金，低效的生产过程将不会被采用，因此实际经济中的生产过程数量不会多于商品种类；另一方面，生产过程数量也不会少于商品种类，否则将会出现方程组未定问题，从而无法求解

[①] Bidard（1996）对这一概念进行了扩展。

均衡价格和数量体系（Schefold，1989）。然而，Schefold 给出的解释并不能令人满意，尽管竞争确实会增加产品种类，但生产过程数量等于商品种类的假设仍然过于严苛，因此采用方阵刻画联合生产并不是目前常见的处理方式。

在非方阵联合生产模型方面，存在线性规划最优解和方程组均衡解两种思路。第一种思路是冯·诺依曼思想的延续，通过将等式约束放宽到不等式约束并引入最优化问题，解决未定方程组解的个数不唯一的问题，这方面的代表人物是森岛（Morishima，1960；1964）。但这种方法实际已经偏离了均衡的含义，因此并不能视作求解联合生产情况下静态均衡的合意方法，我们将在下一小节综述分配与增长的相关研究中予以展开。

第二种思路是通过一定的方法将非方阵模型转化为方阵模型。置盐和中谷延续了斯拉法的思路，证明了通过引入以年金折旧法计算的折旧率 $\psi(r)$，可以将仅包含固定资本的联合生产从非方阵体系简化为仅包含新品的单一生产的方阵体系（置盐、中谷，1975），即：

$$M(r) = (\psi(r) + rI)K + (1+r)(A+fl)$$
$$p = pM(r)$$
$$x = M(g)x$$

与斯拉法不同的是，该模型中单位劳动的工资品 f 被视为外生变量，而工资率由工资品和商品价格决定。这样设定的好处是，简化后的模型具有了类似单一生产的系数矩阵 $M(r)$，从而可以应用配龙—弗罗宾尼斯定理确定唯一非负解。这一类简化模型又被称为斯拉法—置盐—中谷（SON）模型。

该方法与 Schefold 方法的相似之处是，都实现了联合生产向单一生产的退化，区别在于，非方阵体系退化为单一生产体系后，只能确定唯一的非负价格。由于矩形矩阵的未定问题，数量均衡的解未必唯一。此外，SON 模型主要适用于固定资本的处理，更一般的联合生产问题则不适用。

李帮喜等（2012）提出了求解一般联合生产均衡解的方法，即通过引入摩尔—彭诺斯（Moore-Penrose，MP）伪逆，将一般的非方阵联合生产体系的求解问题，转化为方阵体系。若转化后的方阵满足非负性，则可以利用配龙—弗罗宾尼斯定理求解均衡价格以及均衡数量的通解。MP 伪逆是一种特殊的广义逆，具有唯一性等良好的数学性质。联合生产情况下的生产价格体系和转化后的摩尔—彭诺斯伪逆价格体系可分别表示为①：

$$pB = \alpha pM$$
$$p = \alpha pM B^+$$

可以证明，上述两个方程组完全等价。矩阵 $M B^+$ 是方阵，若其满足非负性，则利润因子和均衡价格等同于该矩阵最大特征值的倒数和对应的左特征向量。

对应的数量体系可以表示为：

$$Bx = \beta Mx$$
$$x = \beta B^+ Mx$$

由于矩阵 $B^+ M$ 的阶数高于矩阵 $M B^+$，上述两个方程不等价，但基于 MP 伪逆的数量体系包含于原始的非方阵联合生产数量体系，可以通过伪逆体系求出均衡数量的特解。Li（2017）进一步证明了，除去无界的增长因子，伪逆体系下得到的利润因子 α 和增长因子 β 存在一一对应关系。

MP 伪逆的方法适用于更一般的联合生产体系，但转化后的方阵 $M B^+$ 与 $B^+ M$ 非负并不是一个必然会实现的条件，关于其约束性的强弱和经济意义还需要进一步的讨论。

二 收入分配与经济增长

线性生产理论关于收入分配问题的研究大多是延续斯拉法的工

---

① 这里的矩阵 $M = A + fl$，既包含生产所需的物质投入，也包含劳动者必需的消费品，称为增广的投入系数矩阵，后文涉及增广投入系数时沿用矩阵 M 这一记号。

作，标准商品体系的重要应用之一就是提供了不依赖收入分配变动的价值标准，从而得到了一条线性负相关的工资—利润曲线，以此解释收入分配的此消彼长关系。实际上，由于价格体系和数量体系之间存在对偶关系，在无非生产性消费的假定下，完全可以将工资—利润曲线解释为消费—投资曲线，此时给定工资率下的增长率即为经济可实现的最大平衡增长率。如果考虑非生产性消费的存在，那么经济增长率 g、利润率 r 与积累率 α 之间也存在 $g = r\alpha$ 的关系，即资本积累的剑桥方程式。因此，从以上角度来看，分配和增长本就是一枚硬币的正反面。

在理论层面，Schefold（1989）证明了将斯拉法的工资后付假设调整为古典的工资预付假设时，同样可以得到独立于相对价格的工资—利润曲线，只是此时的工资—利润曲线不再满足线性。Bellino（2004）对工资—利润曲线的意义展开了详细论述，指出在收入分配关系发生变动时，相对价格会受到自身产业效应和价值尺度产业效应双重影响，但在以标准商品作为价值尺度时，分配变动的价值尺度效应为零，相对价格的变动只是为了实现自身产业平衡，这才是不变价值尺度的真实含义。因此，工资—利润曲线的重要性质不在于线性，而在于分配关系独立于相对价格。此后，Bellino（2014）还提出，应当审慎地看待工资—利润曲线与现实收入分配之间的关系，因为古典的生产价格并不直接反映市场价格，但市场价格低于生产价格表明了该行业处于低于一般利润率，或更糟糕地，无法覆盖生产费用的困境之中。

在经验层面，大量研究利用投入产出数据检验了工资—利润曲线的近似线性，但大部分研究是基于对称的投入产出表，也就是针对单一生产体系。[①] 在联合生产方面，Soklis（2011）利用芬兰的供给表和使用表估计了工资—利润曲线，对 Schefold（1980）的理论模型进行了经验验证。结果表明，芬兰的真实经济数据并不符合 all -

---

[①] 这方面的文章有 Krelle（1977）、Ochoa（1989）、Petrović（1991）等。

productive 假设和 all-engaging 假设，因此无法直接求出标准体系，只能通过大量数值运算近似工资—利润曲线；曲线的单调性取决于价值标准的选取，但具有负斜率的曲线都近似线性。就非方阵联合生产体系而言，Fujimori（1992）沿用置盐和中谷的方法，将仅包含固定资本的联合生产从非方阵体系转换为了方阵体系，并采纳冯·诺依曼的线性规划方法绘制出了日本的工资—利润曲线。

分析的另一条路径是从规范的视角出发来看待工资—利润曲线所体现的收入分配关系。李帮喜等（2019b）认为，工资—利润曲线反映了既定生产技术条件下，工资与利润的最优分配关系，尽管曲线上的每一点体现的分配结构不同，但都体现了生产上的有效率，通过实际收入分配坐标与工资—利润曲线的差异，可以构建衡量宏观经济效率的新指标。D'Agata（2021）则认为，尽管工资—利润曲线上的点在逻辑上都可实现，但不代表每个点所表示的分配关系都是合意的，他主张从机会平等的视角，建立收入分配的规范分析。

从上述研究可以看出，线性生产理论较少涉及收入分配如何决定，基本延续了古典的工资率由外生因素决定的思想。尽管斯拉法研究的核心问题是收入分配，但他的主要工作也只是将收入分配与商品价格变动相分离，从而得到了一条线性负相关的工资—利润曲线。但工资—利润曲线只能用来说明工资和利润一一对应，并具有此消彼长的关系，如果单纯就分配言分配，难以说明什么样的分配关系是合意的，也不能解释现实的收入分配关系是如何决定的。这些问题只有与长期的增长联系在一起，才能得到解决。

古典外生工资理论认为，工资是以劳动力价值为基础的，同时会受到劳动力供求关系的影响和社会与历史因素的制约。为了探讨工资的决定机制，森岛在工资—利润曲线的基础上引入了劳动力市场的供求分析。一方面，工资—利润曲线代表了给定实际工资率下最大化利润率的技术前沿线。另一方面，人口的自然增长率曲线也是实际工资率的函数。两条曲线的交点确定了哈罗德均衡增长率和均衡工资率。在给出了分配和增长的均衡分析之后，森岛进一步指出，现实的收入分配受到阶级力量对比的影响，由于资产阶级在工资率的决定中具有更强的议价能力，实际的工资率可能低于哈罗德均衡工资率，从而实际增长率和就业率都低于哈罗德均衡水平（Morishima and Catephores，1978）。由于将人口增长纳入了分析框架，森岛将分配与增长问题结合起来，进行了均衡工资率和增长率的比较静态分析，并讨论了技术进步可能的影响。但在森岛的模型中，需求结构直接蕴含在外生给定的技术结构中，因而决定均衡的两个因素，生产的技术结构和劳动力增长率都是供给侧的。

与森岛的观点不同，Parchure认为应该更细致的考察工资和利润如何形成消费和投资，通过将收入的循环纳入到生产的循环中，内生确定分配问题。在他的分析框架中，劳动力供给被限定为常量，工人和资本家的消费由各自的收入和消费倾向决定，而投资则是收入与消费的差值，按照规模报酬不变的生产技术投入到各个行业。基于上述假定，Parchure求解了该系统唯一正的均衡价格、产出、增长率、利润率、工资率和资本份额，并试图解释当代资本主义经济体的增长和分配问题（Parchure，2019）。尽管该模型看似给出了稳态的增长路径和内生的分配变量，但实际上忽略了分散决策的影响，尤其是资本家和工人阶级在投资决策中的重要差异，以及技术进步和人口增长的影响。

尽管以上研究的视角和切入点不尽相同，但都是建立在供求均衡前提下的静态或比较静态分析。对偶稳定性定理告诉我们，这种静态均衡在动态情况下是不可持续的，价格机制下无法自发实现均衡稳定的增长。如果将投入和产出之间的生产时间考虑进去，就可以将静态均衡模型扩展到动态。数量体系的动态方程最早由里昂惕夫（Leontief，1953）提出，而后Solow（1959）建立了价格体系的动态方程，并提出了动态里昂惕夫模型中价格体系和数量体系不能同时稳定的猜想。这一猜想后被Jorgenson（1960）证明，即动态里昂惕夫模型的对偶稳定性定理。动态里昂惕夫模型可用如下简化公式描述：

$$p(t+1) = (1+r)p(t)M$$

$$x(t) = Mx(t+1) + u$$

其中 u 为非生产性消费。上述差分方程的解可由 M 矩阵的特征值和特征向量表示。设 M 矩阵的特征值为 $\lambda_1, \lambda_2, \cdots, \lambda_n$，其中 λ_1 为配龙—弗罗宾尼斯根，对应的左特征向量分别为 $p_1, p_2, \cdots, p_n$，右特征向量分别为 $x_1, x_2, \cdots, x_n$。则差分方程通解为：

$$p(t) = \alpha_1[(1+r)\lambda_1]^t p_1 + \cdots + \alpha_n[(1+r)\lambda_n]^t p_n$$

$$x(t) = \beta_1 \left(\frac{1}{\lambda_1}\right)^t x_1 + \cdots + \beta_n \left(\frac{1}{\lambda_n}\right)^t x_n + \gamma$$

由于 λ_1 是 M 矩阵实部最大的特征根，$p(t)$ 会收敛到 $p(1)$，但对于增长路径 $x(t)$，M 矩阵模最小的特征根起到了支配作用。若模最小的特征根具有负实部，则增长路径 $x(t)$ 不收敛。即使模最小的特征根实部为正，对应的右特征向量也未必是非负向量，那么增长路径 $x(t)$ 会在若干期之后出现负值，从而现存经济体系崩塌。

对偶稳定性定理可以看作是线性生产模型动态化的初步尝试，其核心是对静态均衡稳定性的探讨，本质上并不是一个完整的增长模型。另一类研究放宽了均衡增长这一条件，以线性规划的方法，寻求实现经济最大增长率的资本积累路径。这方面的代表性研究是康托洛维奇（2015）提出的最优化规划论和 Dorfman et al.（1958）提出的大道理论。

康托洛维奇是苏联经济学家，因其所处的时代，最优化规划论具有鲜明的计划经济色彩。最优化规划的目的是在给定的自然资源和生产技术下，最大化目标函数值。在当时的背景下，目标函数被定义为，给定每种产品在最后一期的计划最低值的情况下，最大化总产出。我们依然用矩阵形式还原最优化规划论的目标函数和约束条件。仍以 $m \times n$ 维非负矩阵 $A = (a_{ij})$ 和 $B = (b_{ij})$ 表示投入系数和产出系数，n 维列向量 x_t 表示第 t 期的活动水平，m 维列向量 d 表示资源的初始约束，m 维列向量 α 表示最终产品的既定最低值，e 为所有元素都是 1 的 n 维行向量。则最大化问题的目标函数为 ex_T，约束条件为：

$$A x_1 \leq d$$
$$A x_{t+1} \leq B x_t$$
$$\alpha \leq B x_T$$
$$x_t \geq 0$$

线性规划求解出的最优路径 x_t^*，给出了计划经济应该遵循的增长结构。

与冯·诺依曼相比，康托洛维奇追求的不是经济规模的等速扩张，也就是经济结构可以为了最终目标发生适当改变。此外，康托洛维奇还特别强调了劳动力限制的重要性，因此在他的技术矩阵和初始资源约束中，对劳动力约束做出了明确规定。

最优化规划论讨论的是在给定初始条件和最终目标下，经济的最优增长路径。而大道理论则是要说明，无论初始的资本结构如何，优化的最终目标如何，最优化的增长路径都会在相当长的一个时期内连续地接近冯·诺依曼均衡增长路径，初始条件和优化目标仅会在开始和结束的地方对最优增长路径产生影响。其现实意义在于，在不同的条件下或模型设定中，我们关心的目标可能是不同的，但无论目标如何，在相当长的一段时期内最优增长路径都是一致的，这条路径是实现所有目标的最好方式。

关于最优资本积累路径渐近收敛到静态最优路径的定理被称为大道定理。最早版本的大道定理由 Dorfman et al.（1958）给出，又称 DOSSO 大道定理，但 Dorfman 等给出的证明并不完善，只在大道局部有效。Radner（1961）对该证明进行了补充，并提供了价值折损（value-loss）的证明方法。Morishima（1961）和 Mckenzie（1963）分别在单一生产的累积模型中证明了全局大道定理。Nikaido（1964）则提出了一个强化版本的大道定理，证明了最优增长路径会持续停留在大道附近。

最优化规划论与大道理论都放弃了供求均衡的条件，并且允许经济结构的必要调整，二者的原理是一致的（李帮喜，2014）。同时，作为长期的规划理论，二者也都存在技术系数不变假定所带来的局限性。

三 技术选择与技术进步

在长期的增长和分配问题中，没有理由认为技术系数会一成不变，事实上技术进步和技术选择本身也是研究的重要议题。技术选择意味着，在一组可选的生产技术中使用生产成本最小化，从而利润最大化的技术。而一个行业，乃至整个经济体技术水平的进步，一方面体现为分散进行的技术选择的结果，另一方面也构成了新一轮技术选择的背景条件。二者的差异还体现在，对于技术选择的标准及其对增长和分配问题所产生的影响可以通过理论模型进行考察，而技术进步则只能通过经验研究对其进行刻画并总结其中的经济规律。

在经验层面上，Reyes（2021）刻画了长期增长中技术系数变化的两种趋势及其对经济系统的动态影响，并利用墨西哥的投入产出数据进行了验证。李帮喜等（2021）对比了美国、日本和中国的结构演化特征，并认为在工业化的不同阶段，技术、分配、需求和生产四种结构之间存在不同的匹配模式，且其中起主导作用的是技术结构。早期的结构主义和发展经济学文献也提供了此类事实的大量证据。

在理论层面上，技术选择的标准及其对长期利润率的影响是讨论的焦点。通行的观点认为，资本家进行技术选择需要符合成本最小化准则。从这一准则出发，置盐提出了与马克思一般利润率趋向下降规律相反的置盐定理，即在实际工资率不变的条件下，如果资本家按照成本准则进行技术选择，那么技术选择的结果将使得均衡利润率上升（Okishio，1961）。尽管置盐定理相关的理论批判众说纷纭，但从数学证明来看，置盐定理的前提假设与结论是逻辑自洽的，因而批判的观点多是从实际工资率不变假定和成本准则的适用性出发。Basu（2023）证明了，如果将实际工资率不变假设转换为剥削率不变，成本节约型的技术进步也会导致长期利润率下降。李帮喜等（2022）从经验检验的角度对置盐定理进行了考察，从中国和日本的历史数据来看，大多数年份技术变化符合成本准则，但实际利润率并未表现出持续上升的趋势。

罗默区分了可行的技术和进步的技术，前者要求新技术的选择能够降低生产成本，后者意味着生产过程所需的总劳动量将会下降。按照这一分类标准，置盐所采用的成本最小化准则是可行的，而马克思的资本有机构成提高趋势则是基于劳动生产率的进步。罗默定理证明了：当利润率大于零时，所有可行的资本使用—劳动节约（CU-LS）型技术都是进步的，但存在不可行的 CU-LS 型技术；所有进步的资本节约—劳动使用（CS-LU）型技术都是可行的，但存在退步的 CS-LU 型技术（Roemer，1981）。然而，不论是置盐定理还是罗默定理，直至最近对技术选择（Steenge et al.，2019）和技术进步传导机制（Harada，2018）的研究都存在同样的问题，即假定实际工资率（或其他分配变量）不变，显然这种假设是不符合长期分析需求的。技术选择往往是在部门内部进行的，而分配（和增长）是部门间均衡的结果，因此技术进步和分配关系变动是同一个动态过程的两个方面。通过控制变量的方法只对变动的一方进行考察确实提供了分析上的便利，但也割裂了对真实积累过程的整体认识（杨帅泓、朱安东，2021）。这也是置盐定理无法得到经验证据支持的原因。

事实上并非经济学者对此类问题的认识不足，而是这种技术与分配的双重动态在形式化方面存在困难。帕西内蒂（Pasinetti，1981；1993）试图通过区分参数与未知数和常量与变量之间的区别来完善这种形式化上的缺陷，将技术处理为可变的参数，跳过技术选择过程，只考虑作为技术选择结果的参数变化，从而在一个结构动态的框架下考察分配与增长问题。尽管帕西内蒂的研究本身更关注规范分析而忽略了制度因素和生产关系的影响，但这种参数动态化的处理方式确有值得借鉴之处。

本书的第四章将具体阐述帕西内蒂动态化结构参数的思想，并尝试在此基础上构建包含结构动态的增长模型。

第四节 线性生产理论与马克思主义政治经济学的融合

线性生产理论与马克思主义政治经济学的融合由来已久，国外学者在这一领域的研究开展较早，无论是利用线性生产理论重构马克思的经济思想（Okishio，1963；置盐信雄，1976；Fujimori，1982），还是将劳动价值等概念吸纳进线性生产理论（Schefold，1989；Kurz and Salvadori，1995），都已经形成了系统的专著。近年来，国内马克思主义政治经济学研究也开始借鉴线性生产理论的一些基本模型进行理论推导和定量分析（荣兆梓、陈旸，2014；李帮喜等，2019a；2019b；冯志轩、刘凤义，2020）。然而国内政治经济学界对于线性生产理论与马克思主义政治经济学的兼容性并没有达成共识，尤其是对于斯拉法的理论，争议最为严重（胡代光，1985；余斌，2013；裴宏，2019）。

本章第一节已经对线性生产理论和马克思主义政治经济学共同的古典思想渊源进行了梳理，本节将首先对斯拉法理论的相关争议进行回顾，而后对基于线性生产理论构建的马克思主义政治经济学数理分析模型进行综述，同时试图回答二者在何种程度上是可兼容的这一问题。

一 斯拉法理论的相关争议

1960年，斯拉法的著作《用商品生产商品》问世，该书不仅为批判新古典边际分析方法提供了理论基础，完成了对古典经济思想和方法的回归，还证明了一般利润率均衡下的商品价格可以还原为有时期的劳动。这让部分西方马克思主义政治经济学家认为，斯拉法所使用的线性生产模型和马克思的劳动价值论具有内在一致性。该方法解决了从劳动价值向生产价格转形的关键分析难题，提供了生产价格的精确计算方法（Garegnani，1998；Dobb，1973；米克，1979）。

其论据可以总结为以下三点：第一，斯拉法证明了价格体系可以还原为有时期的劳动，那么反过来，自然可以从不同时期的劳动投入推出斯拉法的价格体系；第二，生产价格必须依托具体的投入产出关系而构建，马克思之后的转形模型所使用的再生产框架实际就是通过引入这种投入产出关系实现的成本价格转形；第三，生产价格既可以从单位产量的劳动耗费来推导，也可以从单位产量的商品投入来推导，二者在量上完全一致。然而这一观点受到了两方面的质疑。

以斯蒂德曼和萨缪尔森为代表的一方认为，斯拉法构建的实物分析方法为批判马克思的劳动价值论提供了理论基础。既然生产价格和一般利润率可以直接从实物生产体系求解，那么从劳动价值向生产价格的转形就完全成了伪问题。萨缪尔森将价值转形戏称为：写下价值关系，用橡皮擦掉，再写下价格关系——这就是所谓的价值转形（Samuelson，1971）。斯蒂德曼认为：由斯拉法建立的实物分析方法出发可以独立地推出生产价格和利润率，以及全部价值量，但由价值量出发无法逻辑一致地推出生产价格和利润率；技术选择与劳动配置都是基于生产价格和利润率而非价值量进行的；同时在联合生产情况下，基于价值体系的分析出现了逻辑的不一致，因此，保留马克思的劳动价值论既是不必要的也是不正确的（Steedman，1977）。尽管斯蒂德曼反对使用劳动价值论作为分析的基础，但他却试图利用线性生产理论的分析框架重构马克思主义政治经济学的其他基本概念和理论，并认为自己继承了马克思的唯物主义理论。

对于斯蒂德曼等人的观点，要澄清的是，斯拉法本人并没有将马克思的分析作为攻击目标（Porta，1986），并且在思想史上，斯拉法研究的起点也受到了马克思的价值理论和再生产理论的启发（Kurz，1979；De Vivo，2016），因此斯蒂德曼得到的结论是否符合斯拉法的本意是值得怀疑的。另外，斯蒂德曼主张用实物体系的分析取代价值体系，实际上过分夸大了实物体系的作用。利用实物体系构建的价格方程固然可以完成生产价格的精确计算，但完整的价值—价格理论还需要包括价值与价格的本质、价值实体等抽象层面（白暴力、白瑞雪，2011），如果完全放弃劳动价值论，资本主义社会剩余的来源将无法解释（Roemer，1979）。因此基于实物体系的生产价格分析不足以提供一个取代劳动价值论的分析基础。

另一方的观点认为，斯拉法试图构建一个独立于马克思主义和新古典主义的价值或价格理论，并从劳动价值论出发对斯拉法理论进行了批判。首先，关于斯拉法论述中工资的规定方面。工资后付假定被认为篡改了工资的性质，使其成为"剩余"的一部分，进而模糊了资本主义剥削关系（何小锋，1984）。而工资概念的扭曲说明斯拉法陷入了斯密教条，不但没有区分购得劳动和耗费劳动，还错误地把工资和利润当作了构成商品价值的因素（胡代光，1984）。其次，关于价格的价值基础，斯拉法只关注商品交换比例这一表面现象，把交换价值或价格当作生产技术所决定的，而抹杀了价值实体、价值形式的发展、生产价格的形成这些历史发展和逻辑过程，从而使价格成为超越资本主义社会关系的存在，生产价格也成了没有意义没有内容的概念（胡代光，1984；1985）。再次，就斯拉法的价格体系与马克思的生产价格体系是否等价方面，也存在争议。由于斯拉法的价格体系以给定生产技术下的产品交换比例为基础，是从价格出发的利润率平均化，而非从价值出发的利润率平均化，因而这一价格体系与马克思的生产价格体系存在根本不同（魏埙，2001）。生产价格的形成是一个动态的历史过程，而斯拉法的分析是纯静态的，这就导致在劳动生产率发生变动前后，通过斯拉法方法计算的价格本身存在矛盾（余斌，2013）。最后，关于斯拉法所采用的静态分析的性质，由于斯拉法的价值与分配理论建立在静态均衡基础之上，分析动态问题必然会导致逻辑矛盾（柳欣，1994），而采用类似的分析方法研究马克思主义政治经济学也会导致纯粹的静态均衡分析（孙小雨，2019）。

上述对斯拉法理论的批判，笔者基本持认同态度。斯拉法在价值和分配问题上的分析不仅没有超越马克思，还存在自身的局限性。由于没有明确引入实际工资率，斯拉法在利润源泉的问题上，甚至相比李嘉图都是退步的。要在古典体系下阐明分配问题，不可避免地要涉及社会分工赖以存在的生产过程和各个阶级，从而势必会回归马克思的体系，斯拉法的贡献之处仅在于，提供了证明李嘉图和马克思命题的有力形式（置盐信雄，1961）。实际上应用线性生产理论构建数理政治经济学模型并进行量化分析，根本目的是发展马克思主义政治经济学，在下一小节我们将会看到，斯拉法理论中固有的问题，在线性生产理论与马克思主义政治经济学的融合研究中都予以了修正。

马克思的思想和线性生产理论的分析方法之所以可以有机结合，是因为二者来源于同一古典传统。古典经济学的核心是在已知社会产品和必要消费的前提下，测量社会的经济剩余，而古典的价值和分配理论就是要解决测量经济剩余时出现的不同质的实物量无法直接加总的问题（Garegnani，1984）。就这一问题而言，线性生产理论和马克思都坚持了客观的价值—价格理论，不过二者论述的逻辑是相反的。马克思从劳动价值和剩余价值率开始，在价值这一抽象层面上构建再生产图式，而后试图在不依赖实物数量的情况下完成价值向生产价格的转形；而线性生产理论则是从纯粹的实物体系出发，建立统一利润率下的生产价格体系，而后将生产价格还原为有时期的劳动量（Kurz and Salvadori，2000；2006）。

生产价格体系必须依托以实物形式表示的生产方法而构建，这是导致马克思转形理论不完善的原因，从这一角度上看，斯拉法的分析完成了马克思的价值—生产价格理论的最后一步（Kurz，1979）。实际上，不只是生产价格，劳动价值的确定也不能脱离实物的生产体系，否则无论是生产资料转移的价值，还是活劳动创造的价值，在量上都无法被说明。因此，将线性生产理论的实物分析方法引入马克思的经济理论，不仅是可行的，也是必要的。

二 线性生产理论与数理马克思主义政治经济学

应用线性生产理论对马克思经济思想进行数理重构的研究已经发展出了较为统一的假设前提和模型框架。一般假设经济中只包含资本家和工人，从而收入只包含利润和工资；工资采取预付形式；生产技术由行业平均的投入产出关系表示。

在基本假定的基础上，针对研究的具体问题，还存在劳动的同质/异质性假定、存在/不存在固定资本/联合生产假定、经济体的封闭/开放假定，等等。但不管采取何种具体的假定，基本模型都可以概括为三个方程，即劳动价值、生产价格和数量方程。三个基本方程分别对应了马克思经济思想中的劳动价值与剩余价值理论、生产价格与转形理论、社会总资本再生产理论。本节将按照这一顺序对相关研究展开述评。

（一）劳动价值与剩余价值理论

劳动价值论和剩余价值论是马克思主义政治经济学的基础和核心。马克思建立了以社会必要劳动时间为衡量标准的客观价值理论，并通过剩余价值理论揭示了资本主义生产的剥削性质和积累规律。因此，劳动价值论不仅是关于商品生产和交换规律的理论，还是关于商品生产关系的理论。从这一层面来说，斯蒂德曼试图摒弃劳动价值论的做法显然是错误的。

在单一生产情况下，劳动价值具有一致的表达形式，在此基础上形成了较为统一的剩余价值和剥削理论的数理模型，这方面的早期工作主要由置盐（Okishio, 1959；1963）和森岛（Morishima, 1973）完成。早期的劳动价值是以标量形式给出，为了表述的统一，我们将其转化为矩阵形式。

根据劳动价值的定义，商品的价值量由生产它所需的生产资料价值和活劳动构成，那么劳动价值方程可表述为：

$$v = vA + l$$

利用里昂惕夫逆矩阵可以解得劳动价值向量 $v = l(I-A)^{-1}$ (Okishio, 1959; 1963)。①

从另一个角度来看，商品的价值量又由生产它的社会必要劳动时间决定。令 $x_j = Ax_j + e_j$ 为生产 1 单位净产出 j 所需的商品投入，那么第二种含义的劳动价值即为 $v_j = lx_j$。第一种含义的劳动价值称为结晶劳动价值，第二种含义的劳动价值称为投入劳动价值。容易证明，两种含义的劳动价值定义是等价的（Morishima, 1973）。结晶劳动价值的形式使用起来更为便捷，因此这一劳动价值方程更为常见。

劳动价值的非负性和唯一性同样可由霍金斯—西蒙条件给出。置盐（Okishio, 1963）证明了，该条件不仅保证了物质再生产的可能性，同时也是劳动价值为正的等价条件。

剩余价值与剥削率的数学表达建立在劳动价值的定义之上。给定单位商品的劳动价值，剩余价值量可以用商品价值量与生产资料价值量和劳动力价值量之差进行计算。在给定实际生存工资向量 f 的假设下，生产单位商品所需劳动力价值为 vfl，创造的剩余价值为 $v - v(A + fl)$，由此可以进一步计算剩余价值率：

$$\mu = \frac{vx - v(A + fl)x}{vflx}$$

这一表达形式不仅可以计算社会平均的剩余价值率，也可以用于个别资本剩余价值率的计算，只需要将社会平均的生产技术 A 和 l 换成个别资本的技术系数。剥削率的数学表示既可以基于剩余价值，也可以基于剩余劳动，即剩余劳动率可以表示为：

$$\eta = \frac{lx - vflx}{vflx}$$

---

① 利用这一模型和投入产出数据测算劳动价值的经验研究可参见 Wolff（1977）、Ochoa（1989）、Shaikh and Tonak（1994）。

两种表达形式等价。

以上利用霍金斯—西蒙条件，置盐证明了剥削率为正是平均利润率为正的前提，即马克思基本定理的雏形。而剩余产品要转化为利润还需要资本家阶级对剩余产品有足够的需求，因此逆命题未必成立（Okishio，1963）。森岛（Morishima，1973）、藤森（Fujimori，1982）、置盐（Okishio，1993）进一步丰富了剥削理论的研究，在置盐命题的基础上证明了剥削率为正是平均利润率为正的充要条件，即 $r>0 \Leftrightarrow \mu>0 \Leftrightarrow \eta>0$。该定理揭示了资本主义生产的利润来源，即剩余价值和剩余劳动，因此被称为马克思基本定理。

在联合生产情况下，如同均衡价格体系和数量体系一样，劳动价值的定义和求解问题也尚未解决。斯蒂德曼甚至给出了联合生产情况下，劳动价值为负、剩余价值率为负但利润率为正的数例，作为批判劳动价值论的核心论据（Steedman，1975）。对于斯蒂德曼的批判，学界已经给出了充分的回应，大致可以分为以下三种。

第一种思路是通过对系数矩阵的技术进行限定，排除负价值出现的可能。藤森（Fujimori，1982）定义了劣等生产过程的概念，并证明了不存在劣等生产过程与劳动价值为正等价。劣等生产过程的定义如下：记

$$\tilde{D} = \begin{pmatrix} B-A \\ -l \end{pmatrix} = (d^1, \cdots, d^n)$$

指标集 $I, J \subset \{1, \cdots, n\}$ 不相交，生产过程组合 I 劣等于 J，当且仅当存在活动水平 $x \geq 0$，使得：

$$\sum_{i \in I} d^i x^i \leq \sum_{j \in J} d^j x^j$$

即生产过程组合 I 与 J 相比，在消耗劳动更多的情况下，生产的净产品更少。

不存在劣等生产过程意味着，在竞争市场环境下，投入同样的劳动量，净产出严格低于其他生产过程的生产工艺将不会投入使用。持类似观点的还有 Kurz（1979）和 Farjoun（1984），他们各自给出

了类似的技术限定。需要说明的是，在联合生产情况下，即使可以通过技术限制排除负价值存在的可能性，但由于矩形系数矩阵的未定问题，仍不能保证满足劳动价值方程的正价值唯一。

第二种思路来源于冯·诺依曼的线性规划方法，即通过将方程的等式约束放宽到不等式约束，解决方程组解的非负唯一性问题，这一方面的代表人物是森岛。通过在线性规划问题下定义最优价值，即劳动最小化问题的影子价格，森岛证明了最优价值的非负性和正剥削率的存在性、唯一性，从而完成了马克思基本定理在联合生产情况下的推广（Morishima，1973；1974）。

尽管线性规划方法也能避免非负价值的出现，同时可以确定唯一的剥削率，但线性规划解和均衡解的内涵有本质区别。均衡解关注的是实际经济运行的结果，是实证分析的范畴。而线性规划解关注的是给定生产目标和技术条件的前提下，经济最优的劳动配置是怎样的，属于规范分析的范畴，因此最优价值被认为偏离了马克思定义的劳动价值的概念（Ahmad，1975）。[①]

第三种思路认为，联合生产情况下劳动价值不能用单一生产情况下的求解方法。在单一生产情况下，某一商品由唯一的过程生产，因而不存在社会必要劳动时间和个别劳动时间的冲突。但在联合生产情况下，不同生产过程生产出的同样一单位商品可能存在不同的个别价值，此时劳动价值要按照社会必要劳动时间计算，而不能再按照个别劳动时间计算（冯金华、侯和宏，2011；宋树理、姚庐清，2019）。

这种思路还原了马克思对劳动价值的定义，在理论上对联合生产情况下的劳动价值进行了修正，同时允许不同技术水平的生产过程存在，也保留了均衡解的性质，但在实际计算劳动价值时，要求商品交换比例给定或是商品价格给定。由于联合生产情况下数量体

[①] 在下一章我们将会证明，在一定的条件下，最优价值与基于均衡方程求解的劳动价值具有等价性。

系和生产价格体系本身也不能保证存在唯一非负解，因此这种劳动价值的计算方法在线性生产模型的框架内是无法完成的，需要额外提供商品交换比例或者说商品相对价格的数据。然而，这种方法最终会陷入价值和价格谁决定谁的理论困境。

相比而言，联合生产情况下劳动价值的模型构建和求解尚没有很好的解决方案，但值得一提的是，即使单一生产情况下劳动价值的求解也存在争议。首先，只有生产性劳动才能创造价值，因此劳动价值方程中的劳动投入系数 l 势必会受到生产性和非生产性劳动划分的影响，而生产性和非生产性劳动的划分无法从模型内部得到解释。其次，关于规模报酬不变假定是否过于严苛，会造成劳动价值计算的适用性困难（裴宏，2017）。实际上，线性生产理论并不需要规模报酬不变假定，投入系数是给定产量下的算术平均，是事后量。商品的劳动价值只受这种平均技术水平的影响，而不受边际技术的影响，因而技术是否规模报酬不变并不影响劳动价值方程的适用性。最后，如果要考虑跨期之间的技术变动对劳动价值的影响，则需要将价值方程扩展到动态。但动态方程的构建需要设置劳动价值的初始值，就这一点来说动态分析仍然是以静态分析为基础的。因此，就劳动价值与剩余价值理论来说，虽然不能涵盖马克思主义政治经济学分析的全部方面，但基本可以涵盖其中定量分析的核心部分。

（二）生产价格与转形理论

生产价格的计算与转形过程的解法一直以来都是马克思主义政治经济学备受争议的问题，即使在马克思主义政治经济学内部也没有形成定论。本节不打算对转形问题的百年争论展开详尽的追溯，而是要将重心放在生产价格方程的适应性问题上。

在不考虑联合生产的情况下，线性生产理论的生产价格方程可以表示为：

$$p = (1 + r)(pA + wl)$$

该方程组包含 $n + 2$ 个未知数，却只有 n 个方程，因此需要增加两个条件才能求出生产价格的绝对量。根据附加条件的不同，目前主要的解答思路可以分为 A、B、C 三个体系（荣兆梓、陈旸，2014；冯志轩、乔晓楠，2019）。

A 体系形成最早，也是目前发展最成熟的转形方法。该体系假定存在外生的实物工资向量 f，以及生产价格总量等于价值总量，从而得到生产价格的绝对量（Seton，1957；Samuelson，1971；置盐信雄，1972；Morishima，1973；Steedman，1977）：

$$p = (1 + r)p(A + fl)$$

$$px = vx$$

B 体系否认了实物工资向量在转形前后不变这一假设，在 B 体系内部又分为 B-1 体系和 B-2 体系。B-1 体系最早由张忠任（2001）以 BSZ 模型给出，该模型的两个约束条件完全等价于两个总量相等条件，即：

$$p = (1 + r)(pA + wl)$$

$$r(pA + wl)x = lx - vflx$$

$$px = vx$$

这里的 f 仅指转形前的实物工资向量，该模型对转形后的实物工资实际上没有任何特殊设定。

B-2 体系由新解释学派的 Foley（1982b）和 Duménil（1983）等人提出，该体系认为转形前后的工资率和新增价值量是不变的，即：

$$p = (1 + r)(pA + wl)$$

$$w = vf$$

$$py = vy$$

其中 $y = (1 - A)x$ 为净产出向量。

转形问题的 C 体系由荣兆梓等（2016）提出，该体系保留了总价值等于总生产价格的假定，并引入了转形前后总剩余价值率不变的假定，即：

$$p = (1 + r)(pA + wl)$$

$$\frac{pY}{w} = \frac{vY}{vf}$$

$$px = vx$$

这一想法的出发点是，转形不影响劳资的分配关系，而剩余价值率不变假定同样可以说明剩余价值的来源。

尽管三种体系的转形思想都能以线性生产模型的形式呈现，但这种利用方程组求解生产价格的方法并未得到公认。反对者认为，这种均衡生产价格的解法本质上是斯拉法的，而非马克思的。批判主要集中于两点：第一，生产价格方程不是从价值出发的利润率平均化过程，而是直接从实物体系得到的交换价值，缺少价值基础，因而与马克思的生产价格体系存在根本不同（胡代光，1985；魏埙，2001）。第二，生产价格的形成应该是一个动态的历史过程，而非纯静态的，一旦考虑技术变动过程，生产价格方程就会出现自相矛盾（余斌，2013）。

对于第一点，需要澄清的是，生产价格方程的建立是有劳动价值基础的。事实上，尽管上述 A、B、C 三个体系都采用了静态转形的形式，但在技术不变假定下，完全可以利用从劳动价值开始的迭代算法得到相同的结论（Morishima and Catephores，1978；荣兆梓等，2016；Li et al.，2018），生产价格方程只不过是形式上更精简的迭代算法。此外，既然劳动价值本身也必须依靠实物体系来计算，那么从劳动价值转形而来的生产价格自然也可以从实物体系来推算，但这并不影响劳动价值在积累理论和分配理论的应用（Schefold，2019）。

对于第二点，由于和迭代算法等价，生产价格方程并非纯静态，同时也是一个迭代过程的极限。之所以在劳动生产率发生变动前后出现矛盾，是因为生产价格方程的基本假定是转形前后技术不变，并在此基础上刻画长期均衡。事实上，完全可以通过放弃技术不变的假定，实现生产价格模型的动态化。此时仍然可以用迭代算法的形式解释生产价格的形成，不过迭代过程中的技术系数会随着实际技术进步进行调整，从而实现转形动态的历史过程。但是，任何动态的转形模型都会面临同一个问题：一般利润率是在长期中决定的（Veneziani，2004）。从这一观点出发，动态模型不能对利润率和每一期的价格施加任何具体的限制，从而无法对转形过程进行任何模型化。因此，要确切地刻画生产价格和平均利润率，仍然需要回归长期均衡。

此外，部分学者认为由鲍特凯维兹提出并被生产价格方程继承的"投入品转形"是不必要或不恰当的（Moseley，2018；孟捷，2021），生产价格本身不应当被视作长期均衡价格，而应当将非均衡纳入价值转形的研究（孟捷，2018）。这些观点的确为发展马克思主义政治经济学提供了创新性的视角，但一方面其本身是不是对马克思原有立场的还原尚且存在质疑（荣兆梓，2020），另一方面非均衡分析也并不能完全取代均衡分析的方法，两者均有其适用的领域和存在的意义。

（三）再生产理论

生产不是一个单线程的过程，而是一个不断循环往复的再生产过程。在《资本论》第二卷中，马克思建立了两大部类再生产图式用于分析社会总资本再生产的实现过程，也即社会总资本顺利实现价值补偿和物质补偿的条件。线性生产理论正是在吸收了马克思再生产理论的基础上形成的，并进一步将两大部类扩展到了多部门，将按价值进行商品交换扩展到了按生产价格进行商品交换。因而与马克思的再生产理论具有逻辑的一致性。

线性生产理论最基本的数量方程表达式为：

$$x = Ax + y \qquad (2.4)$$

其中 y 为生产过程的净产出，包含了全部的消费和投资。该方程对数量体系实际没有附加任何具体的限制，只是一个事后核算。如果我们将劳动力的再生产考虑进去，并且要求各部门实现平衡增长，即具有统一的增长率 g，那么数量方程可以表示为：

$$x = (1 + g)(A + fl)x + u \quad (2.5)$$

其中 f 为用于劳动力再生产的必要消费品，u 用于非生产性消费。

对比方程（2.4）与方程（2.5），尽管两个方程具有相似的形式，但含义完全不同。方程（2.4）只是事后核算，而方程（2.5）是扩大再生产实现物质补偿的必要条件。对于事后统计量 y 来说，只有恰好满足 $y = g(A + fl)x + flx + u$，即净产出在满足了当期劳动力的再生产和非生产性消费之后，还要包含扩大再生产需要追加的生产资料和消费资料，扩大再生产才能实现。

如果不考虑非生产性消费，那么方程（2.5）将变为：

$$x = (1 + g)(A + fl)x$$

这时的 g 代表了经济能实现的最大平衡增长率。这类特殊的数量体系被称为冯·诺依曼增长路径，或产能增长路径（Morishima, 1973; Fujimori, 1982）。

方程（2.5）给出了扩大再生产需要满足的物质均衡条件，但再生产的顺利进行不仅需要实现物质补偿，还需要实现价值补偿。事实上，在静态均衡分析中，由于技术系数不发生变动，单位商品的价值和生产价格也都不发生变动，扩大再生产只是经济规模的扩张。可以验证，只要数量方程（2.5）成立，那么以价值或生产价格衡量的价值补偿也都能顺利实现。然而，一旦考虑了技术进步，那么产出品的价值或生产价格就会与投入品发生偏离，这种情况下即使数量体系实现了均衡条件，价值补偿也未必能够顺利实现，这一点我们将在第四章展开讨论。

第五节 本章小结

本章从思想渊源、经典模型及最新研究进展三个方面对线性生产理论的现有文献进行了综述，同时回顾了线性生产理论与马克思主义政治经济学融合的相关争议，并对二者的兼容性问题进行了回应。

线性生产理论承袭了古典经济学的思想，又与马克思主义政治经济学存在诸多共通之处，因此在对马克思经济理论进行数理重构方面起到了重要作用。现有文献通过为线性生产理论增加价值基础、对工资假定进行修正等方式，使其更适用于数理马克思主义政治经济学的分析，目前形成了较为完备的体系。然而，线性生产理论的研究仍存在以下不足之处。

首先，在联合生产情况下，基本的均衡模型仍不够完善。不仅是劳动价值体系，生产价格和数量均衡的非负性和唯一性的条件同样需要进一步探讨。其次，在分配问题上，由于模型本身没有对外生的工资率给出解释，因此对实际收入分配关系的解释，以及如何评判更优的分配关系都依赖于其他的经济理论。最后，在增长问题上线性生产理论逐渐从静态均衡向线性规划问题发展，但鲜有研究将技术变化和结构动态纳入增长问题的研究框架。

此外，由于线性生产理论的基础模型是静态均衡方程，因而始终难逃静态一般均衡分析的诟病。一方面，应当看到，静态分析始终是动态分析的基础和前提，是一定程度抽象的产物。历史的、质的考察，与静态的、量的考察都有其存在的意义和适用的场合。作为长期均衡的分析手段，线性生产理论为马克思主义政治经济学提供了一个有益的建模思路。另一方面，也必须承认，囿于技术系数不变假定，线性生产理论始终没有发展出真正的动态分析框架。要建立真正的动态分析，关键是在模型中加入随时间进行的技术变动，从而将生产过程的历史变革纳入分析当中。

本书接下来的两章，将分别从静态均衡分析和结构动态分析两个方面发展线性生产理论，为后续中国经济增长问题的研究提供理论基础。

第 三 章

线性生产理论的静态均衡分析

本书的主要目的是基于线性生产理论，构建从结构动态视角研究长期经济增长的模型框架，并对中国经济增长的历史和现状进行考察。正如我们在第二章中看到的，对增长问题的研究既可以从静态的视角出发，讨论收入分配关系对增长的影响，也可以从动态的视角出发，讨论技术进步从而经济结构变迁对增长的影响。但无论如何，静态分析都是动态分析的基础和前提，因此在构建动态模型、进行经验检验之前，我们需要先对线性生产理论的静态均衡分析进行发展和完善。

在内容安排上，本章将首先以命题、定理和证明的形式，对单一生产情况下的静态均衡分析框架进行回顾，并证明马克思—置盐转形的收敛与配龙—弗罗宾尼斯定理等价；而后对联合生产情况下，劳动价值、生产价格和数量体系静态均衡的存在性、非负性和唯一性条件展开讨论。

第一节 单一生产情况下的马克思—置盐体系

在《资本论》三卷本中，包含了大量的定量问题，比如商品价值、剩余价值和剥削率的决定，再比如转形问题、生产价格和一般利润率的计算，等等。在利用线性生产理论对马克思主义政治经济学中的定量问题进行数理化的研究中，置盐（Okishio，1963）做出了最早也最为基础的工作。

置盐采用的表达方式建立在没有固定资本、联合生产和异质劳动的单一生产假设上。利用配龙（Perron，P）定理和配龙—弗罗宾尼斯（Perron-Frobenius，PF）定理[①]，置盐证明了几乎所有的马克思基本命题。从这一意义上，单一生产情况下的静态均衡又被称为马克思—置盐体系。森岛（Morishima，1973）对马克思—置盐体系的双重对偶性质进行了补充。

本节将对马克思—置盐体系进行系统回顾，并运用矩阵收敛证明马克思—置盐转形的收敛性同 PF 定理等价，从而说明基于线性生产理论构建的马克思—置盐体系在逻辑上是稳健的。附录 A 给出了非负矩阵的一些预备知识和本节涉及的详细证明过程。

一 马克思—置盐体系的双重对偶性

假设经济中有 n 种商品，每个部门生产一种商品。令 $A \geq O$，$l > 0_n$ 分别表示不可约投入系数矩阵和劳动投入系数行向量。该体系最基本的假定是 A 矩阵的生产性，即：

假设 3.1：存在 $x > 0^n$，满足 $x > Ax$。

从经济含义来看，该假设意味着现行的生产技术能够提供的产品数量大于投入品数量，否则生产不仅不能带来剩余，还会成为毫无意义的浪费。在现实中，违反这一假设的技术不会被采用，因而生产性假设是最基础、最一般的假设。该假设还保证了，非负不可约矩阵 A 的 PF 特征值 $\lambda_A < 1$。

森岛（Morishima，1973）总结了劳动价值与数量、生产价格与数量的双重对偶性，从而利用劳动价值、生产价格、数量三个体系

[①] P 定理和 PF 定理分别讨论了正矩阵和非负不可约矩阵正特征体系的存在性和唯一性问题。

完美覆盖了马克思—置盐体系。我们在此分别对三个体系进行总结。

(一) 劳动价值体系

商品的劳动价值 v 被描述为

$$v = vA + l \tag{3.1}$$

命题 3.1：

(1) 假设 3.1 意味着，方程 (3.1) 中的劳动价值 v 是正的。

(2) 若 x 满足 $x = Ax + y$ 且 $y > 0$，则 $vy = lx$，即劳动价值与数量对偶。

令 $f \geq 0^n$ 代表一单位劳动支出对应的工资品束列向量。那么劳动力价值由 vf 确定。$1 - vf$ 给出了每单位劳动中包含的剩余劳动。那么剩余价值率定义为：

$$\mu = \frac{1}{vf} - 1 \tag{3.2}$$

生产当前产品 $x > 0^n$ 需要耗费劳动力，而劳动力的再生产需要消耗工资品 flx。令 z 表示必要产品向量，即生产工资品 flx 所需的总产出向量，那么：

$$z = Az + flx \tag{3.3}$$

生产产品 $x > 0^n$ 所需的总劳动和必要劳动分别为 lx 和 lz，剩余劳动率即为 $\eta = \frac{lx}{lz} - 1$。经过简单变换即可得到：

命题 3.2：$\eta = \mu$。

由于劳动力价值是资本成本的一部分，因此在资本家眼中，剩余价值量表现为利润，商品价值表现为商品价格。对资本家来说，重要的是商品生产体系是否能盈利。如果存在 $p > 0_n$，满足：

$$p > pA + pfl = p(A + fl) \tag{3.4}$$

那么我们称生产体系 (A, l, f) 是盈利的。如果用增广投入矩阵 $M = A + fl$ 来表示这一生产体系，那么商品生产体系是盈利的，当且仅当 $\lambda_M < 1$。由方程 (3.1) 和方程 (3.2) 可得：

命题 3.3：$\mu > 0$ 意味着 M 是盈利的。

在马克思主义政治经济学中，价值体系转形为生产价格体系代表了预付资本平均利润率，或一般利润率的形成。后文做如下假设：

假设 3.2：存在一个 $x > 0^n$，使得 $x > Mx$。

价值向生产价格的转形可以通过马克思—置盐迭代过程实现。对于任意给定的 $x > 0^n$，可以构造序列 $\{r^k\}$ 和 $\{v^k\}$，使得初始值 $v^0 = v$，且：

$$1 + r^k = \frac{v^k x}{v^k M x} \tag{3.5}$$

$$v^{k+1} = (1 + r^k) v^k M \tag{3.6}$$

定理 3.1：如果 M 是素矩阵且满足假设 3.2，那么方程（3.5）和方程（3.6）构造的序列收敛。

证明：由定理 A.1，可以找到矩阵 M 的 PF 右特征向量 x，使得 $Mx = \lambda_M x$。那么 $(1 + r^k)\lambda_M = 1$，即 $\{r^k\}$ 是收敛的：$\lim_{k \to \infty} r^k = r$。现在我们只需要关注

$$v^{k+1} = (1 + r) v^k M = v^0 \tilde{M}^k \tag{3.7}$$

其中 $\tilde{M} = (1 + r)M$，$r = \frac{1}{\lambda_M} - 1$，初始值 $v^0 = v$。如附录 A.5 所示，矩阵的幂 $\tilde{M}^k$ 收敛，从而 $\{v^k\}$ 收敛。

记 $\lim_{k \to \infty} v^k = p$，数列 $\{r^k\}$ 和 $\{v^k\}$ 的极限 r 和 p 定义了商品的生产价格体系。

（二）生产价格体系

简单地说，商品的生产价格体系可以表示成下述静态形式：

$$p = (1 + r) p M \tag{3.8}$$

其中，$r = \frac{1}{\lambda_M} - 1$，并且对于任意给定 $x > 0^n$，有 $px = vx$。这里生产价格 p 根据劳动价值 v 进行了标准化。

在生产价格体系下可以证明以下马克思主义政治经济学要旨：

定理 3.2：（马克思基本定理）$r > 0$ 当且仅当 $\mu > 0$。

类似地，由方程（3.3）和方程（3.8）可得：

命题 3.4：$r > 0$ 当且仅当 $\eta > 0$。

（三）产能增长路径

生产价格体系在数量上的对偶体系表述如下：

$$x^c = (1 + g^c) M x^c \qquad (3.9)$$

其中，g^c 和 x^c 分别表示产能增长率和产能增长路径。

命题 3.5：在方程（3.8）和方程（3.9）中，$g^c = r$。

置盐定理表明，当经济普遍采用新技术时，成本节约型创新将带来更高的利润率。在下文中，我们仅处理工艺创新。①

令 M 和 $\bar{M}$ 分别表示旧的和新的技术体系，p 表示与 M 相对应的生产价格向量。假设 $\bar{M}$ 在 p 下是成本节约型的，即：

$$pM \geqslant p\bar{M} \qquad (3.10)$$

命题 3.6：（广义置盐定理）设 M 和 $\bar{M}$ 都是不可约非负矩阵。如果 p 满足 $pM = \lambda_M p$，且有方程（3.10）成立，那么 $\lambda_{\bar{M}} < \lambda_M$。

证明：取 $u = x_M^c > 0^n$，我们有：

$$pMu = \lambda_M pu > p\bar{M}u = \lambda_{\bar{M}} pu \qquad (3.11)$$

由 $pu > 0$，可知 $\lambda_{\bar{M}} < \lambda_M$。

原始的置盐定理假设技术进步前后实际工资率保持不变。这只是一种可能的情况，在这种情况下 $M = A + fl$，$\bar{M} = \bar{A} + f\bar{l}$，其中 $\bar{X}$ 表示技术进步矩阵或向量。毫无疑问，f 可以变化为 $\bar{f}$，但仍满足 $pf = p\bar{f}$。因此，命题 3.6 包含了所有可能的情况。

置盐定理指出，生产价格是资本家选择技术的重要工具。

二 从马克思—置盐体系到 Perron-Frobenius 定理

上一节中，我们已经证明了从 PF 定理可以推出马克思—置盐转

---

① 产品创新参见 Fujimori（1998）。

形的收敛，本节我们要对逆命题进行证明。取由方程（3.5）和方程（3.6）构造的序列，并假设它们收敛。

命题 3.7：如果马克思—置盐转形过程的不可约系统矩阵收敛，那么该系统矩阵是素矩阵，并且 P 定理成立。

证明：序列 $\{r^k\}$ 有极限，记为 r，我们只需要考虑数列 $\{v^k\}$。由于 M 的性质，以及它的转置还是它本身，我们可以考虑迭代

$$x^t = \tilde{M} x^{t-1} \tag{3.12}$$

其中 $\tilde{M} = (1+r)M$，初始值 $x^0 > 0^n$。注意，给定 $x > 0^n$，对于任意 $k > 0$：

$$v^k x = v^{k+1} x \tag{3.13}$$

它的收敛性确保了矩阵 M 具有主特征值以及与它相对应的特征向量，符合矩阵的幂按照若当标准型收敛的情况。这意味着，非负不可约矩阵具有正的特征体系，PF 定理的核心部分得证。

到目前为止，本节总结和证明了两个主要观点。第一点是，马克思—置盐体系的大多数命题都可以从 PF 定理推导出来。但是，对于转形过程的收敛，必须假设非负矩阵是素矩阵。第二点则相反，从马克思—置盐转形的收敛也可以证明 PF 定理。也就是说，马克思—置盐体系等价于 PF 定理。

应该指出的是，封闭经济的线性生产模型中，素矩阵并不是一个很强的条件。例如包含稻谷种植部门的经济，稻谷种植部门的投入品总是自身的产出品。

除了命题 3.7，证明本身可以在不考虑产能增长路径的情况下完成，正如置盐（Okishio，1963）最初的论文中所做的那样。有人可能认为，森岛的双重对偶性在理论框架方面是多余的或不重要的。然而，如果引入森岛的双重对偶性概念，就可以利用数量体系，特别是产能增长路径，使命题的证明更简单和直接。在这个意义上，提出双重对偶性是森岛（Morishima，1973）做出的重要贡献。

人们应当记得，宇泽证明了瓦尔拉斯均衡存在性定理与 Brouwer

不动点定理之间的等价性（Uzawa，1962）。宇泽的等价性定理表明，瓦尔拉斯的一般均衡理论，作为严密的逻辑论证工具非常稳健。而本节证明的等价性定理表明，马克思—置盐体系也是逻辑上稳健的。

第二节　联合生产情况下的劳动价值与最优价值

上一节我们证明了，单一生产情况下的马克思—置盐体系具有逻辑上的稳健性。但在联合生产情况下，传统的马克思劳动价值，即生产商品的社会必要劳动时间不满足非负性和唯一性，从而建立在劳动价值论上的剥削理论也不能成立（Steedman，1975），这成为了新古典经济学家对劳动价值论的诟病之一。

森岛放弃了原有的劳动价值定义，转而引入最优价值这一新概念，保证了基于最优价值定义的剥削率满足非负性和唯一性，同时在联合生产情况下证明了马克思基本定理——当且仅当剥削率为正时，均衡利润率为正——的成立（Morishima，1973；1974）。

然而，最优价值不满足可加性，它是通过线性规划求得的最优解而非均衡解，因此被认为缺乏微观基础，并非实际的劳动价值（Steedman，1976；Roemer，1981；Sienra，1992），只是一个规范意义上的概念（Ahmad，1975）。现有文献要么忽略这个问题，要么直接接受最优价值的规范性（Fujimoto，1978）。[1] 那么，什么情况下最优价值可以是劳动价值，劳动价值可以是最优价值呢？Fujimori（1982）对这一问题进行了初步的探索，但是由于无法建立唯一的劳动价值，因而并没有给出问题的答案。

---

[1] 作为一个例外，Cogliano et al.（2019）采取了一种截然不同的方法，将联合生产下的劳动价值定义为基于生产技术和价格信息的估算价值，即价值由价格决定。这种非正统理论在马克思主义政治经济学内部引发了激烈的争论。

本节，我们首先要证明，在马克思—斯拉法联合生产模型中，劳动价值和最优价值都是唯一的，更重要的是它们是等价的。而后我们说明了，在更一般的联合生产框架中，虽然劳动价值的解可能不是唯一的，但可以利用摩尔—彭诺斯（Moore – Penrose, MP）伪逆表示全部的劳动价值。并且，在一个额外的假设下，可以证明全部的劳动价值都是劳动最小化问题的最优解，即森岛意义上的最优价值。

本节的理论弥合了劳动价值与最优价值之间的差异，使两者以一种具有经济意义的方式重合，这一贡献是重要的。一方面，我们证明了在相对宽松的假设条件下，最优价值可以是正的、唯一的和可加的。而另一方面，劳动价值也可以是满足给定需求情况下社会劳动最小化的最优结果。这些发现为长期以来受到质疑的，劳动价值论在联合生产情况下的适用性，提供了一个解决方案。

一 劳动价值与最优价值的定义

与森岛（Morishima, 1973；1974）的分析略有不同，本节分析的重点是当前活跃的生产技术，而不考虑技术选择问题。如果将劳动价值视作一个静态的概念，因此不考虑技术变化，那么这种分析就足够了。

令 $A \geq O$、$B \geq O$ 分别表示 $m \times n$ 维投入和产出系数矩阵，$l > 0_n$ 表示 n 维劳动投入系数行向量，$D = B - A$ 表示秩为 r 的净产出矩阵。矩阵的列表示生产过程，而行表示商品。那么联合生产下的劳动价值体系可以表示为：

$$vB = vA + l \Leftrightarrow vD = l \tag{3.14}$$

方程（3.14）解的存在性取决于矩阵 D 的秩条件，而非负性取决于技术的假定。我们将分析限制在方程存在非负解的情况，即使用以下假设：

假设 3.3：$\mathrm{rank}\begin{pmatrix} D \\ l \end{pmatrix} = \mathrm{rank}(D) = r$。

假设 3.4：联合生产的技术系数 (A,B,l) 满足不存在劣等生产过程（Fujimori，1982）的条件。

定义 3.1：在假设 3.3 和假设 3.4 下，我们将劳动价值定义为方程（3.14）的所有非负解。

当 D 是一个非奇异方阵时，我们可以求出唯一的劳动价值 $v = lD^{-1}$。然而，当 D 是矩形矩阵，常规的逆矩阵没有定义，方程（3.14）的解也不是唯一的。接下来，我们关注一个基于 D 矩阵 MP 伪逆的特解。

使用奇异值分解，可以将 D 矩阵分解如下：

$$D_{m \times n} = U_{m \times m} \begin{pmatrix} \Sigma_r & 0 \\ 0 & 0 \end{pmatrix} V'_{n \times n}$$

其中 U 和 V 是酉矩阵，满足 $UU' = I_{m \times m}$，$VV' = I_{n \times n}$，Σ 是秩为 r 的 $r \times r$ 维对角矩阵。D 矩阵的 MP 伪逆定义如下：

$$D^+_{m \times n} = V_{n \times n} \begin{pmatrix} \Sigma_r^{-1} & 0 \\ 0 & 0 \end{pmatrix} U'_{m \times m}$$

容易证明 MP 伪逆具有以下基本性质：

$DD^+D = D$，$D^+DD^+ = D^+$，$(DD^+)' = DD^+$，$(D^+D)' = D^+D$

此外，一个数学事实是，任何实矩阵只有一个 MP 伪逆，且它的伪逆也是实矩阵（Meyer，2004）。

引理 3.1：只要方程（3.14）有解，那么 lD^+ 一定是解之一。

证明：假设 v 满足 $vD = l$，那么 $lD^+D = vDD^+D = vD = l$。

方程（3.14）的通解可以表示为 $v = lD^+ + u(I - DD^+)$，其中 $u \in \mathbb{R}^m$。本节的后续部分，我们称 lD^+ 为 MP 解，它是劳动价值方程的解之一。

森岛（Morishima，1973）将最优价值定义为最小化劳动投入的线性规划问题的解：

$$\min_x \{lx \mid Bx \geqslant Ax + y, x \geqslant 0\} \tag{3.15}$$

其中 y 为给定净产出向量。其对偶问题是在影子价格下最大化 y

的价值，即：
$$\max_v \{vy \mid vB \leq vA + l, v \geq 0\} \quad (3.16)$$

定义 3.2：线性规划问题（3.16）中的影子价格 v 被称为最小化劳动投入意义上的最优价值。

线性规划问题（3.15）或（3.16）确保了生产给定净产出 y 所需的最小必要劳动，由此可以唯一地确定剥削率。然而，最优价值通常不是唯一的。

二 劳动价值与最优价值的等价性

在最一般的联合生产框架下，劳动价值与最优价值未必等价。但在一个特殊的情况下，即马克思—斯拉法联合生产模型下，劳动价值就是最优价值。我们将首先在马克思—斯拉法模型下，证明两种价值定义的等价性，在下一小节讨论如何推广这一结论。

目前所知的文献中，斯拉法第一个使用联合生产模型分析固定资本问题，其中旧的固定资本被视为联合生产的唯一副产品（Sraffa，1960）。置盐和中谷延续了斯拉法对固定资本的处理。他们研究了一个由全新产品组成的子系统，并引入了固定资本投入矩阵，利用年金折旧法证明了均衡价格和均衡利润率仅由子系统决定（置盐、中谷，1975）。该方法将斯拉法的联合生产模型简化为单一生产模型，被称为斯拉法—置盐—中谷（SON）体系。Fujimori（1982）补充了 SON 体系的数量均衡。Li（2017）在斯拉法模型的基础上建立了马克思—斯拉法模型，并证明了马克思—斯拉法模型与 SON 体系的等价性。

虽然马克思—斯拉法模型继承了 SON 体系关于固定资本的假设，但它是一个投入和产出系数矩阵均为矩形矩阵的联合生产模型。其中，关于固定资本的假设如下：

假设 3.5：马克思—斯拉法模型的基本假设
（1）联合生产的副产品只有老化的固定资本；
（2）没有生产过程只产生老化的固定资本；
（3）固定资本的使用效率保持不变；

(4) 没有固定资本的二手市场或报废成本；

(5) 固定资本折旧年限是外生的。

假设3.5中的（4）从以下意义上限制了固定资本的更新过程：新的生产过程只能使用全新的固定资本；达到折旧年限的固定资本会被全新的固定资本所替代，而不能被老化的固定资本所替代。根据这条规则，每一种商品的生产过程数量将不超过经济中所有固定资本折旧年限的乘积。

我们用矩阵符号的形式表示马克思—斯拉法模型及其基本假定。假设经济中有 m 种固定资本（折旧年限分别为 $d_1,\cdots,d_m$）和 n 种消费品，流动性生产资料被视为折旧年限为1的固定资本。考虑到老化的固定资本，商品种类的总量为

$$N = n + \sum_{i=1}^{m} d_i$$

令 $M = (M_1,\cdots,M_{m+n})$ 表示投入系数矩阵，$B = (B_1,\cdots,B_{m+n})$ 表示产出系数矩阵，其中 $N \times \prod_{i=1}^{m} d_i$ 维矩阵 M_j 和 B_j 对应于全新品 j 的生产过程。假设生产一单位商品 j 需要 k_{ij} 单位商品 i 和 l_j 单位劳动。那么，全新品 j 对应的投入和产出系数矩阵 M_j 和 B_j 具有如下结构：

$$M_j = \begin{pmatrix} k_{1j}I_{d_1} & \cdots & k_{1j}I_{d_1} \\ \vdots & & \vdots \\ k_{mj}I_{d_m} & \cdots & k_{mj}I_{d_m} \\ 0 & \cdots & 0 \\ \vdots & & \vdots \\ 0 & \cdots & 0 \end{pmatrix}, B_j = \begin{pmatrix} \delta_{1j} & \cdots & \cdots & \cdots & \delta_{1j} \\ k_{1j}I_{d_1-1} & 0 & \cdots & k_{1j}I_{d_1-1} & 0 \\ \delta_{2j} & \cdots & \cdots & \cdots & \delta_{2j} \\ k_{2j}I_{d_2-1} & 0 & \cdots & k_{2j}I_{d_2-1} & 0 \\ \vdots & & & & \vdots \\ \delta_{mj} & \cdots & \cdots & \cdots & \delta_{mj} \\ k_{mj}I_{d_m-1} & 0 & \cdots & k_{mj}I_{d_m-1} & 0 \\ \delta_{(m+1)j} & \cdots & \cdots & \cdots & \delta_{(m+1)j} \\ \vdots & & & & \vdots \\ \delta_{(m+n)j} & \cdots & \cdots & \cdots & \delta_{(m+n)j} \end{pmatrix}$$

其中 I_d 是 d 维单位矩阵，$\delta_{ij} = \begin{cases} 1, i = j \\ 0, i \neq j \end{cases}$。

在马克思—斯拉法模型中,一个经济是可行的意味着资本品的产出量不能小于投入量。可行性条件可定义为:

假设 3.6:存在 $x \geq 0$,使得 $x > Ax$,其中

$$A = \begin{pmatrix} \dfrac{k_{11}}{d_1} & \dfrac{k_{12}}{d_1} & \cdots & \dfrac{k_{1m}}{d_1} \\ \dfrac{k_{21}}{d_2} & \dfrac{k_{22}}{d_2} & \cdots & \dfrac{k_{2m}}{d_2} \\ \vdots & \vdots & & \vdots \\ \dfrac{k_{m1}}{d_m} & \dfrac{k_{m2}}{d_m} & \cdots & \dfrac{k_{mm}}{d_m} \end{pmatrix} \geq 0$$

假设 3.3 的秩条件在马克思—斯拉法模型下可以被重新定义为:

假设 3.7: $\mathrm{rank}(B - M) = \mathrm{rank}\begin{pmatrix} B - M \\ l \end{pmatrix} = N$。

在马克思—斯拉法模型的框架下,我们可以将线性规划问题(3.16)转化为:

$$\max_{v}\{vy \mid v(B-M) \leq l, v \geq 0\} \tag{3.17}$$

对于优化问题(3.17),我们将约束条件分为两个部分:固定资本和消费品。

对于第 j 种固定资本:

$$B_j - M_j = \begin{pmatrix} \begin{pmatrix} -k_{1j} & & & \\ k_{1j} & \ddots & & \\ & \ddots & \ddots & \\ & & k_{1j} & -k_{1j} \end{pmatrix} & \cdots & \begin{pmatrix} -k_{1j} & & & \\ k_{1j} & \ddots & & \\ & \ddots & \ddots & \\ & & k_{1j} & -k_{1j} \end{pmatrix} \\ \vdots & & \vdots \\ \begin{pmatrix} 1-k_{jj} & 1 & \cdots & 1 & 1 \\ k_{jj} & -k_{jj} & & & \\ & \ddots & \ddots & & \\ & & & k_{jj} & -k_{jj} \end{pmatrix} & \cdots & \begin{pmatrix} 1-k_{jj} & 1 & \cdots & 1 & 1 \\ k_{jj} & -k_{jj} & & & \\ & \ddots & \ddots & & \\ & & & k_{jj} & -k_{jj} \end{pmatrix} \\ \vdots & & \vdots \\ \begin{pmatrix} -k_{mj} & & & \\ k_{mj} & \ddots & & \\ & \ddots & \ddots & \\ & & k_{mj} & -k_{mj} \end{pmatrix} & \cdots & \begin{pmatrix} -k_{mj} & & & \\ k_{mj} & \ddots & & \\ & \ddots & \ddots & \\ & & k_{mj} & -k_{mj} \end{pmatrix} \\ 0 & \cdots & 0 \end{pmatrix}$$

约束条件 $v(B_j - M_j) \leq (l_j, \cdots, l_j)$ 由 $d = \prod_{i=1}^{m} d_i$ 个不等式组成，将这些不等式加总可得：

$$-\frac{d}{d_1} k_{1j} v_1 - \cdots - \frac{d}{d_m} k_{mj} v_{1+\sum_{i=1}^{m-1} d_i} + d v_{1+\sum_{i=1}^{j-1} d_i} \leq d l_j$$

或

$$v_{1+\sum_{i=1}^{j-1} d_i} \leq l_j + \frac{k_{1j}}{d_1} v_1 + \cdots + \frac{k_{mj}}{d_m} v_{1+\sum_{i=1}^{m-1} d_i} \tag{3.18}$$

对于第 j 种消费品：

$$B_j - M_j = \begin{pmatrix} \begin{pmatrix} -k_{1j} & & & \\ k_{1j} & \ddots & & \\ & \ddots & \ddots & \\ & & k_{1j} & -k_{1j} \\ & & \vdots & \end{pmatrix} & \cdots & \begin{pmatrix} -k_{1j} & & & \\ k_{1j} & \ddots & & \\ & \ddots & \ddots & \\ & & k_{1j} & -k_{1j} \\ & & \vdots & \end{pmatrix} \\ \begin{pmatrix} -k_{mj} & & & \\ k_{mj} & \ddots & & \\ & \ddots & \ddots & \\ & & k_{mj} & -k_{mj} \end{pmatrix} & \cdots & \begin{pmatrix} -k_{mj} & & & \\ k_{mj} & \ddots & & \\ & \ddots & \ddots & \\ & & k_{mj} & -k_{mj} \end{pmatrix} \\ 0 & \cdots & 0 \\ \vdots & & \vdots \\ 1 & \cdots & 1 \\ \vdots & & \vdots \\ 0 & \cdots & 0 \end{pmatrix}$$

类似地，不等式加总可得：

$$-\frac{d}{d_1} k_{1j} v_1 - \cdots - \frac{d}{d_m} k_{mj} v_{1+\sum_{i=1}^{m-1} d_i} + d v_{N-n+j} \leq d l_j$$

或

$$v_{N-n+j} \leq l_j + \frac{k_{1j}}{d_1} v_1 + \cdots + \frac{k_{mj}}{d_m} v_{1+\sum_{i=1}^{m-1} d_i} \tag{3.19}$$

只有全新固定资本的价值被计入不等式（3.18）和（3.19）当中。我们用 $\widehat{v}$ 和 $\widehat{l}$ 表示全新固定资本的价值向量和劳动投入向量，$\tilde{v}$ 和 $\tilde{l}$ 表示消费品的价值向量和劳动投入向量。那么，约束条件（3.18）和（3.19）可以简化为：

$$\widehat{v}_j \leq \widehat{l}_j + \frac{k_{1j}}{d_1} \widehat{v}_1 + \cdots + \frac{k_{mj}}{d_m} \widehat{v}_m, j = 1, \cdots, m$$

$$\tilde{v}_j \leq \tilde{l}_j + \frac{k_{1j}}{d_1}\hat{v}_1 + \cdots + \frac{k_{mj}}{d_m}\hat{v}_m, j = 1,\cdots,n$$

优化问题（3.17）中的目标函数变化为：

$$vy = \tilde{v}_1 y_1 + \cdots + \tilde{v}_n y_n$$

$$\leq \tilde{l}_1 y_1 + \cdots + \tilde{l}_n y_n + \hat{v}_1\left(\frac{k_{11}}{d_1}y_1 + \cdots + \frac{k_{1n}}{d_1}y_n\right) + \cdots$$

$$+ \hat{v}_m\left(\frac{k_{m1}}{d_m}y_1 + \cdots + \frac{k_{mn}}{d_m}y_n\right) \quad (3.20)$$

令 $\hat{y}_i = \frac{k_{i1}}{d_i}y_1 + \cdots + \frac{k_{in}}{d_i}y_n, i = 1,\cdots,m$，那么（3.20）简化为：

$$vy \leq \tilde{l}_1 y_1 + \cdots + \tilde{l}_n y_n + \hat{v}\hat{y} \quad (3.21)$$

到目前为止，我们得到一个简化版的线性规划问题：

$$\max_{\hat{v}}\{\hat{v}\hat{y} | \hat{v}C \leq \hat{l}, \hat{v} \geq 0\} \quad (3.22)$$

其中：

$$C = \begin{pmatrix} 1 - \frac{k_{11}}{d_1} & -\frac{k_{12}}{d_1} & \cdots & -\frac{k_{1m}}{d_1} \\ -\frac{k_{21}}{d_2} & 1 - \frac{k_{22}}{d_2} & \cdots & -\frac{k_{2m}}{d_2} \\ \vdots & \vdots & & \vdots \\ -\frac{k_{m1}}{d_m} & -\frac{k_{m2}}{d_m} & \cdots & 1 - \frac{k_{mm}}{d_m} \end{pmatrix} = I - A$$

假设 3.6 保证了系数矩阵 C 是非奇异的，并且均衡解 $\hat{v}^* = \hat{l}C^{-1}$ 是非负的。同时，我们得到了 m 个约束超平面的法向量：

$$n_1 = \left(\frac{k_{11}}{d_1} - 1, \frac{k_{21}}{d_2}, \cdots, \frac{k_{m1}}{d_m}\right)'$$

$$\vdots$$

$$n_m = \left(\frac{k_{1m}}{d_1}, \frac{k_{2m}}{d_2}, \cdots, \frac{k_{mm}}{d_m} - 1\right)'$$

法向量分布在 m 个彼此不相邻但都与可行域 $\hat{v} \geq 0$ 相邻的象限

内。这意味着，如果均衡解的任何一个分量 j 增加，约束 j 将被打破。[①] 因此，对于简化后的线性规划问题（3.22），均衡解 $\widehat{v}^*$ 就是最优解。

回到最初的线性规划问题（3.17），下面的引理保证了最优解的唯一性。[②]

引理 3.2：如果 $v \neq 0$，那么 $v(B - M) \neq 0$。

证明：对于任意 v，使得 $v(B - M) = 0$，$v(B_j - M_j) = 0$。类似于获取不等式（3.18）和（3.19）的过程，我们有：

$$v_{1+\sum_{i=1}^{j-1} d_i} = \frac{k_{1j}}{d_1} v_1 + \cdots + \frac{k_{mj}}{d_m} v_{1+\sum_{i=1}^{m-1} d_i} \tag{3.23}$$

$$v_{N-n+j} = \frac{k_{1j}}{d_1} v_1 + \cdots + \frac{k_{mj}}{d_m} v_{1+\sum_{i=1}^{m-1} d_i} \tag{3.24}$$

仍使用符号 $\widehat{v}$ 和 C，可以将方程（3.23）转化为矩阵形式：

$$\widehat{v} C = 0$$

由于 C 是非奇异矩阵，$\widehat{v} = 0$，这意味着所有全新固定资本的价值为 0。结合方程（3.24）可得所有消费品的价值也是 0。

到目前为止，我们已经得到了简化后的线性规划问题（3.22）的解 $\widehat{v}^* = \widehat{l} C^{-1}$，并且证明了最优价值的唯一性（引理 3.2）。引理 3.1 和假设 3.7 确保了 MP 解 $v^0 = l(B - M)^+$ 是唯一的劳动价值。我们现在用简化的线性规划问题作为中介来证明以下定理：

定理 3.3：在马克思—斯拉法框架下，劳动价值等价于最优价值。

证明：由于不等式 $\widehat{v} C \leq \widehat{l}$ 是由 $vD \leq l$ 加总而来，容易证明 MP 解 $v^0 = l D^+$ 满足：

$$v^0_{1+\sum_{k=1}^{i-1} d_k} = \widehat{v}^*_i = \widehat{l}_i + \frac{k_{1i}}{d_1} \widehat{v}^*_1 + \cdots + \frac{k_{mj}}{d_m} \widehat{v}^*_m, i = 1, 2, \cdots, m$$

[①] 关于线性规划问题的几何含义，参见 Li et al.（2019）。
[②] 线性规划最优解唯一性的相关证明见 Mangasarian（1979）。

因此，

$$v^0 y = \tilde{v}_1^0 y_1 + \cdots + \tilde{v}_n^0 y_n$$
$$= \tilde{l}_1 y_1 + \cdots + \tilde{l}_n y_n + \hat{v}_1^0 \hat{y}_1 + \cdots + \hat{v}_m^0 \hat{y}_m$$
$$= \tilde{l}_1 y_1 + \cdots + \tilde{l}_n y_n + \hat{v}^* \hat{y}$$

由不等式（3.21），对于最优价值 v^*

$$v^* y \leqslant \tilde{l}_1 y_1 + \cdots + \tilde{l}_n y_n + \hat{v}^* \hat{y} = v^0 y$$

现在只需验证 MP 解的非负性。幸运的是，Fujimori（1982）已经证明了不存在劣等生产过程的情况下，劳动价值存在非负均衡解。而马克思—斯拉法模型满足这一条件，因此 MP 解是唯一的非负解。从而，MP 解 v^0 也是最优价值。

三　更一般的情形

我们已经证明了在马克思—斯拉法联合生产框架下，劳动价值等价于最优价值。然而，马克思—斯拉法框架的局限性可能过于明显，即只有老化的固定资本是联合生产的副产品，从而劳动价值和最优价值都是唯一的。我们可以把假设放宽到更一般的联合生产框架。在一般的联合生产中，如果存在非负均衡解，那么线性规划问题必然存在可行解。问题是如何保证均衡解的最优性。

MP 解在马克思—斯拉法模型中是最优的，是因为固定资本约束有一个特殊的系数矩阵 C。考虑几何意义，MP 解是所有约束超平面的交点，而矩阵 C 给出了约束超平面的法向量。所有这些法向量都分布在与可行域相邻的不同象限中。这意味着对于非负优化目标 $\hat{y}$，在 MP 解处没有进一步优化的方向。

考虑联合生产的一般情况 $vD = l$，其中 D 是一个 $m \times n$ 维矩阵。v 的整个解集是 $lD^+ + u(I - DD^+), u \in \mathbb{R}^m$。如果不存在劣等生产过程，那么存在 $u \in \mathbb{R}^m$，使得 $v = lD^+ + u(I - DD^+) \geqslant 0$。

假设 v^0 是劳动价值的解之一，那么 v^0 在所有约束超平面的交点上，而约束超平面法向量都是 D 矩阵中的列。类似于马克思—斯拉法模型，确保 v^0 不能进一步优化的一种方法是假设每个产品都有相应的过程，保证这个产品就是这个过程的唯一净产出。这意味着对于任何产品 j，D 矩阵中都存在对应的列，该列只有第 j 个元素是正数。那么对应的法向量 $n_{\hat{j}} = (-d_{1\hat{j}}, -d_{2\hat{j}}, \cdots, -d_{m\hat{j}})'$ 中，只有第 j 个元素 $-d_{j\hat{j}}$ 为负。与马克思—斯拉法模型相似，均衡解 v^0 处于所有这些约束超平面形成的顶角，从而无法进一步优化。

从经济意义上讲，上述条件并不要求产品可以作为单一产品生产，只需要是唯一的净产出。马克思—斯拉法模型是符合上述条件的特例。B_j 和 M_j 的最后一列满足这种情况，即所有的固定资本已经达到其使用寿命的终点，唯一的净产品是商品 j。

四　数值例

MP 伪逆解最直接的应用是简化最优价值的计算过程。我们将用一个数值例子来说明这种简化。假设经济由一种折旧年限为两年的固定资本、一种流动性生产资料和一种消费品构成。参数设置如表 3.1 所示。

表 3.1　　　　　　　　　　数值例

	M						B						y
全新固定资本	0.3	0	0.2	0	0.1	0	1	1	0	0	0	0	0
一年期固定资本	0	0.3	0	0.2	0	0.1	0.3	0	0.2	0	0.1	0	0
流动性生产资料	1	1	0	0	0.1	0.1	0	0	1	1	0	0	0
消费品	0	0	0	0	0	0	0	0	0	0	1	1	1
劳动时间	7	7	8	8	10	10							

那么矩阵 D 和 D^+ 分别为：

$$D = B - M = \begin{pmatrix} 0.7 & 1 & -0.2 & 0 & -0.1 & 0 \\ 0.3 & -0.3 & 0.2 & -0.2 & 0.1 & -0.1 \\ -1 & -1 & 1 & 1 & -0.1 & -0.1 \\ 0 & 0 & 0 & 0 & 1 & 1 \end{pmatrix}$$

$$D^+ = \begin{pmatrix} 0.6667 & 1.4048 & 0.0667 & 0.0400 \\ 0.6667 & -0.7381 & 0.0667 & 0.0400 \\ 0.6667 & 1.0476 & 0.5667 & 0.0900 \\ 0.6667 & -0.3810 & 0.5667 & 0.0900 \\ 0.0000 & 0.3571 & 0.0000 & 0.5000 \\ -0.0000 & -0.3571 & -0.0000 & 0.5000 \end{pmatrix}$$

MP 解 $v^0 = lD^+ = (20, 10, 10, 12)$，同时 $v^0 y = 12$。

为了更简洁地展示线性规划问题的计算过程，我们使用了 Li et al.（2019）提出的引力方法。第一步是通过添加 6 个松弛变量将不等式转化为方程。将线性规划问题转化为标准形式：

$$\max_{\tilde{y}} \{\tilde{v}\tilde{y} \mid \tilde{v}\tilde{D} = \tilde{l}, \tilde{v} \geq 0\}$$

其中 $\tilde{v} = (v_{1\times4}, \widehat{v_{1\times6}})$，$\tilde{D} = \begin{pmatrix} D_{4\times6} \\ I_{6\times6} \end{pmatrix}$，而 $\tilde{y} = \begin{pmatrix} y_{4\times1} \\ 0_{6\times1} \end{pmatrix}$。初始点为 $\tilde{v}^0 = (20, 10, 10, 12, 0, 0, 0, 0, 0, 0)$。接下来，我们根据引力方法一步一步地计算。

$$\tilde{D}^+ = \begin{pmatrix} 0.20 & 0.26 & -0.13 & -0.00 & 0.66 & -0.24 & 0.11 & 0.18 & -0.02 & 0.01 \\ 0.33 & -0.20 & -0.08 & 0.01 & -0.24 & 0.54 & 0.18 & 0.04 & 0.04 & -0.03 \\ 0.11 & 0.17 & 0.24 & 0.02 & 0.11 & 0.18 & 0.75 & -0.21 & -0.00 & 0.02 \\ 0.20 & -0.13 & 0.27 & 0.02 & 0.18 & 0.04 & -0.21 & 0.70 & 0.04 & -0.01 \\ -0.04 & 0.07 & -0.02 & 0.33 & -0.02 & 0.04 & -0.00 & 0.04 & 0.66 & -0.33 \\ 0.01 & -0.08 & -0.00 & 0.33 & 0.01 & -0.03 & 0.02 & -0.01 & -0.33 & 0.66 \end{pmatrix}$$

$\eta = (I_{10\times10} - \tilde{D}\tilde{D}^+)\tilde{y}$

$= (0.03, 0.00, 0.03, 0.34, 0.00, -0.01, -0.02, -0.02, -0.33, -0.33)'$

在 η 方向上的任何增量都会导致 $\tilde{v}^0$ 的最后 5 个元素为负。因此，我们有五个有效约束条件：

$$n_1 = (0,0,0,0,0,1,0,0,0,0)'$$

$$n_2 = (0,0,0,0,0,0,1,0,0,0)'$$

$$n_3 = (0,0,0,0,0,0,0,1,0,0)'$$

$$n_4 = (0,0,0,0,0,0,0,0,1,0)'$$

$$n_5 = (0,0,0,0,0,0,0,0,0,1)'$$

接下来需要在5个有效约束条件的组合中通过枚举法找到新的优化方向。这意味着我们必须执行25次伪逆计算，以检查是否有进一步的优化方向。枚举过程是冗长的，我们将不在此展示。枚举的结果是没有继续优化的方向。

虽然在计算机中只需要一个命令就可以验证这个优化问题的解是 $v^* = (20,10,10,12)$，也就是 v^0，但我们想展示的是计算机内部的计算方法。引力方法通过缩小枚举空间，已经对线性规划方法进行了改进。但是，可以想象，当矩阵 D 的维数增加时，枚举的量级仍将非常巨大。

本节证明了在马克思—斯拉法联合生产框架下，劳动价值等价于最优价值。因此，后者不仅仅是一个规范概念，它也包含了一个实证的方面，并且具有可加性。我们还证明了，只要假设所有产品都是某个过程中唯一正的净产出，那么劳动价值就是最优价值。从社会必要劳动的角度理解劳动价值的最优性是直观的：所有劳动价值都满足给定净产出的劳动投入最小化，因此生产给定净产出的社会必要劳动是唯一的，从而基于剩余劳动定义的剥削率是唯一的。这些发现对森岛（Morishima，1973；1974）的工作进行了补充，解决了联合生产情况下劳动价值和最优价值之间的差异，从而保证了广义马克思基本定理在实证层面的经济含义具有可解释性。

在本书后续的模型构建和定量分析中，也会用到联合生产的模型框架（尤其是在固定资本的处理上），因此从理论上厘清联合生产中存在的问题是必要的。在本节关于劳动价值的相关证明过程中，已经体现出了马克思—斯拉法联合生产模型的特殊性质。下一节我们将继续讨论马克思—斯拉法联合生产模型下的生产价格均衡和数量均衡的存在性和求解方法。

第三节 联合生产情况下的生产价格与数量均衡

我们已经说明，在一般的联合生产情况下，投入系数矩阵 M 和产出系数矩阵 B 都不再是方阵，这不仅导致了劳动价值求解的困难，同样的，生产价格均衡 $pB = \alpha pM$ 和数量均衡 $Bx = \beta Mx$ 也都不能再用单一生产情况下的方式求解。

Li（2017）提出了利用摩尔—彭诺斯（Moore-Penrose，MP）伪逆，将生产价格方程和数量方程的求解转化为求解方阵 B^+M 和 MB^+ 特征体系这一思路，并证明了对于生产价格方程两种求解方法完全等价。然而，对于数量方程，两种求解方法并不等价。并且，由于方阵 B^+M 和 MB^+ 未必是非负矩阵，非负均衡解的存在性和价格均衡的唯一性问题并没有完全解决。

本节就是在现有研究的基础上，进一步探讨数量体系的均衡解问题，并对 B^+M 和 MB^+ 不是非负矩阵的情况进行讨论。

一 Moore-Penrose 伪逆的相关性质

由于上一节已经给出了 MP 伪逆的定义，本节仅对 MP 伪逆的相关性质进行必要展开。对于 $m \times n$ 维矩阵 A，有奇异值分解

$$A = U\Sigma V'$$
$$A^+ = V\Sigma^+ U'$$

r 阶对角矩阵 Σ 满秩，其中 r 是矩阵 A 的秩，这意味着矩阵 U 和

V 的前 r 列分别构成 A 的列空间和行空间的正交基。运算 Ax 可以分解为：首先用矩阵 V 的逆乘以 x，x 将被分解为 $\mathbb{R}^n$ 中的坐标；通过与 Σ 相乘，只有那些对应于行空间中的基的坐标保持非零；最后乘以 U 就得到最后的向量 $Ax = U\Sigma V'x$，这个乘积是列空间 $\mathbb{R}^m$ 下的坐标。

基于奇异值分解，我们可以得到 A^+ 的下述性质：

引理 3.3：

（1）对于任意矩阵 A，A^+ 是唯一的；

（2）$(A^+)^+ = A$；

（3）$(A')^+ = (A^+)'$；

（4）如果 A 可逆，那么 $A^+ = A'$。

引理 3.4：

（1）AA^+ 是 A 的列空间上的投影矩阵，特别地，如果 A 列满秩，那么 $AA^+ = I$；

（2）A^+A 是 A 的行空间上的投影矩阵；

（3）$I - A^+A$ 是 A 的零空间上的投影矩阵；

（4）$I - AA^+$ 是 A 的左零空间上的投影矩阵。

A 的列空间的定义为：

$$R(A) = \{x \in \mathbb{R}^m : \exists y, x = Ay\} = \{Ay, y \in \mathbb{R}^n\}$$

类似地，A 的行空间的定义为 $R(A')$，A 的零空间的定义为

$$N(A) = \{x \in \mathbb{R}^n : Ax = 0\} = R(A')^\perp$$

A 的左零空间的定义为 $N(A')$。接下来我们将证明引理 3.4。

证明： 由于 $N(A')$ 是 $R(A)$ 的正交补，因此只需要证明（1）和（2）。注意到 $(A^+)^+ = A$，因此，只需证明（1）并代入 $A'(A')^+ = A'(A^+)' = (A^+A)' = A^+A$ 即可得到（2）。

我们要证 $AA'x = x$ 当且仅当 $x \in R(A)$。记：

$$U = (u_1, u_2, \cdots, u_r, u_{r+1}, \cdots, u_m)$$

其中 $u_1, \cdots, u_r$ 构成 $R(A)$ 的正交基，$u_{r+1}, \cdots, u_m$ 构成 $N(A')$ 的正交基。根据定义，

$$AA^+ = (U\Sigma V')(V\Sigma^+ U') = UI^{(r)}U'$$

对于任意 $x = \sum_{i=1}^{m} \alpha_i u_i$，$AA^+x = \sum_{i=1}^{m} \alpha_i U I^{(r)} U' u_i$。

令 $e_i = (0,\cdots,0,1,0,\cdots,0)'$ 表示自然坐标基，那么由 $U'U = I$，可得 $U'u_i = e_i$。通过左乘 $I^{(r)}$，过滤掉了所有 $k > r$ 的 e_k。于是，

$$AA^+x = \sum_{i=1}^{m} \alpha_i U I^{(r)} e_i = \sum_{i=1}^{r} \alpha_i U e_i = \sum_{i=1}^{r} \alpha_i u_i$$

$AA^+x \in R(A)$，并且 $x = AA^+x$ 等价于 $\alpha_k = 0$，$k > r$。从而，$x = AA^+x$ 等价于 $x \in R(A)$。

二 马克思—斯拉法模型的基本框架

我们在上一节讨论劳动价值与最优价值等价性的过程中，给出过马克思—斯拉法模型的基本假设和模型，但在生产价格和数量均衡的分析中，对投入矩阵的处理略有不同。由于可变资本作为预付资本的一部分也要获得一般利润率，因此投入矩阵中不只包含生产资料，还要包含工人的必要消费品。

假设经济中存在 m 种固定资本（折旧年限分别为 $d_1,\cdots,d_m$）和 n 种消费品，流动性生产资料被视为折旧年限为 1 的固定资本。如果区分不同役龄的固定资本，那么商品数量为 $N = n + \sum_{i=1}^{m} d_i$，每种商品有 $D = \prod_{i=1}^{m} d_i$ 个生产过程。假设生产一单位商品 j，需要 k_{ij} 单位商品 i 和 l_j 单位劳动。令 f 表示工资品向量，那么增广的投入系数矩阵 M 和产出系数矩阵 B 可以表示为：

$$M = (M_1,\cdots,M_{m+n})$$
$$B = (B_1,\cdots,B_{m+n})$$

其中矩阵 $M_j, B_j \in \mathbb{R}^{N \times D}$ 具代表全新品 j 的生产部门，其结构如下：

$$M_j = \begin{pmatrix} k_{1j}I_{d_1} & \cdots & k_{1j}I_{d_1} \\ \vdots & & \vdots \\ k_{mj}I_{d_m} & \cdots & k_{mj}I_{d_m} \\ f_1l_j & \cdots & f_1l_j \\ \vdots & & \vdots \\ f_nl_j & \cdots & f_nl_j \end{pmatrix}, B_j = \begin{pmatrix} \delta_{1j} & \cdots & \cdots & \cdots & \delta_{1j} \\ k_{1j}I_{d_1-1} & 0 & \cdots & k_{1j}I_{d_1-1} & 0 \\ \delta_{2j} & \cdots & \cdots & \cdots & \delta_{2j} \\ k_{2j}I_{d_2-1} & 0 & \cdots & k_{2j}I_{d_2-1} & 0 \\ \vdots & & & & \vdots \\ \delta_{mj} & \cdots & \cdots & \cdots & \delta_{mj} \\ k_{mj}I_{d_m-1} & 0 & \cdots & k_{mj}I_{d_m-1} & 0 \\ \delta_{(m+1)j} & & & & \delta_{(m+1)j} \\ \vdots & & & & \vdots \\ \delta_{(m+n)j} & \cdots & \cdots & \cdots & \delta_{(m+n)j} \end{pmatrix}$$

其中 I_d 是 d 维单位矩阵，且 $\delta_{ij} = \begin{cases} 1, i = j \\ 0, i \neq j \end{cases}$。

为了简化后续证明过程，我们希望将增广投入系数矩阵的元素符号统一，即定义 $k_{m+i,j} = f_i l_j$，$d_{m+i} = 1$，$i = 1, \cdots, n$，$j = 1, \cdots, m+n$。从形式上看，工资品类似于流动性生产资料，但并不改变其作为实物工资的性质。

矩阵 B 和 M 的一个重要属性是，M 的行空间包含在 B 中，零空间则相反，即：

定理 3.4：$R(M') \subset R(B')$，$N(B) \subset N(M)$。

证明：定义 $M' = (m'_1, m'_2, \cdots, m'_N)$ 和 $B' = (b'_1, b'_2, \cdots, b'_N)$。只需证明，对于任意 $i \in \{1, \cdots, N\}$，存在非零向量 h_i，使得 $m_i = h_i B$。那么就有 $M = HB$，其中 $H' = (h'_1, h'_2, \cdots, h'_N)$。对于任意 $M'x \in R(M')$，我们有 $M'x = (HB)'x = B'(H'x) \in R(B')$，因此 $R(M') \subset R(B')$。此外，$\forall x \in N(B)$，我们有 $Bx = 0$，从而 $Mx = HBx = 0$，即 $N(B) \subset N(M)$。

为了简化表达式，我们将矩阵 M 和 B 按全新品划分为若干块。记全新品 i 的第 j 行对应矩阵 M 或 B 的第 $r(i,j) = \sum_{k=1}^{i-1} d_k + j$ 行，可以将定理 3.4 分解为两个引理分别进行证明：

引理 3.5：对于 $r = r(i_r, j_r)$，$j_r < d_{i_r}$，

$$h_r = e_{r+1}$$

其中 e_{r+1} 是只有第 $r+1$ 个元素为 1，其他元素为 0 的自然坐标基。

引理 3.6：对于 $r = r(i_r, j_r)$，$j_r = d_{i_r}$，

$$h_r = \sum_{i=1}^{m+n} k_{i_r,i} e_{r(i,1)} - \sum_{j=2}^{d_{i_r}} e_{r(i_r,j)}$$

简单地说，矩阵 M 的每一行都可以写成矩阵 B 的行的线性组合。对于每一分块中不是最后一行的情况，只需在 B 中选择下一行。对于每一分块的最后一行，组合系数由引理 3.6 给出。引理 3.5 显而易见，因此我们只证明引理 3.6。

引理 3.6 等价于：

$$m_r = \sum_{i=1}^{m+n} k_{i_r,i} b_{r(i,1)} - \sum_{j=2}^{d_{i_r}} b_{r(i_r,j)} \tag{3.25}$$

逐项分析两边的分量。注意 $m_r + \sum_{j=2}^{d_{i_r}} b_{r(i_r,j)}$ 等价于

$$(k_{i_r,1}, \cdots, k_{i_r,1}, k_{i_r,2}, \cdots, k_{i_r,2}, \cdots, k_{i_r,m+n}, \cdots, k_{i_r,m+n})'$$

而 $k_{i_r,i} b_{r(i,1)}$ 等价于

$$(0, \cdots, 0, k_{i_r,i}, \cdots, k_{i_r,i}, 0, \cdots, 0)'$$

其中，只有第 $D(i-1)+1$ 到第 Di 个元素是非零元。令 i 遍历 1 到 $m+n$ 即可得方程（3.25）。

三 马克思—斯拉法生产价格均衡

在上述的模型框架下，马克思—斯拉法价格均衡问题可以表述为：找到一组非负的生产价格向量 p 和利润因子 λ，使得

$$p(B - \lambda M) = 0$$

下面的定理保证了均衡价格的求解可以转化为求解方阵 MB^+ 的

特征体系。[①]

定理 3.5：满足 $pB = \lambda pM$ 的 (λ, p) 的可行集与满足 $p = \lambda pM B^+$ 的可行集等价。

证明：对于给定 λ，定义：

$$\Omega_\lambda = \{p : p(B - \lambda M) = 0\}$$
$$\Omega_\lambda^* = \{p : p = \lambda pM B^+\}$$

首先证明 $\Omega_\lambda \subset \Omega_\lambda^*$。对于任意 $p \in \Omega_\lambda$，$pB = \lambda pM$。两边右乘 B^+ 得：

$$pBB^+ = \lambda pM B^+$$

由 $\text{rank}(B) = m$ 可得 $BB^+ = I$。由此可知 $p = \lambda pM B^+$，从而 $p \in \Omega_\lambda^*$，$\Omega_\lambda \subset \Omega_\lambda^*$。

接下来证明 $\Omega_\lambda^* \subset \Omega_\lambda$。对于任意 $p \in \Omega_\lambda^*$，$p = \lambda pM B^+$。两边右乘 B 得：

$$pB = \lambda pM B^+ B$$

根据定义，我们有 $(pM)' \in R(M')$。定理 3.4 保证了 $R(M') \subset R(B')$，因此 $(pM)' \in R(B')$。由引理 3.4，$B^+ B$ 是 B 行空间 $R(B')$ 的投影矩阵，可以得到：

$$B^+ B (pM)' = (pM)'$$

注意到 $B^+ B$ 是对称矩阵，两边取转置可得 $pM = pM B^+ B$，于是

$$\lambda pM = \lambda pM B^+ B = pB$$

从而 $p \in \Omega_\lambda$，$\Omega_\lambda^* \subset \Omega_\lambda$。

定义：

$$\Omega = \{\lambda : \exists p \neq 0, s.t. \ p(B - \lambda M) = 0\}$$
$$\Omega^* = \{\lambda : \exists p \neq 0, s.t. \ p = \lambda pM B^+\}$$

[①] 定理 3.5 最早由 Li（2017）提出并证明，本节给出的具体证明过程也参照了 Li（2017）的证明逻辑和思路。

我们已经证明了，对于任意给定 λ，$\Omega_\lambda = \Omega_\lambda^*$，显然 $\Omega = \Omega^*$。

上述证明过程依赖定理 3.4，而这一定理只在马克思—斯拉法模型特殊的投入和产出系数矩阵下成立。因此定理 3.5 并非对于任意的非负矩阵 B 和 M 都成立。但在马克思—斯拉法联合生产模型下，计算生产价格均衡等价于计算方阵 MB^+ 的特征体系。

四　马克思—斯拉法数量均衡

求解马克思—斯拉法数量均衡（又称活动水平均衡）可以表述为：找到一组非负的活动水平 x 和增长因子 λ，使得：

$$Bx = \lambda Mx$$

类比生产价格均衡，我们可能会期望 (λ, x) 的可行集与方程 $x = \lambda B^+ Mx$ 的解集等价。然而，我们将证明这不是无条件的，而是只有当 $x \in R(B)$ 时才成立。

如果仿照生产价格均衡，定义：

$$\Xi = \{\lambda : \exists x \neq 0, s.t. Bx = \lambda Mx\}$$
$$\Xi^* = \{\lambda : \exists x \neq 0, s.t. x = \lambda B^+ Mx\}$$

那么对于任意 $x \in N(B) \subset N(M)$，$Bx = Mx = 0$，λ 的取值将可以无限大，而这与其经济含义显然是相悖的。因此，我们重新定义 λ 的可行集为：

$$\widehat{\Xi} = \{\lambda : \exists x \neq 0, s.t. Bx = \lambda Mx, x \notin N(B)\}$$
$$= \{\lambda : \exists x \neq 0, s.t. Bx = \lambda Mx, x \in R(B')\}$$
$$\widehat{\Xi}^* = \{\lambda : \exists x \neq 0, s.t. x = \lambda B^+ Mx, x \in R(B')\}$$

在新的可行集定义下可以证明：

定理 3.6：满足 $Bx = \lambda Mx$ 的 λ 的可行集与满足 $x = \lambda B^+ Mx$ 的可行集等价。

证明：给定 λ，对于任意 x 满足 $x = \lambda B^+ Mx$，等式两边同时左乘 B 可得：

$$Bx = \lambda B B^+ Mx = \lambda Mx$$

因此
$$x = \lambda B^+Mx \Rightarrow Bx = \lambda Mx$$
然而，逆命题并不总是成立。假设 $Bx = \lambda Mx$，左乘 B^+ 可得
$$B^+Bx = \lambda B^+Mx$$
我们希望 $x = B^+Bx$，这样就可以推出 $x = \lambda B^+Mx$。但是，由于 B^+B 是 $R(B^+)$ 上的投影矩阵，我们只能得出这样的结论：只有在 $x \in R(B^+)$ 的情况下，逆命题才成立，即
$$Bx = \lambda Mx, x \in R(B) \Rightarrow x = \lambda B^+Mx$$
新定义的可行集满足 $x \in R(B^+)$，显然 $\widehat{\Xi} = \widehat{\Xi}^*$。

给定 $\lambda \in \widehat{\Xi} = \widehat{\Xi}^*$，定义：
$$\widehat{\Xi}_\lambda = \{x : Bx = \lambda Mx\}$$
$$\widehat{\Xi}_\lambda^* = \{x : x = \lambda B^+Mx\}$$

从定理 3.6 的证明过程中我们知道 $\widehat{\Xi}_\lambda^* \subset \widehat{\Xi}_\lambda$，但逆命题并不成立。这意味着，通过计算 B^+M 的特征值和特征向量，我们将漏掉一部分满足 $Bx = \lambda Mx$ 的 x，而所有这些被漏掉的 x 与特征向量之间只存在零空间分量上的偏差。

将所有满足 $Bx = \lambda Mx$ 的 x 分解为 $x_b = B^+Bx$ 和 $x_n = x - x_b = (I - B^+B)x$ 两部分，那么
$$B(x_b + x_n) = \lambda M(x_b + x_n)$$
由定理 3.4，$N(B) \subset N(M)$，从而 $Bx_n = 0 \Rightarrow Mx_n = 0$，于是
$$Bx_b = \lambda Mx_b$$
x_n 可以表示为 $(I - B^+B)y$，其中 $y \in \mathbb{R}^{D(m+n)}$。我们可以计算矩阵 $I - B^+B$ 对应特征值 1 的所有特征向量，得到 $N(B)$ 的基。记这些特征向量为 $x_{n_1}, \cdots, x_{n_T}$。那么 $Bx = \lambda Mx$ 的整个可行集为
$$\{x = x_b + \sum_{i=1}^{T} \mu_i x_{n_i}, x \geqslant 0\}$$
我们已经证明了，在马克思—斯拉法数量均衡体系下，可以利用方阵 B^+M 的特征体系求解全部的增长因子 λ，而利用对应的特征

向量可以构建所有可行 x 的解集。下面我们要证明利润因子的可行集 Ω 与增长因子的可行集 $\widehat{\Xi}$ 等价，即：

定理 3.7：$\Omega = \Omega^* = \widehat{\Xi} = \widehat{\Xi}^*$。

证明：我们首先证明 $\Omega \subset \widehat{\Xi}$。对于任意 $\lambda \in \Omega$，$\mathrm{rank}(B - \lambda M) < m$，这意味着 $\dim N(B) = n - m < \dim N(B - \lambda M)$。那么存在 $x \notin N(B)$ 且 $x \neq 0$ 使得 $(B - \lambda M)x = 0$。因此 $\lambda \in \widehat{\Xi}$，$\Omega \subset \widehat{\Xi}$。

反之，对于任意 $\lambda \in \widehat{\Xi}$，如果 $\mathrm{rank}(B - \lambda M) = m$，那么 $\dim N(B) = \dim N(B - \lambda M) = n - m$。由于 $N(B) \subset N(M)$，对于任意 $x \in N(B)$，$x \in N(B - \lambda M)$。那么 $N(B) = N(B - \lambda M)$，这与 $\widehat{\Xi}$ 的定义矛盾。因此 $\mathrm{rank}(B - \lambda M) < m$，$\lambda \in \Omega$，$\widehat{\Xi} \subset \Omega$。

综上，$\Omega = \widehat{\Xi}$。由定理 3.5 和定理 3.6 可知 $\Omega = \Omega^* = \widehat{\Xi} = \widehat{\Xi}^*$。

到目前为止，我们证明了可以通过计算矩阵 MB^+ 和 B^+M 的特征值和特征向量来求解马克思—斯拉法联合生产模型的生产价格和数量均衡。但是，MB^+ 不是一个正矩阵，因为矩阵 H 中有 0 和 -1，那么就不能应用 PF 定理证明有经济意义的解的存在性。本节的后半部分就是要在马克思—斯拉法联合生产模型下推广 PF 定理，从而找到有经济意义（严格为正）的解的存在性条件。

五　马克思—斯拉法模型与 Perron-Frobenius 定理的推广

为了证明过程的方便，我们首先引入一个压缩矩阵。定义 $(m+n) \times (m+n)$ 维正压缩矩阵 $K = (k_{i,j})$ 为：

$$K = \begin{pmatrix} k_{1,1} & k_{1,2} & \cdots & k_{1,m+n} \\ k_{2,1} & k_{2,2} & \cdots & k_{2,m+n} \\ \vdots & \vdots & \ddots & \vdots \\ k_{m+n,1} & k_{m+n,2} & \cdots & k_{m+n,m+n} \end{pmatrix}$$

记 $S_d(\lambda) = \sum_{i=1}^{d} \lambda^i$，定义一个基于矩阵 K 的非线性矩阵函数：

$$K(\lambda) = \begin{pmatrix} k_{1,1} - S_{d_1}(\lambda) & k_{1,2} & \cdots & k_{1,m+n} \\ k_{2,1} & k_{2,2} - S_{d_2}(\lambda) & \cdots & k_{2,m+n} \\ \vdots & \vdots & \ddots & \vdots \\ k_{m+n,1} & k_{m+n,2} & \cdots & k_{m+n,m+n} - S_{d_{m+n}}(\lambda) \end{pmatrix}$$

定理 3.8：矩阵 MB^+ 的特征多项式为 $|K(\lambda)| = 0$。

证明：我们首先关注矩阵 MB^+ 的结构。在证明定理 3.4 的过程中，我们引入了一个方阵 H，使得 $M = HB$。而 $MB^+ = HBB^+ = H$，我们只需要研究 H 的结构。

假设 $\lambda \in \mathbb{C}$ 是 MB^+ 的一个有效特征值，$x = (x_1, \cdots, x_N)' \in \mathbb{C}^N$ 是对应的特征向量，其中 $x_{r(i,1)}, x_{r(i,2)}, \cdots, x_{r(i,d_i)}$ 对应于全新品 i。根据引理 3.5，由 $MB^+ x = \lambda x$ 可得：

$$x_{r(i,j+1)} = \lambda x_{r(i,j)}, i \in \{1, \cdots, m+n\}, j \in \{1, \cdots, d_i - 2\}$$

这是因为通过左乘 $MB^+ = H$，$(Hx)_{r(i,j)} = x_{r(i,j+1)}$。而根据特征向量的定义，我们有 $Hx = \lambda x$。从而可以推出 $x_{r(i,j+1)} = \lambda x_{r(i,j)}$。

由此可以推出，对应于同一个全新品的元素将形成一个几何序列。并且对于任意具体的特征向量，不同全新品的几何序列都具有相同的比例，也即特征值。所以从本质上说，特征方程中，只有对应于每一全新品最后一年的方程，也即方程 $r(i, d_i), i = 1, \cdots, m+n$ 是有效的。根据引理 3.6，这些方程包括：

$$\sum_{j=1}^{m+n} k_{i,j} x_{r(j,1)} - \sum_{j=2}^{d_i} x_{r(i,j)} = \lambda x_{r(i,d_i)}, i \in \{1, \cdots, m+n\}$$

通过之前的论证我们知道 $x_{r(i,j)} = \lambda x_{r(i,j-1)} = \cdots = \lambda^{j-1} x_{r(i,1)}$，代入上式可得：

$$\sum_{j=1}^{m+n} k_{i,j} x_{r(j,1)} = \sum_{j=1}^{d_i} \lambda^j x_{r(i,1)}, i \in \{1, \cdots, m+n\}$$

因此，MB^+ 对应于 λ 的特征方程，实际上只包含 $m+n$ 个方程，它们决定了 x 中对应于每一资本品第一年的那些元素，即 $x_{r(i,1)}, i = 1, \cdots, m+n$。容易证明，它等价于 $|K(\lambda)| = 0$。

虽然 MB^+ 不是非负矩阵，但在马克思—斯拉法联合生产模型中，矩阵 K 总是非负的，基于 $K(\lambda)$ 的表达式，我们可以证明以下定理：

定理3.9：对于任意矩阵 $K>0$，定义所有使得 $|K(\lambda)|=0$ 的 λ 为广义特征值，定义与之对应的，使得 $K(\lambda)x=0$ 的 x 为广义特征向量。那么一定存在一个最大的正实广义特征值 λ_1 和对应的唯一的正广义特征向量。[①]

在 PF 定理中，对于任意其他的特征值 λ，都有 $\lambda_1>|\lambda|$，而定理3.9只保证了 $\lambda_1>\lambda$。这种区别的意义在于，矩阵的幂 $K(\lambda)^k$，$k\to+\infty$ 可能不再是收敛的，因此生产价格均衡和数量均衡可能是不稳定的。下面是一个具体的例子：

$$K(\lambda)=\begin{pmatrix} 1-\lambda & 0.5 \\ 0.5 & 1-\lambda-\lambda^2 \end{pmatrix}$$

这个矩阵的广义特征值是 1.164，0.409，-1.574，我们可以看到最大的特征值并非绝对值最大。实际上，对于大多数的 K，矩阵的幂是不稳定的。这意味着，联合生产的生产价格比单一生产情况下更不稳定。

六　数值例

本节将通过一个具体的数值例来说明利用 MP 伪逆和定理3.9计算生产价格和数量均衡的具体步骤。在实践中，有许多细节可以简化计算。我们可以从两个折旧年限分别为 2 和 3 的固定资本和一个消费品入手。生产的参数如表3.2所示，每一列表示生产 1 单位产品所需要的投入量。实际工资被设定为 1 单位消费品。

[①] 详细的证明在附录 B 中。

表 3.2　　　　　　　　　　联合生产的参数设置

类型	固定资本 1	固定资本 2	消费品
固定资本 1	0.4	0.5	0.35
固定资本 2	0.3	0.25	0.5
劳动	0.1	0.2	0.15

我们可以构造 7×18 维的投入系数矩阵 M 和产出系数矩阵 B。为了计算生产价格和数量均衡，分别计算 MB^+ 和 B^+M[①]：

$$MB^+ = \begin{pmatrix} 0 & 1 & 0 & 0 & 0 & 0 \\ 0 & 0 & 1 & 0 & 0 & 0 \\ 0.4 & -1 & -1 & 0.5 & 0 & 0.35 \\ 0 & 0 & 0 & 0 & 1 & 0 \\ 0.3 & 0 & 0 & 0.25 & -1 & 0.5 \\ 0.1 & 0 & 0 & 0.2 & 0 & 0.15 \end{pmatrix}$$

根据本节的方法，求解多项式方程：

$$\begin{vmatrix} 0.4 - S_3(\lambda) & 0.5 & 0.35 \\ 0.3 & 0.25 - S_2(\lambda) & 0.5 \\ 0.1 & 0.2 & 0.15 - \lambda \end{vmatrix} = 0$$

可得数值解：

$$\lambda = -1.088, 0.581, 0.07, -0.181, -0.616 \pm 0.947i$$

最大特征值 0.581 具有经济意义，对应的左特征向量即为均衡生产价格：

$$p = (0.410, 0.338, 0.214, 0.513, 0.325, 0.551)$$

方阵 B^+M 具有相同特征值的特征向量即为数量均衡的特解：

$$x_p = (0.392, 0.179, 0.186, 0.310, 0.262, 0.103, 0.403, 0.170, 0.144,$$
$$0.334, 0.239, 0.075, 0.329, 0.076, 0.148, 0.191, 0.214, 0.010)'$$

---

① 由于 B^+M 矩阵过大，这里不再进行展示。

求解 $Bx_{n_j} = 0$ 可得零空间基向量：

x_{n_1} = (− 0.131,0.531, − 0.576,0.148, − 0.125,0.153,
0.065, − 0.057,0.261, − 0.091, − 0.130, − 0.048,
0.242, − 0.092,0.264, − 0.223, − 0.105, − 0.086)′

x_{n_2} = (− 0.412,0.502, − 0.441,0.228, − 0.045,0.168,
0.124, − 0.090,0.216, − 0.040, − 0.128, − 0.082,0.276,
− 0.126,0.241, − 0.186, − 0.084, − 0.121)′

x_{n_3} = (− 0.086,0.540, − 0.591,0.134, − 0.142,0.146,
0.042, − 0.040,0.256, − 0.092, − 0.146, − 0.021,0.220,
− 0.112,0.273, − 0.203, − 0.078, − 0.100)′

x_{n_4} = (0.083,0.514,0.060, − 0.417, − 0.217, − 0.023,
0.380, − 0.390, − 0.030,0.031,0.184, − 0.175, − 0.046,
0.141,0.010, − 0.159, − 0.187,0.241)′

x_{n_5} = (0.424, − 0.421,0.429, − 0.055,0.009, − 0.386,
− 0.073,0.196, − 0.133, − 0.047,0.100, − 0.042,
− 0.195,0.280, − 0.038, − 0.054, − 0.231,0.238)′

x_{n_6} = (0.022,0.060, − 0.016, − 0.028, − 0.080,0.042,
0.126, − 0.183, − 0.097, − 0.059,0.278, − 0.066,0.354,
− 0.044, − 0.395, − 0.444, − 0.069,0.598)′

x_{n_7} = (0.323, − 0.494,0.482, − 0.200,0.051, − 0.162,
− 0.132,0.092, − 0.245,0.064,0.108,0.114, − 0.285,
0.067, − 0.249,0.242,0.155,0.071)′

x_{n_8} = (− 0.060,0.543, − 0.598,0.125, − 0.151,0.141,
0.027, − 0.028,0.253, − 0.092, − 0.156, − 0.005,0.206,
− 0.125,0.278, − 0.188, − 0.061, − 0.110)′

x_{n_9} = (− 0.107, − 0.139,0.009,0.191,0.440, − 0.395,
− 0.371,0.018,0.201,0.185, − 0.227,0.194, − 0.104,
− 0.022,0.120,0.273, − 0.023, − 0.244)′

$x_{n_{10}}$ = (− 0.01, − 0.189, − 0.031,0.163,00.066, − 0.146,

$$0.09, -0.025, 0.02, 0.102, -0.04, -0.002, -0.094,$$
$$0.024, 0.006, 0.037, 0.028)'$$

$x_{n_{11}} = (-0.015, 0.020, -0.033, 0.057, 0.042, -0.072,$
$\qquad 0.203, -0.224, -0.044, 0.071, 0.110, -0.115, 0.119,$
$\qquad 0.155, -0.186, -0.559, -0.063, 0.534)'$

$x_{n_{12}} = (0.128, 0.087, -0.041, -0.117, -0.193, 0.136,$
$\qquad -0.113, 0.085, -0.062, 0.055, 0.022, 0.012, 0.07,$
$\qquad -0.18, -0.078, 0, 0.148, 0.04)'$

数量均衡的整个解集为：

$$\{x = x_p + \sum_{i=1}^{12} \mu_i x_{n_i} : x \geq 0\}$$

为了解决联合生产情况下生产价格均衡 $pB = \alpha pM$ 和数量均衡 $Bx = \beta Mx$ 的计算困难，Li（2017）提出在马克思—斯拉法联合生产模型下，利用 MP 伪逆将求解均衡方程转化为求解方阵 B^+M 和 MB^+ 的特征体系这一方法。

本节的内容从两方面发展了 Li（2017）的研究。第一，证明了数量均衡方程的可行增长因子与方阵 B^+M 的可行特征值等价，并且给出了利用 B^+M 特征体系求解全部可行数量均衡的方法。第二，通过引入压缩矩阵，给出了马克思—斯拉法联合生产模型有经济意义的解的存在性条件，即压缩矩阵 $K > 0$。

从经济意义上来看，这意味着所有的商品都要进入其他商品的生产过程，显然这是一个非常强的条件。尽管我们可以只考虑一个满足该条件的子体系，但这将与一般利润率均衡的意义相违背。而这一结论恰恰说明了，直接从实物体系计算而来的均衡价格并不比劳动价值更具一般性。

另外，从形式上我们的结论与非负矩阵的 PF 定理非常相似，但在联合生产的情况下，不能保证广义特征值具有最大的绝对值。本书的第二章提到过关于对偶不稳定性的相关研究，其含义是单一生产情况下，生产价格和数量不能同时实现稳态均衡（Solow, 1959；

Jorgenson，1960）。而本节的结论表明，在联合生产情况下，生产价格和数量体系都无法实现稳态均衡。这意味着，在联合生产情况下，我们需要重新思考生产价格均衡方程和数量均衡方程的经济意义。即使不考虑技术变化，两个方程也不具备对长期经济均衡的解释力，但作为某一时点的静态分析，仍可以用来考察可能实现的一般利润率和最大平衡增长率。

第四节 本章小节

对线性生产理论而言，模型是否存在唯一非负均衡解是重要的。古典经济学认为，实际的生产和交换比例虽然持续波动，但存在波动的引力中心，线性生产模型中的非负均衡解就是对这一引力中心的刻画。从经济含义出发，一般情况下，无论是产品数量，还是产品的价值或价格都应当是非负的，那么它们波动的引力中心也只能是非负的。这是线性生产理论关注非负解存在性的根本原因。如果一个线性生产模型不存在非负均衡解，也被称为不存在有经济意义的解。在某些特例下，出现负的均衡解也存在经济意义。比如，当污染物被视为联合生产的副产品时，其价值或价格就可能是负值，因为治理污染可能会带来额外的投入。本章的讨论显然将这些特例排除在外。

PF 定理保证了，满足生产性条件的单一生产模型下，劳动价值、生产价格和数量体系都存在唯一非负均衡解，这构成了线性生产理论的基础和核心。本章从静态均衡方面进一步发展了现有的线性生产理论，主要贡献可以概括为以下三点：第一，利用矩阵收敛的方法证明了单一生产情况下的马克思—置盐体系与 PF 定理等价，从而说明了该体系在逻辑上具有稳健性。第二，尽管在一般的联合生产情况下，劳动价值的均衡解并不唯一，但通过与最优价值等价性的证明，确保了基于劳动价值计算的剥削率具有唯一性。第三，在马克思—斯拉法联合生产模型下给出了生产价格均衡和数量均衡的计算方法，并给出了具有经济意义的解的存在性条件。

从模型中推出良好的经济性质需要依赖一定的假设前提，而更好的经济性质依赖于更强的假设。因此，在最一般的联合生产模型下，几乎无法推出任何有经济意义的结论。我们将关注的重点放在单一生产和马克思—斯拉法联合生产模型上，并在本章的最后对两种模型设定下劳动价值、生产价格和数量三种均衡解的存在性、非负性和唯一性条件进行总结。

在单一生产模型中，劳动价值体系均衡解的存在性、非负性和唯一性只需要投入系数矩阵满足经济的生产性条件；生产价格体系需要增广投入系数矩阵满足非负不可约条件；数量体系与生产价格体系相同。

在马克思—斯拉法联合生产模型下，满足生产性条件和秩条件的劳动价值体系存在唯一非负解，并且与最优价值等价；生产价格体系存在唯一非负解的条件是压缩矩阵为正；数量体系同样需要满足压缩矩阵为正，非负解存在但不唯一。

实际上，单一生产可以看作是一类特殊的马克思—斯拉法联合生产模型，它要求所有固定资本的折旧年限均为1。因此，在单一生产情况下，三种均衡非负解的存在性和唯一性条件看起来更弱，实际是因为单一生产模型本身就建立在一个很强的假设前提下。一旦我们要从动态的视角考察经济增长，那么固定资本投资这一短期影响需求，长期影响供给的因素就必须被纳入我们的分析框架，这时单一生产模型的局限就体现出来了。这也是本章重点关注联合生产模型的原因。

针对我们希望研究的问题和模型的适用性，在后续章节中，我们将以马克思—斯拉法联合生产模型为基础，构建动态的分析框架，并对中国经济增长进行定量研究。

第 四 章
线性生产理论的动态分析与拓展

本书反复提到，采用线性生产理论研究增长问题，目的在于反映经济增长与结构变迁之间的内在逻辑。从静态的视角来看，经济结构决定了当前阶段经济增长的上限，而从动态的视角来看，经济增长过程中又总是伴随着技术和需求结构的不断变动。然而，静态的线性生产模型并不能反映经济结构的变化，即使动态里昂惕夫模型也保持了技术系数不变的假设。这种分析方法实质上是在不变结构下研究经济的规模扩张，与新古典总量生产模型并没有本质区别。

本章的目的就是构建一个包含结构动态的线性生产模型，并在这种结构动态的视角下讨论经济增长。在内容安排上，本章将首先阐述构建结构动态线性生产模型的思路，而后建立包含结构动态的增长模型，并推导均衡增长路径存在的条件，最后借助数值模拟阐述长期增长过程中为何会积蓄结构性矛盾。

第一节 参数动态化的建模思想

在长期增长的过程中，经济结构不是一成不变的，而是持续地进行不可逆的变化，发展经济学的大量经验研究已经证实了这种结构变化的存在（库兹涅茨，1989；钱纳里，1991）。尽管他们的工作重点是提供事实的描述和经验性的总结，但也足以让经济学研究者认识到基于总量的描述并不能概括经济增长的全部。

事实上，经济理论对于长期增长过程中发生的结构变化的认识可能比我们想象的要早得多。在古典经济学时期，就已经认识到了生产性劳动份额的增长推动了国民财富的持续扩张（斯密，2015），而稀缺资源的边际收益递减导致了增长过程中出现部门比例变化（李嘉图，1962）。在马克思的理论中，结构变化主要体现为资本有机构成提高的趋势，及其带来的劳动生产率提高和对资本主义积累和长期增长的抑制作用（马克思，2006c）。

尽管边际主义的兴起导致长期的结构变化暂时淡出了主流经济学研究的视野，但从20世纪40年代开始兴起的结构主义再次唤起了对于经济结构变化的关注。这一时期研究的焦点是如何通过政策主导的倾斜发展模式，主动推进欠发达国家的工业化和经济增长（Rosenstein-Rodan，1943；Hirschman，1958）。21世纪以来，主流增长理论也开始关注经济增长的结构性差异，试图从不同部门差异化的收入弹性（Kongsamut et al.，2001；Foellmi and Zweimüller，2008）、生产率（Ngai and Pissarides，2007）和要素收入份额（Acemoglu and Guerrieri，2008）等角度解释经济结构的变迁。

不论是从典型的经济事实出发，还是从相关经济理论出发，都应当认识到长期增长问题的研究离不开对经济结构变化的考察。然而，经济增长和结构变化之间存在复杂的相互制约和影响，这导致从现象上描述这一过程是容易的，但正式的模型化却非常困难。

现有的理论模型基本是通过控制变量的方式解决这一问题。线性生产理论的静态均衡分析就是控制了技术结构不变，研究经济的最大增长率和增长路径，以及收入分配等其他因素对经济增长的制约。但在现实中，技术创新和技术选择总是通过积累和新增投资不断从边际上对整体的技术结构产生影响。因此，经济并不是比例不变的规模扩张。这种控制变量的方式使得经济模型难以刻画实际的经济增长。

为了将结构变化和经济增长纳入统一的分析框架，帕西内蒂对变量与常量、未知数与参数这两组概念进行了区分，并提出了基于垂直整合部门的结构动态模型（Pasinetti，1981；1993）。本章后续模型构建所采用的参数动态化的建模思想就是来源于帕西内蒂对经济结构动态的考察。

在帕西内蒂看来，以往的经济学研究习惯于将未知数视为变量而将参数视为常量，这其实混淆了变量与常量、未知数与参数这两对概念。相对于我们研究的主题，参数是外生决定的，而不是经济模型推导的结果，但并不影响参数本身也会发生变动。之所以习惯于将参数视为常量只是为了求解模型的方便。尤其在一个方程组中，如果参数本身不断变动，那么未知数的求解将存在理论困难。因而通常的处理方法是，将变化了的参数作为一组新的常量进行求解。但这样做将会导致经济模型始终停留在毫无联系的静态均衡分析（Pasinetti，1993）。

对此，帕西内蒂给出的解决方案是将原有的经济生产部门转化为最终消费品部门和与之一一对应的垂直整合（vertically integrated）部门（Pasinetti，1981）。我们知道，生产一种最终消费品需要直接和间接的商品投入，垂直整合部门的含义就是这些提供直接和间接投入品的生产部门的复合。我们在里昂惕夫模型下还原垂直整合部门的含义。假设经济的投入系数矩阵为 A，x 和 y 分别表示总产出和净产出，那么有如下投入产出关系式：

$$x = Ax + y \Rightarrow x = (I - A)^{-1} y$$

假设部门 i 是最终消费品生产部门，那么每生产 1 单位消费品 i，需要它对应的垂直整合部门生产 1 单位垂直整合资本品 $(I - A)^{-1} e_i$，其中 e_i 是第 i 个元素为 1 的自然坐标基。这样商品生产的投入产出关系只会在垂直整合部门的定义中出现，而不会出现在对技术变化的设定上，从而大大简化了多部门结构动态模型的设定。

应用垂直整合的概念，帕西内蒂构建了一个动态的多部门线性生产模型，该模型由 n 种最终消费品，n 种垂直整合资本品构成。模型假定生产消费品需要投入劳动和相应的垂直整合资本品，而生产资本品只需要投入劳动。这样，生产的技术结构就由 $2n$ 个劳动系数和 n 个投入系数构成，需求结构则由 n 个消费需求系数和 n 个投资需求系数构成。其中，投入系数被视为不变参数，劳动系数和消费需求被视为可变参数，而投资需求系数则是由经济动态均衡条件推出的内生变量。

帕西内蒂垂直整合方法最大的用处其实是简化模型。在原本的 n 部门线性生产模型下，技术结构需要用 n^2 个投入系数和 n 个劳动系数构成，垂直整合部门的引入降低了可变参数的维度，从而使得模型求解成为可能。同时，必须指出垂直整合方法存在的问题，就是对技术变化的刻画只局限在对劳动的节约，而不涉及中间投入品和固定资本的使用情况，并不能反映真实的技术结构变化。此外，帕西内蒂对动态均衡增长路径的考察只关注了再生产的物质补偿，但当生产的技术结构发生变化时，商品价值也会发生变化，那么再生产的价值补偿就可能会被打破，从而无法实现动态均衡增长路径。

尽管帕西内蒂的研究有其局限性，但他提供的参数动态化的方法非常值得借鉴，为研究经济增长的结构动态提供了良好的思路。本章后续的部分将借鉴这种参数动态化的建模思想，构建动态的线性生产模型，从数量和价值体系分别推导动态均衡增长路径的实现条件，而后通过数值模拟对这种动态的增长过程进行说明。

第二节　结构动态增长模型

本节将应用参数动态化的方法构建一个包含结构动态的增长模型。首先建立多部门增长模型，而后通过将多部门转化为三部类对模型进行简化，从而推导动态均衡增长路径及其存在性条件。

一 多部门模型

我们首先考虑一个不包含固定资本的多部门模型。

假设经济中存在 n 个部门,每个部门的产品都可以作为消费品或其他部门的中间投入,人口数量为 N,劳动参与度以人均劳动时间 μ 衡量,$A = (a_{ij})_{n\times n}$ 为中间投入系数矩阵,$c = (c_i)_{n\times 1}$ 为人均消费需求向量,$l = (l_j)_{1\times n}$ 为劳动系数向量,$x = (x_i)_{n\times 1}$ 为总产出的实物数量。那么数量体系的静态均衡可以定义为:

$$\begin{pmatrix} a_{11} & \cdots & a_{1n} & c_1 \\ \vdots & & \vdots & \vdots \\ a_{n1} & \cdots & a_{nn} & c_n \\ l_1 & \cdots & l_n & 0 \end{pmatrix} \begin{pmatrix} x_1 \\ \vdots \\ x_n \\ N \end{pmatrix} = \begin{pmatrix} x_1 \\ \vdots \\ x_n \\ \mu N \end{pmatrix} \quad (4.1)$$

方程组(4.1)包含 n 个未知数,$n+1$ 个方程,一般情况下无解。我们来考察均衡解存在需要满足的参数条件。方程组(4.1)等价于:

$$\begin{pmatrix} \mu I - \mu A - cl \\ l \end{pmatrix} x = \begin{pmatrix} 0 \\ \mu N \end{pmatrix} \quad (4.2)$$

因此,方程组(4.1)有解需要满足秩条件:

$$\text{rank}\begin{pmatrix} \mu I - \mu A - cl \\ l \end{pmatrix} = \text{rank}\begin{pmatrix} \mu I - \mu A - cl & 0 \\ l & \mu N \end{pmatrix} \quad (4.3)$$

为了更清晰地展示数量体系静态均衡的经济含义,可将方程组(4.1)拆解为以下两个方程:

$$Ax + cN = x \quad (4.4)$$

$$lx = \mu N \quad (4.5)$$

其中方程(4.4)为产品市场出清条件,方程(4.5)为充分就业条件,二者共同构成了数量体系的静态均衡条件。

在不考虑固定资本的情况下,当期生产所需的资本品都可以在当期生产出来,因此不必考虑投资行为,所有的经济变量都不存在跨期影响。如果要考虑资本存量和投资的跨期影响，就需要引入固定资本。

仍假设经济中存在 n 个部门，但每个部门的产品既可以作为消费品，也可以作为其他部门的中间投入或固定资本。人口数量为 N，劳动参与度以人均劳动时间 μ 衡量。$A = (a_{ij})_{n \times n}$ 为中间投入系数矩阵，$K = (k_{ij})_{n \times n}$ 为固定资本系数矩阵，$d = (d_i)_{n \times 1}$ 为人均最终需求向量，由消费需求和固定资本净投资需求构成，$l = (l_j)_{1 \times n}$ 为劳动系数向量，δ 为折旧率，κ 为固定资本的实物存量，总产出的实物数量为 $x = (x_i)_{n \times 1}$。此时的数量体系静态均衡定义为：

$$Ax + \delta Kx + dN = x \tag{4.6}$$

$$Kx = \kappa \tag{4.7}$$

$$lx = \mu N \tag{4.8}$$

其中方程（4.6）意味着产品市场出清，方程（4.7）意味着产能的充分利用，方程（4.8）为充分就业条件。方程（4.6）—（4.8）定义了均衡的实物数量体系，包含 n 个未知数 x 和 $2n + 1$ 个方程，均衡的存在仍依赖于参数之间的相互关系，此时的秩条件为：

$$\operatorname{rank}\begin{pmatrix} \mu I - \mu A - \mu \delta K - dl \\ K \\ l \end{pmatrix} = \operatorname{rank}\begin{pmatrix} \mu I - \mu A - \mu \delta K - dl & 0 \\ K & \kappa \\ l & \mu N \end{pmatrix} \tag{4.9}$$

到目前为止，我们没有对消费需求和固定资本净投资需求有任何具体的限制，因为静态均衡只需要考虑当期的产出和价格，不需要考虑投资导致的跨期生产能力变动。而这一点在动态分析中非常重要。

在动态模型中需要对最终需求 d 进行划分，也就是需要区分消费需求 c 和投资需求 i 的具体数值，因为投资需求会通过固定资本存量产生跨期的影响，而消费需求只影响当期。模型设定消费需求是外生的，投资需求是引致的，这意味着消费需求仍被视为参数，而投资需求成为了变量。

为区分变量和初始值，我们用上标 t 表示可变参数，用 (t) 表示变量。动态模型的基本设定如下：

（1）人口数量为 N^t，人均劳动时间为 μ^t，人均消费需求为 $c^t = (c_i^t)_{n \times 1}$；

（2）固定资本折旧率不变，以对角矩阵形式给出，即 $\delta = \text{diag}(\delta_i)_{n \times n}$；

（3）中间投入系数、固定资本系数、劳动系数分别为 $A^t = (a_{ij}^t)_{n \times n}$、$K^t = (k_{ij}^t)_{n \times n}$、$l^t = (l_j^t)_{1 \times n}$；

（4）总产出的实物数量、人均固定资本净投资、固定资本存量分别为 $x(t) = (x_i(t))_{n \times 1}$、$i(t) = (i_i(t))_{n \times 1}$、$\kappa(t) = (\kappa_i(t))_{n \times 1}$；

（5）初始状态处于静态均衡，即已知参数初始值 N^0、μ^0、c^0、δ、κ^0、A^0、K^0、l^0，以及变量初始值 $x(0)$、$i(0)$、$\kappa(1)$，且变量和参数的初始值满足方程（4.6）—（4.9）。

动态均衡增长路径可由以下均衡条件定义：

$$x(t) = A^t x(t) + \delta K^t x(t) + c^t N^t + i(t) N^t \tag{4.10}$$

$$\kappa^t = K^t x(t) \tag{4.11}$$

$$\mu^t N^t = l^t x(t) \tag{4.12}$$

$$\kappa(t+1) - \kappa^t = i(t) N^t \tag{4.13}$$

方程（4.10）—（4.13）分别表示产品市场出清条件、产能充分利用条件、充分就业条件、资本积累方程。

由于初始状态给出了 $\kappa(0)$ 和 $i(0)$，因此 $\kappa(1)$ 在 $t = 0$ 期就确定了。类比可知，在每一个时期 t，方程（4.10）—（4.13）都由 $3n$ 个未知数 $x(t)$、$i(t)$、$\kappa(t+1)$ 和 $3n+1$ 个方程构成，规定了数量体系的动态均衡条件。与静态均衡类似，数量体系的动态均衡也依赖于参数之间的相互关系。此时动态均衡存在的秩条件为：

$$\text{rank}\begin{pmatrix} K^t \\ l^t \end{pmatrix} = \text{rank}\begin{pmatrix} K^t & \kappa^t \\ l^t & \mu^t N^t \end{pmatrix} \tag{4.14}$$

尽管方程（4.14）中所有的参数在 t 期都是已知的，但对于整个动态系统并不完全是由外生确定的。其中固定资本存量 κ^t 是由初始状态的固定资本存量 κ^0 和此前的投资序列 $i^0, i(1), \cdots, i(t-1)$ 共同确定的，而投资是由动态系统内生决定的。如果要求数量体系始终保持在动态均衡路径上，那么每一期都要满足秩条件，并且当期决定的投资水平必须满足下一期的秩条件。但是，一方面，现实经济中的参数运动是错综复杂的，往往难以提前预测，因此当期投资难以保证下一期的秩条件能够满足。另一方面，即使可以完全预测下一期的参数，由当期参数确定的投资也未必能够满足下一期秩条件成立的要求。这就意味着，数量体系的动态均衡可能根本不存在。

此外，即使参数的运动恰好满足整个动态系统存在均衡增长路径，现实经济也未必会沿着动态均衡路径增长。该路径中的投资完全是由消费需求变动而引致的，但市场经济中的投资往往是根据利润率或预期利润率进行，消费需求中仅有支付能力的部分会表现出来，而这又受到价值—价格体系和收入分配制度的影响。这一点我们将在下一小节具体展开。

二 三部类模型

尽管构建多部门动态均衡模型在形式上并不困难，但多部门模型参数数量过多，会造成参数设定上的不便和模型分析的困难。为了集中精力讨论我们所关心的未知数和核心参数之间的关系，我们需要对模型的数学表达进行简化。这里我们采用了一个由固定资本部类、流动性生产资料部类和消费资料部类构成的三部类生产模型。[1] 三部类模型也可以有效地反映经济结构问题，并且与多部门模型相比，三部类模型不仅可以简化模型推导和数值计算，还可以同

---

[1] 如果要更好地对应马克思的两大部类再生产图示，采用"耐久性生产资料部类"和"流动性生产资料部类"的称法更加合适。这两个部类加总，即可得到马克思使用的"生产资料部类"的概念。但是，考虑到学术语言习惯，这里采用了"固定资本部类"的用法，而非"耐久性生产资料部类"。

时考察技术改进型技术进步和产品增加型技术进步。

三部类模型与多部门模型存在一个直接的换算机制。在上一小节的讨论中，我们假设每个部门的产品既可以作为消费品，也可以作为其他部门的中间投入或固定资本。根据各部门最终产品的流向，可以将每个部门划分为三个部分，然后对三个部分分别加总就可以得到三部类模型。具体的换算机制，我们将在第五章构建三部类表并进行经验研究时进行展开。

（一）静态均衡

假设经济由三个部类构成，第一部类生产固定资本，第二部类生产流动性生产资料，也即中间投入，第三部类生产消费资料。人口数量记为 N，人均劳动时间记为 μ，人均消费为 c，固定资本净投资为 i，其中人均消费 c 为外生参数，固定资本净投资 i 为内生变量。记固定资本系数向量为 $K = (k_1, k_2, k_3)$，中间投入系数向量为 $A = (a_1, a_2, a_3)$，劳动系数向量为 $l = (l_1, l_2, l_3)$，δ 为折旧率，κ 为实物形式的固定资本存量，$x = (x_1, x_2, x_3)'$ 为实物形式的总产出向量。

从多部门的分析中我们知道，静态均衡一般是不成立的，在三部类的模型中也是如此，但我们仍可以用几个方程刻画静态均衡的条件。首先是三部类产品市场出清条件，这意味着生产的商品全部被消费或投资，不存在过剩产品，并且全部的消费需求和投资需求得到满足：

$$x_1 = i + \delta\kappa, \quad x_2 = Ax, \quad x_3 = cN \tag{4.15}$$

其次是固定资本存量需要满足产能利用率均衡，即：

$$Kx = \kappa \tag{4.16}$$

该条件保证了固定资本的充分利用，既不存在过剩生产能力，同时又保证了生产能力能够满足全部生产需求。最后，充分就业条件定义为：

$$lx = \mu N \tag{4.17}$$

即劳动力需求和供给相等。

方程（4.15）—（4.17）定义了均衡的实物数量体系，包含 4 个未知数 x_1、x_2、x_3、i 和 5 个方程，静态均衡有解依赖于参数的相互关系，即：

$$\mathrm{rank}\begin{pmatrix} a_1 & a_2-1 & a_3 \\ k_1 & k_2 & k_3 \\ l_1 & l_2 & l_3 \\ 0 & 0 & 1 \end{pmatrix} = \mathrm{rank}\begin{pmatrix} a_1 & a_2-1 & a_3 & 0 \\ k_1 & k_2 & k_3 & \kappa \\ l_1 & l_2 & l_3 & \mu N \\ 0 & 0 & 1 & c^t N^t \end{pmatrix} \quad (4.18)$$

只有在外生参数满足这一关系时，符合上述所有数量条件的静态均衡才存在。如果参数不满足这一关系，那么产品市场出清、产能充分利用和充分就业之间就存在矛盾。

（二）数量体系的动态均衡

三部类动态模型的基本设定如下：

（1）人口数量为 N^t，人均劳动时间为 μ^t，人均消费需求为 c^t；

（2）固定资本折旧率视为常数 δ，中间投入系数、固定资本系数、劳动系数分别为 $A^t = (a_1^t, a_2^t, a_3^t)$、$K^t = (k_1^t, k_2^t, k_3^t)$、$l^t = (l_1^t, l_2^t, l_3^t)$；

（3）总产出的实物数量为 $x(t) = (x_1(t), x_2(t), x_3(t))$、人均固定资本净投资为 $i(t)$、固定资本存量为 $\kappa(t)$；

（4）初始状态处于静态均衡，即已知参数初始值 N^0、μ^0、c^0、κ^0、A^0、K^0、l^0，以及变量初始值 $x(0)$、$i(0)$、$\kappa(1)$，且变量和参数的初始值满足方程（4.15）—（4.18）。

数理体系的动态均衡可由以下均衡条件定义：

$$x_1(t) = i(t) + \delta \kappa^t, \quad x_2(t) = A^t x(t), \quad x_3(t) = c^t N^t \quad (4.19)$$

$$\kappa^t = K^t x(t) \quad (4.20)$$

$$\mu^t N^t = l^t x(t) \quad (4.21)$$

$$\kappa(t+1) - \kappa^t = i(t) \quad (4.22)$$

方程（4.19）—（4.22）分别表示产品市场出清条件、产能充分利用条件、充分就业条件、资本积累方程。

由于初始状态给出了 $\kappa(0)$ 和 $i(0)$，$\kappa(1)$ 在 $t=0$ 期就确定了。类比可知，在 t 期，κ^t 是参数，而 $\kappa(t+1)$ 是变量。因此，在每一个时期 t，方程组（4.19）—（4.22）都由5个未知数 $x_1(t)$，$x_2(t)$，$x_3(t)$，$i(t)$，$\kappa(t+1)$ 和6个方程构成，规定了数量体系的动态均衡条件。与多部门模型类似，数量体系的动态均衡也依赖于参数之间的相互关系。此时动态均衡存在的秩条件为：

$$\mathrm{rank}\begin{pmatrix} a_1^t & a_2^t - 1 & a_3^t \\ k_1^t & k_2^t & k_3^t \\ l_1^t & l_2^t & l_3^t \\ 0 & 0 & 1 \end{pmatrix} = \mathrm{rank}\begin{pmatrix} a_1^t & a_2^t - 1 & a_3^t & 0 \\ k_1^t & k_2^t & k_3^t & \kappa^t \\ l_1^t & l_2^t & l_3^t & \mu^t N^t \\ 0 & 0 & 1 & c^t N^t \end{pmatrix} \quad (4.23)$$

如果我们关心的不是长期的动态均衡增长路径，而是某一期能否同时实现方程（4.19）—（4.22）给出的均衡条件，那么 κ^t 也是纯粹外生的。即使前 $t-1$ 期都不满足均衡存在性，第 t 期也可能满足秩条件（4.23），在当期存在同时实现三种均衡的可能。

但如果我们关心的是长期的动态均衡增长路径，那么秩条件（4.23）中的 κ^t 就是由动态系统内生的，由初始的固定资本存量和前 $t-1$ 期的投资序列所决定。下面我们对数量体系的动态均衡进行求解，并试图去掉秩条件（4.23）中的内生变量 κ^t。

暂时不考虑第 t 期之前的情况，只假设第 t 期的所有参数满足秩条件（4.23），那么4个方程中有一个可以被其他3个方程线性表示，只利用其他3个方程即可求解当期的数量均衡。例如，我们用第二部类和第三部类产品出清条件、充分就业条件可以求出：

$$x_1(t) = -\frac{N^t(a_2^t \mu^t - \mu^t + c^t l_3^t + a_3^t c^t l_2^t - a_2^t c^t l_3^t)}{l_1^t + a_1^t l_2^t - a_2^t l_1^t} \quad (4.24)$$

$$x_2(t) = \frac{N^t(a_1^t \mu^t + a_3^t c^t l_1^t - a_1^t c^t l_3^t)}{l_1^t + a_1^t l_2^t - a_2^t l_1^t} \quad (4.25)$$

$$x_3(t) = c^t N^t \tag{4.26}$$

利用秩条件（4.23）可知，当期的固定资本存量必须满足：

$$\kappa^t = -\frac{k_1^t N^t (a_2^t \mu^t - \mu^t + c^t l_3^t + a_3^t c^t l_2^t - a_2^t c^t l_3^t)}{l_1^t + a_1^t l_2^t - a_2^t l_1^t}$$

$$+ \frac{k_2^t N^t (a_1^t \mu^t + a_3^t c^t l_1^t - a_1^t c^t l_3^t)}{l_1^t + a_1^t l_2^t - a_2^t l_1^t} + k_3^t c^t N^t \tag{4.27}$$

再利用第一部类产品出清条件和资本积累方程，可以推出：

$$i(t) = \frac{(\delta k_1^t - 1)(a_2^t \mu^t - \mu^t + c^t l_3^t + a_3^t c^t l_2^t - a_2^t c^t l_3^t) N^t}{l_1^t + a_1^t l_2^t - a_2^t l_1^t}$$

$$- \frac{\delta k_2^t (a_1^t \mu^t + a_3^t c^t l_1^t - a_1^t c^t l_3^t) N^t}{l_1^t + a_1^t l_2^t - a_2^t l_1^t} - \delta k_3^t c^t N^t \tag{4.28}$$

$$\kappa(t+1) = \frac{(\delta k_1^t - k_1^t - 1) N^t (a_2^t \mu^t - \mu^t + c^t l_3^t + a_3^t c^t l_2^t - a_2^t c^t l_3^t)}{l_1^t + a_1^t l_2^t - a_2^t l_1^t}$$

$$+ \frac{(1-\delta) k_2^t N^t (a_1^t \mu^t + a_3^t c^t l_1^t - a_1^t c^t l_3^t)}{l_1^t + a_1^t l_2^t - a_2^t l_1^t} + (1-\delta) k_3^t c^t N^t$$

$$\tag{4.29}$$

类比方程（4.27）可知，若 $t+1$ 期也存在均衡数量，那么：

$$\kappa^{t+1} = -\frac{k_1^{t+1} N^{t+1} (a_2^{t+1} \mu^{t+1} - \mu^{t+1} + c^{t+1} l_3^{t+1} + a_3^{t+1} c^{t+1} l_2^{t+1} - a_2^{t+1} c^{t+1} l_3^{t+1})}{l_1^{t+1} + a_1^{t+1} l_2^{t+1} - a_2^{t+1} l_1^{t+1}}$$

$$+ \frac{k_2^{t+1} N^{t+1} (a_1^{t+1} \mu^{t+1} + a_3^{t+1} c^{t+1} l_1^{t+1} - a_1^{t+1} c^{t+1} l_3^{t+1})}{l_1^{t+1} + a_1^{t+1} l_2^{t+1} - a_2^{t+1} l_1^{t+1}} + k_3^{t+1} c^{t+1} N^{t+1}$$

$$\tag{4.30}$$

如果要保证数量体系的动态路径始终有解，那么对于任意的时期 t，外生参数要满足方程（4.29）和方程（4.30）等价。现在，动态均衡存在性条件只包含外生的参数，而不受任何内生变量的影响。此时数量体系的动态均衡路径由方程（4.24）—（4.28）给出。

需要注意的是，外生参数除了要满足均衡存在性条件，还必须保证均衡的非负性，即保证方程（4.24）—（4.26）的非负性，这一点可以由经济的生产性条件推出，即对于任意时期 t，矩阵 (4.31) 的顺序主子式全部为正。

$$I - \begin{pmatrix} 0 & 0 & 0 \\ a_1^t & a_2^t & a_3^t \\ \dfrac{c^t}{\mu^t}l_1^t & \dfrac{c^t}{\mu^t}l_2^t & \dfrac{c^t}{\mu^t}l_3^t \end{pmatrix} \quad (4.31)$$

尽管我们给出了数量体系动态均衡的存在性条件和非负性条件，可在满足这些条件时求解动态均衡增长路径，但这并不意味着动态均衡通常是存在的。结果相反，由于参数的运动是外生的并且难以预测，每一期都满足存在性条件和非负性条件几乎是不可能的。即使参数的变动真的恰好满足这一非常苛刻的条件，可以求解出动态均衡路径，现实经济也未必会沿着动态均衡路径增长。

此外，再生产的顺利进行不仅需要实现物质补偿，还需要实现价值补偿。在静态均衡中，由于不存在单位商品价值量的变动，只要满足数量体系的均衡条件，价值补偿会自动实现。但在我们考虑的结构动态模型中，单位商品的价值量始终是在变动的，那么即使外生的参数满足动态均衡增长路径的存在性和非负性条件，也未必能够实现价值体系的动态均衡。

(三) 价值体系的动态均衡

运用数量体系分析的一个优势在于，每一期生产或积累的流量和存量可以直接进行比较，它们具有相同的实物单位。而在价值或价格体系下我们讨论的价值量，不仅受到实物数量变化的影响，还受到单位商品价值或价格变动的影响。在我们所讨论的动态模型中，每一期的商品价值或价格都在不断变动，而在包含固定资本的模型中，固定资本存量的价值变动尤为复杂。

一方面，随着第一部类生产所需社会必要劳动时间的节约，新生产的固定资本的价值量会下降；另一方面，固定资本的价值会分批次转移到新生产的商品之中，从而固定资本的价值量又会影响不同时期商品价值的形成。当一部分企业率先使用新的固定资本进行生产时，以资本有机构成衡量的社会平均的生产技术就会发生变化，从固定资本中转移的这部分社会必要劳动时间变小了。对于仍使用旧固定资本进行生产的企业，即使固定资本的生产效率没有发生任何变化，它们能够转移到商品中的价值量也会随着社会平均生产技术的变化而减少。

也就是说，随着第一部类单位商品价值量的降低，对于现存的固定资本，其单位价值量也会下降，也即马克思所说的固定资本的"无形磨损"。但新增固定资本单位价值量的下降对整个社会的固定资本存量只是边际的影响，这种"无形磨损"会分摊到全部现存的固定资本上。

理论上，新增固定资本价值量的下降对固定资本存量价值量的影响与这种流量和存量的相对数量有关。但为了简化模型，我们假定固定资本价值与中间投入和消费品一样，由重置它所需的社会必要劳动决定，那么当期的商品价值或价格就只与当期的生产技术相关。该假设下，三部类商品的劳动价值等于转移的生产资料价值和投入活劳动之和，即：

$$v(t)x(t) = v(t)\begin{pmatrix} \delta K^t \\ A^t \\ 0 \end{pmatrix}x(t) + l^t x(t) \quad (4.32)$$

从而可以推出单位商品价值量：

$$v(t) = l^t \begin{pmatrix} 1 - \delta k_1^t & -\delta k_2^t & -\delta k_3^t \\ -a_1^t & 1 - a_2^t & -a_3^t \\ 0 & 0 & 1 \end{pmatrix}^{-1} \quad (4.33)$$

由于我们对固定资本的价值决定进行了简化，方程（4.33）中，商品价值只与社会平均的技术系数有关，而与实物体系相互独立。这样一来，即使实物体系不满足均衡条件，单位商品价值也不会受到影响，但商品总价值的实现却可能出现困难。考虑到商品价值实现的问题，价值体系的动态均衡必须结合数量体系进行讨论。

当数量体系满足三部类市场出清条件（4.19）时，三部类固定资本的更新和新增投资的总量恰好等于第一部类产量，三部类生产所需的中间投入的总量恰好等于第二部类产量，社会消费的全部消费品恰好等于第三部类产量。数量体系的均衡可以自然推出价值体系的均衡，因此在总量上不存在商品价值实现的困难。

除了商品价值的实现，对于每个部类来说，还存在固定资本的价值转移问题。数量体系的产能充分利用条件（4.20）保证了现存固定资本全部参与了生产过程，并将部分固定资本价值转移到了生产的商品之中。但如果存在产能过剩，闲置的固定资本也会由于老化损失部分价值，这部分价值并不能转移到商品之中，那么即使三部类产品全部实现，也会出现固定资本价值的损失。只有当条件（4.19）和条件（4.20）同时满足时，才能推出每一期用于消费和新增投资的净价值增加值恰好等于当期生产过程中投入的全部活劳动。

如果存在部类间的资本流动或者说价值转移，那么只需要满足数量体系的两个均衡条件（4.19）和条件（4.20），就可以推出价值体系的实物补偿和价值补偿。但如果假设各部类的资本和价值增加值只保留在本部类内部，那么每个部类的净价值增加值及其在投资和消费之间的分配也会影响三部类再生产的实现。

具体来说，要同时实现三部类再生产的物质补偿和价值补偿，必须同时满足：第一部类生产性消费的流动性生产资料价值等于第二部类固定资本更新和新增投资的价值，第一部类消费的消费资料价值等于第三部类固定资本更新和新增投资的价值，第二部类消费的消费资料价值等于第三部类消费的流动性生产资料的价值。

我们以 c_1, c_2, c_3 和 i_1, i_2, i_3 分别表示三部类消费和净投资数量，在条件（4.19）和条件（4.20）成立的情况下，三部类产品价值构成可以表示为：

$$v_1(t)x_1(t) = v_1(t)\delta k_1^t x_1(t) + v_2(t)a_1^t x_1(t) + v_1(t)i_1(t) + v_3(t)c_1(t)$$

$$v_2(t)x_2(t) = v_1(t)\delta k_2^t x_2(t) + v_2(t)a_2^t x_2(t) + v_1(t)i_2(t) + v_3(t)c_2(t)$$
$$v_3(t)x_3(t) = v_1(t)\delta k_3^t x_3(t) + v_2(t)a_3^t x_3(t) + v_1(t)i_3(t) + v_3(t)c_3(t)$$
(4.34)

那么三部类再生产顺利进行的条件可以表示为：

$$v_2(t)a_1^t x_1(t) = v_1(t)\delta k_2^t x_2(t) + v_1(t)i_2(t) \quad (4.35)$$

$$v_3(t)c_1(t) = v_1(t)\delta k_3^t x_3(t) + v_1(t)i_3(t) \quad (4.36)$$

$$v_3(t)c_2(t) = v_2(t)a_3^t x_3(t) \quad (4.37)$$

注意到，由方程组（4.34）、方程（4.35）和市场出清条件（4.19）可以推出方程（4.36）和方程（4.37），因此相比于数量体系，部类间不存在价值转移的情况下，要实现三部类价值体系的均衡实际只多了一个条件，即方程（4.35）。

假设第 t 期实现了数量体系的均衡条件（4.19）和（4.20），那么当期第二部类固定资本存量为：

$$\kappa_2^t = k_2^t x_2(t) = \frac{k_2^t N^t(a_1^t \mu^t + a_3^t c^t l_1^t - a_1^t c^t l_3^t)}{l_1^t + a_1^t l_2^t - a_2^t l_1^t} \quad (4.38)$$

由价值实现条件（4.35）可以推出当期第二部类固定资本净投资：

$$i_2(t) = \frac{v_2(t)a_1^t x_1(t) - v_1(t)\delta k_2^t x_2(t)}{v_1(t)} \quad (4.39)$$

将方程（4.39）和价值方程（4.33）代入资本积累方程（4.22）可以推出，在第 $t+1$ 期，第二部类固定资本存量为：

$$\kappa_2(t+1) = \kappa_2^t + i_2(t) = \frac{v_2(t)}{v_1(t)} a_1^t x_1(t) + (1-\delta)k_2^t x_2(t)$$

$$= \frac{a_1^t N^t(\delta k_1^t l_2^t - \delta k_2^t l_1^t - l_2^t)(a_2^t \mu^t - \mu^t + c^t l_3^t + a_3^t c^t l_2^t - a_2^t c^t l_3^t)}{(a_2^t l_1^t - a_1^t l_2^t - l_1^t)^2}$$

$$+ \frac{\delta k_2^t N^t(a_1^t \mu^t + a_3^t c^t l_1^t - a_1^t c^t l_3^t)}{(a_2^t l_1^t - a_1^t l_2^t - l_1^t)} \quad (4.40)$$

类比方程（4.38）可以推出第 $t+1$ 期的固定资本存量为：

$$\kappa_2^{t+1} = k_2^{t+1} x_2(t+1) = \frac{k_2^{t+1} N^{t+1} (a_1^{t+1} \mu^{t+1} + a_3^{t+1} c^{t+1} l_1^{t+1} - a_1^{t+1} c^{t+1} l_3^{t+1})}{l_1^{t+1} + a_1^{t+1} l_2^{t+1} - a_2^{t+1} l_1^{t+1}}$$

(4.41)

与数量体系的动态均衡存在性条件类似，在价值体系下如果不存在部类间的价值转移，那么对于任意的时期 t，外生参数还需要满足方程（4.40）和方程（4.41）等价，才能保证物质补偿和价值补偿的顺利进行。

（四）价格体系的动态均衡

上一节我们讨论了不存在部类间价值转移情况下的动态均衡及其存在性条件，但现实经济中，部类间的价值转移总是存在的。一方面，虽然商品价值是商品价格的基础和波动中心，但商品价格也会受到供求等其他因素的影响而偏离商品价值。这种价格对价值的偏离不是偶然的，而是符合商品价值规律的经常现象。这种情况下，各部类生产的价值和实现的价值并不相同，从而导致了部类间的价值转移。这种类型的价值转移是由围绕着均衡的扰动造成的，在我们的模型设定中，实际已经通过定义动态均衡的市场出清条件将其排除掉了。

另一方面，市场竞争机制会促使单个资本从利润率较低的部类转移到利润率较高的部类。单个资本在不同部类之间的进入和退出构成了更为直接的价值转移形式，同时还导致了利润率的平均化和价值向生产价格的转形。现在，商品价格的波动中心不再是商品价值，而是生产价格，这种偏离不再只是围绕着均衡的扰动，而是一种系统性的偏离，因此我们需要重新考察价格体系的动态均衡。

在第二章中我们已经提到，不考虑技术进步和结构变化的情况下，生产价格体系可以直接由一般利润率均衡求解，其结果与价值向生产价格转形的迭代算法完全等价。但是在结构动态模型下，商品价值本身也在不断改变，从价值向生产价格的转形将更加复杂，难以刻画。首先，每一期成本价格和利润的计算是以新的价值体系为基础，还是以上一期利润率平均化形成的价格为基础并没有定论。

其次，在包含固定资本的模型中，固定资本存量的价值或价格也会影响成本价格的计算。最后，在每一期的利润率平均化过程中，工资都会计算为成本价格的一部分，而工资的数量既会受到选定的价值或价格体系的影响，也会受到生产力发展水平和社会、历史因素的影响。

显然，对上述影响因素的不同设定会形成不同的生产价格模型，从而导致转形问题的进一步复杂化。但现实经济中，单个资本选择进入或退出某一行业并不是建立在对事后平均利润率的完全预期之上，其进入或退出的过程也并非完全没有摩擦。因此无论采取何种设定，在每一次迭代过程中，采用成本价格与平均利润之和作为下一次迭代的起点都可以视作对现实情况的一种过度抽象。这一问题在不考虑技术进步和结构变化的转形问题中并不显著，但在将技术和结构变化纳入动态分析之后会更为明显。

生产价格理论的重要意义在于，从抽象层面解释商品价格的变动规律，至于生产价格的精确计算则完全依赖于不同的模型设定。实际上，我们很难从理论上界定何种模型设定更好，更复杂的模型反而可能是对现实的过度抽象。正如我们在第三章小结中所讨论的，经济模型的选择需要兼顾其实用性和解释力，并根据研究问题进行取舍。

我们在这一小节引入价格体系动态均衡，并非要讨论结构动态情况下价值如何转形为生产价格，也并非要对生产价格体系进行精确的计算，而是为了在数量和价值体系动态均衡的基础上作为补充，对部类间价值转移的机制和方向进行说明，利润率平均化和价值转移才是我们关注的核心。因此，为了简化模型，我们直接假定成本价格全部按照当期价格进行计算，则价格体系的一般利润率均衡条件为：

$$p(t)x(t) = (p_1(t), p_2(t), w(t)) \begin{pmatrix} (\delta + r(t))\kappa^t \\ (1 + r(t))A^t x(t) \\ (1 + r(t))l^t x(t) \end{pmatrix} \quad (4.42)$$

这种假定实际是多重模型设定的复合结果，包括：成本价格和利润按现行价格体系计算，固定资本价格按重置成本计算。由于多重近似和简化下方程组（4.42）已表现不出价值向生产价格转形的特征，我们直接称之为价格体系的一般利润率均衡条件。在一般利润率均衡的情况下，单个资本没有部类间转移的动机，也可以看作单个资本的自由进出对商品供求关系的影响刚好相互抵消。在数量体系的产能充分利用条件（4.20）下，方程组（4.42）可以简化为：

$$p(t) = (p_1(t), p_2(t), w(t)) \begin{pmatrix} (\delta + r(t))K^t \\ (1 + r(t))A^t \\ (1 + r(t))l^t \end{pmatrix} \quad (4.43)$$

方程组（4.43）包含了 5 个未知数 $p_1(t)$、$p_2(t)$、$p_3(t)$、$w(t)$、$r(t)$ 和 3 个方程。由于我们关心的是商品交换的比例关系，而非均衡价格的绝对数量，可以通过选定某一商品作为计价物对价格体系进行标准化，从而减少一个未知数。例如选择消费品作为计价物，那么 $p_3(t) = 1$，每一期的价格体系都可以反映当期商品与消费品交换的比例。实际上无论计价物如何选择，商品的交换比例都是不变的，跨期间选择不同的计价物也不影响每一期的交换比例。但在动态模型中，计价物的选择会对跨期之间的整体价格水平产生影响。如果要将稳定物价水平纳入分析框架，那么计价物的选择就不再是任意的。由于绝对价格不是我们研究的重点，我们只关注价格结构的变动，因此可以将消费品作为不随时间变动的计价物。

至此，我们并没有讨论工资率 $w(t)$ 或利润率 $r(t)$ 的决定，而这是封闭价格体系的必要条件。对于价格体系的封闭条件，古典经济学和马克思主义政治经济学的常见假设是工资率外生给定，或是将其限定在工人的生存工资水平，或是将工资率的决定归结于社会、历史因素。总之，工资率被视作一个反映制度因素的外生参数。

而帕西内蒂（Pasinetti，1981）选择的封闭条件则是外生的利润率，通过将制度因素完全抽象掉，从规范意义上寻找能够满足动态均衡的自然利润率。如果希望生产能力和需求总是相互匹配，即不存在生产过剩或不足，那么每个部门的自然利润率将等于该部门的人均需求增长率和人口增长率之和。基于这种规范意义上的外生利润率，可以推出符合动态均衡的价格体系。尽管帕西内蒂对于自然利润率的设定与我们所采用的平均利润率设定并不一致，但他基于动态均衡推出合意的收入分配关系的分析方法可以借鉴。

实际上，在动态均衡增长路径上，上述两种思路是互通的。如果我们依照古典的方法将工资理解为劳动力再生产所需的消费品数量，那么工资率 w^t 乘以人均劳动时间 μ^t 应该等于由外生因素决定的人均消费需求 c^t，由此可以推出 $w^t = c^t/\mu^t$。如果按照帕西内蒂的方法，将工资视作消费，而利润视作投资，并利用数量体系的动态均衡求解合意的工资率与利润率，那么总工资 $w(t)l^t x(t)$ 应当等于总消费 $c^t N^t$，由充分就业条件（4.21）可以推出 $w(t) = c^t/\mu^t$。因此，两种封闭均衡价格体系的方法完全一致。

之所以会得到两种情况等价的结论，是因为我们设定的数量体系动态均衡本身就已经包含了规范分析的因素。只有在满足动态均衡的存在性条件（4.23），并且经济恰好处于动态均衡增长路径上时，才会出现上述 $w^t = w(t)$ 的情况。由于数量体系无法实现动态均衡的情况下，价值和价格体系均衡将没有意义，因此我们对价值和价格均衡的讨论总是基于数量体系的动态均衡路径。但这并不意味着我们认为价值或价格体系总能实现动态均衡。

将封闭条件代入方程组（4.43）可得：

$$(p_1(t), p_2(t), 1) = (p_1(t), p_2(t), c^t/\mu^t) \begin{pmatrix} (\delta + r(t))K^t \\ (1 + r(t))A^t \\ (1 + r(t))l^t \end{pmatrix} \quad (4.44)$$

此时均衡价格体系只由 3 个方程和 3 个未知数构成，可以对均衡价格和平均利润率进行求解。由于我们选择的封闭条件限制了总工资等于总消费，总利润等于总投资，因而与价值体系相同，在基于均衡价格进行交换的动态均衡增长路径上，不存在总量上的价值实现困难。与价值体系不同之处在于，在均衡价格体系下，各部类利润率相同，单个资本不存在部门间转移的动机，或者说单个资本在部门间的转移恰好相互抵消。因此，我们可以认为均衡价格体系下不存在部门间的价值转移，从而再次检验数量体系的动态均衡增长路径下是否能够满足三部类再生产的实物补偿和价值补偿。

在均衡价格体系下，三部类利润全部用于本部类内部的固定资本净投资，则三部类产品的价值构成可以表示为：

$$p_1(t)x_1(t) = p_1(t)\delta k_1^t x_1(t) + p_2(t)a_1^t x_1(t) + \frac{c^t}{\mu^t} l_1^t x_1(t) + p_1(t)i_1(t)$$

$$p_2(t)x_2(t) = p_1(t)\delta k_2^t x_2(t) + p_2(t)a_2^t x_2(t) + \frac{c^t}{\mu^t} l_2^t x_2(t) + p_1(t)i_2(t)$$

$$p_3(t)x_3(t) = p_1(t)\delta k_3^t x_3(t) + p_2(t)a_3^t x_3(t) + \frac{c^t}{\mu^t} l_3^t x_3(t) + p_1(t)i_3(t)$$

(4.45)

那么三部类再生产顺利进行的条件可以表示为：

$$p_2(t)a_1^t x_1(t) = p_1(t)\delta k_2^t x_2(t) + p_1(t)i_2(t) \quad (4.46)$$

$$\frac{c^t}{\mu^t} l_1^t x_1(t) = p_1(t)\delta k_3^t x_3(t) + p_1(t)i_3(t) \quad (4.47)$$

$$\frac{c^t}{\mu^t} l_2^t x_2(t) = p_2(t)a_3^t x_3(t) \quad (4.48)$$

注意到，由方程组（4.45）、方程（4.46）和市场出清条件（4.19）可以推出方程（4.47）和方程（4.48），因此相比于数量体系，在均衡价格体系下要实现三部类均衡实际只多了一个条件，即方程（4.46）。类比价值体系下的求解过程，联立方程组（4.44）、方程（4.46）、数量体系均衡解（4.25）和资本积累方程（4.22），可以求解均衡价格体系下物质补偿和价值补偿顺利进行的参数条件。

本节建立了包含结构动态的增长模型，并推导了数量体系、价值体系和均衡价格体系下动态均衡增长路径及其存在性条件。但其目的并不在于证明这一均衡增长路径的存在，反而是对均衡增长的存在性提出了挑战。这一点与以一般均衡为基础的新古典增长理论和认为均衡增长存在但不稳定的后凯恩斯增长理论存在根本的区别。

新古典一般均衡理论认为，价格机制可以调节产品和要素市场自动实现出清，从而供给和需求永远是一致的。基于新古典一般均衡理论构建的增长模型，也是以供需一致的均衡增长为基础，以解释这一均衡增长路径的动力来源和均衡增长率的决定，并且认为经济中存在一条稳态的均衡增长路径，即使外生冲击使得经济暂时偏离稳态增长路径，最终也会自发地回归稳态增长。

后凯恩斯增长理论与新古典增长理论的区别在于，后凯恩斯增长理论认为经济增长不会自发地调整到均衡增长路径。均衡增长只是一种偶然结果，实际的资本积累和经济增长可能会与均衡增长路径存在系统性背离。因此，后凯恩斯学派关注的重点是如何通过收入分配或需求管理等手段，解决并消除增长的不稳定性，但这仍是以经济存在均衡增长路径为前提的。

尽管新古典学派与后凯恩斯学派的很多观点存在激烈碰撞，但在均衡增长的存在性问题上二者并没有本质区别。这是因为两种增长理论都是建立在价值总量生产模型的基础上，只考虑了价值总量层面的均衡，并没有考虑到生产的实物层面。而本节建立的基于线性生产理论的增长模型则是沿袭了马克思主义政治经济学的思想，从生产领域出发研究经济增长，从而揭示了实际经济增长不仅不具有稳定性，甚至不存在所谓均衡的增长路径。

第三节　数值模拟

一　参数设置

本章第二节的模型是以商品的实物量为基础构建的，但实际统计数据是以价值量而非实物量为基础进行的核算,并且统计对象是实际发生交易的结果,并不能体现过剩的生产和无法满足的需求,因此并不能完全还原外生的技术进步和需求增长。由于没有完全匹配的实际数据可以使用,本节采取数值模拟的方式,以三部类模型为基础,对动态均衡存在性问题进行说明。

关于数值模拟中参数的设置还有几点需要说明。首先,为了表述的方便,我们希望能够精简地刻画参数的运动。因此,我们将参数运动简化为由初始值和不变增长率决定,这样一来参数的数量将大大减少。其次,部分参数的数据现有统计可以提供,我们将按照统计数据设置参数值。最后,对于现有统计数据无法直接提供的参数值,需要人为设定,我们将根据初始状态满足静态均衡条件和参数的经济意义进行设置和说明。参数初始值及运动方程设置如下:

(1) 人口数量为 $N^t = N^0 e^{gt}$,其中 $N^0 = 10.9$,人口增长率 $g = 0.84\%$;

(2) 人均劳动时间 $\mu^t = \mu^0 e^{\zeta t}$,其中 $\mu^0 = 1.8$,人均劳动时间增长率 $\zeta = 0.39\%$;

(3) 人均消费需求为 $c^t = c^0 e^{\xi t}$,其中 $c^0 = 1$,人均消费需求增长率 $\xi = 1.22\%$;

(4) 固定资本折旧率 $\delta = 0.04$;

(5) 中间投入系数为 $A^t = (a_1^t, a_2^t, a_3^t) = (a_1^0 e^{\psi_1 t}, a_2^0 e^{\psi_2 t}, a_3^0 e^{\psi_3 t})$,其中初始值 $a_1^0 = 0.6814$、$a_2^0 = 0.5450$、$a_3^0 = 0.5121$,增长率 $\psi_1 = 0.16\%$、$\psi_2 = 0.56\%$、$\psi_3 = 0.18\%$;

(6) 固定资本系数为 $K^t = (k_1^t, k_2^t, k_3^t) = (k_1^0 e^{\varphi_1 t}, k_2^0 e^{\varphi_2 t}, k_3^0 e^{\varphi_3 t})$,其中初始值 $k_1^0 = 2.0563$、$k_2^0 = 0.1188$、$k_3^0 = 0.0517$,增长率 $\varphi_1 = 0.66\%$、$\varphi_2 = 0.10\%$、$\varphi_3 = 3.41\%$;

(7) 劳动系数为 $l^t = (l_1^t, l_2^t, l_3^t) = (l_1^0 e^{\rho_1 t}, l_2^0 e^{\rho_2 t}, l_3^0 e^{\rho_3 t})$,其中初始值 $l_1^0 = 0.6215$、$l_2^0 = 0.6276$、$l_3^0 = 1$,增长率 $\rho_1 = -2.14\%$、$\rho_3 = -1.71\%$、$\rho_3 = -1.76\%$。

上述参数设置中使用的人口、就业和消费者物价指数数据来自《中国统计年鉴》，中间投入系数、固定资本投入系数的数据来自根据中国投入产出表折算的三部类表，基期为1987年，增长率为1987年到2017年平均增长率。

假设工作日长度不变，那么人均劳动时间变动只反映就业率变动，故人均劳动时间增长率根据就业率增长率设置。将人均消费 c^0 设置为1，即将1实物单位消费品定义为中国1987年平均每亿人口消费的实物总量，同时将1实物单位固定资本和1实物单位中间投入定义为中国1987年生产 $1/k_3^0 = 19.3424$ 和 $1/a_3^0 = 1.9527$ 实物单位消费品所直接使用的固定资本实物量和直接消耗的中间投入实物量。假设固定资本平均折旧年限为25年，则折旧率为0.1。劳动系数反映生产每单位商品消耗的劳动时间，我们将生产一单位消费品的劳动时间标准化为1。假设三部类平均工资相同，那么三部类劳动系数的比例可以根据三部类单位总产出的工资支出之比设定，劳动系数增长率则是根据单位总产出的工资支出增长率设定。人均劳动时间的初始值 μ^0 和人均消费需求增长率 ξ 由其他参数和初始静态均衡条件共同确定。

以上参数设定下，可以求得初始静态均衡：$x(0) = (0.6537, 13.2469, 10.9)$、$\kappa(0) = 3.4815$、$i(0) = 0.5144$、$\kappa(1) = 3.9959$。另外需要说明，根据上述参数设置，固定资本系数和中间投入系数会不断增长，而劳动系数则会持续下降甚至出现负值，显然不符合现实经济的情况。事实上，从第83期开始，我们设定的参数就不再满足经济的生产性条件，此后的均衡求解将没有意义，因此后文只对前82期的经济动态进行考察。

二 数量体系动态路径

由上一节的模型推导可知，数量体系的动态均衡条件有5个，但内生变量只有4个，一般情况下不存在满足全部5个均衡条件的动态均衡解。事实上，尽管我们设置的参数初始值满足静态均衡条件，但在第一期，解的存在性条件就被打破了。可以验证，在上述参数设置下：

$$\mathrm{rank}\begin{pmatrix} a_1^1 & a_2^1-1 & a_3^1 \\ k_1^1 & k_2^1 & k_3^1 \\ l_1^1 & l_2^1 & l_3^1 \\ 0 & 0 & 1 \end{pmatrix} = 3 \quad \text{而} \quad \mathrm{rank}\begin{pmatrix} a_1^1 & a_2^1-1 & a_3^1 & 0 \\ k_1^1 & k_2^1 & k_3^1 & \kappa^1 \\ l_1^1 & l_2^1 & l_3^1 & \mu^1 N^1 \\ 0 & 0 & 1 & c^1 N^1 \end{pmatrix} = 4$$

在参数运动完全外生的情况下，产品市场出清、产能充分利用和充分就业一般不能同时实现。为了探究制约均衡存在的关键条件，我们分别放松 5 个均衡条件之一，模拟了以下 5 种情况：

（1）放松产能充分利用条件，允许出现过剩产能；

（2）放松固定资本市场出清条件，允许固定资本市场出现供过于求；

（3）放松中间投入品市场出清条件，允许中间投入品市场出现供过于求；

（4）放松消费品市场出清条件，允许消费品市场出现供过于求；

（5）放松充分就业条件，允许出现失业。

上述 5 种情况，实际是将均衡的等式约束变为了不等式约束。由于生产的技术条件限制，无论是固定资本、中间投入还是劳动，供过于求是可以维持生产的，但供不应求的情况会导致均衡产出无法实现。因此，尽管我们放松了均衡的等式条件，但仍保留了不等式的约束条件。

经过尝试我们发现，在第一期只有前两种情况存在均衡解，而后三种情况都无法满足不等式约束。以第（5）种情况为例，如果只使用数量均衡的其他 4 个条件，而放松劳动力市场出清条件，那么可以求解三部类均衡产量，但该均衡产量所需的劳动量超过了当期可提供的全部劳动量，因此该均衡无法实现。这意味着，在该参数设定下，第一期的产能充分利用条件和固定资本市场出清条件不能同时实现。相对于技术和需求的变动，由初始静态均衡决定的第一期固定资本存量过高了。如果政策的目标是维持尽可能多的均衡条件，那么就只能在前两种情况下进行选择。

接下来我们在每一期都只保留 4 个约束条件，分别考察以下两种情况。

情况（1）：保留三部类产品市场出清条件和充分就业条件，放松产能充分利用条件，也就是假设当期生产的全部固定资本都用于折旧和新增投资，那么每一期都会存在产能过剩的问题，直到第 83 期出现第一部类的负产出。

情况（2）：保留产能充分利用条件、第二和第三部类产品市场出清条件，以及充分就业条件。假设参数的变化率可以被完全预测，新增净投资由当期固定资本存量和下一期实际需要的固定资本存量共同决定，那么每一期都不存在过剩产能，但第一部类产品市场会出现供过于求，当期生产出来但没有用于投资的第一部类产品将被废弃，直到第 79 期出现第一部类产品的供不应求。

图 4.1 给出了情况（1）下，从第 0 期的初始状态到第 82 期的三部类产出数量。事实上两种情况下的动态产出路径，在前 78 期是完全相同的。中间投入品和消费品的产量始终是上升的，而固定资本的产量在前 62 期是上升的，从第 62 期开始持续下降。图 4.2 体现了情况（1）下过剩产能的积累情况，而图 4.3 给出了情况（2）下每期废弃的过剩固定资本产品，二者都出现了先上升后下降的趋势。

由于两种情况对过剩固定资本的处理有所不同，因此数量体系出现崩溃的时期和过剩转折点出现的时期都存在差异。情况（1）在第 83 期出现第一部类的负产出是由参数设定引起的，在第 83 期之后我们设定的参数就不再满足经济的生产性条件。而情况（2）则是由于假设了过剩的第一部类产品将直接被废弃，因此在第一部类产出开始下降之后，迅速出现了产能不足的问题。相比之下，情况（1）将过剩的第一部类产品转化为了过剩产能，形成了蓄水池效应，因此没有出现产能不足的问题。

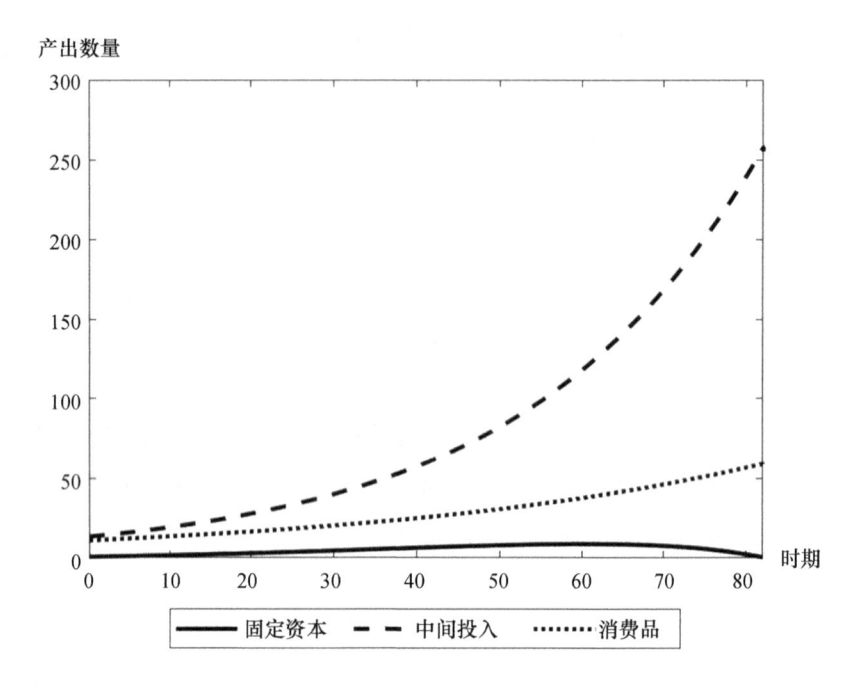

图 4.1 数量体系动态

上述模拟的两种情况，在每一期都放松了第一期的一个制约条件，要么一直存在产能过剩，要么一直存在第一部类产品的实现困难。如果按照情况（1）一直持续下去，那么在每一期都会存在生产能力过剩的问题，经济始终不能同时实现 5 个均衡条件。但如果按照情况（2）的假设，可以完全预期下一期生产对固定资本存量的需求，并根据这一需求量调整当期的净投资，那么在每一期似乎都满足动态均衡存在的秩条件（4.23）。这里需要说明的是，秩条件（4.23）中的当期固定资本存量是参数，而在情况（2）的假设下当期固定资本存量则变成了内生变量。可以检验，在情况（2）下，任何两期之间的参数关系都不满足方程（4.29）和方程（4.30）等价的条件。因此以情况（2）模拟的任何一期为基期，都不存在满足全部 5 个均衡条件的数量体系动态路径。

图 4.2 过剩产能

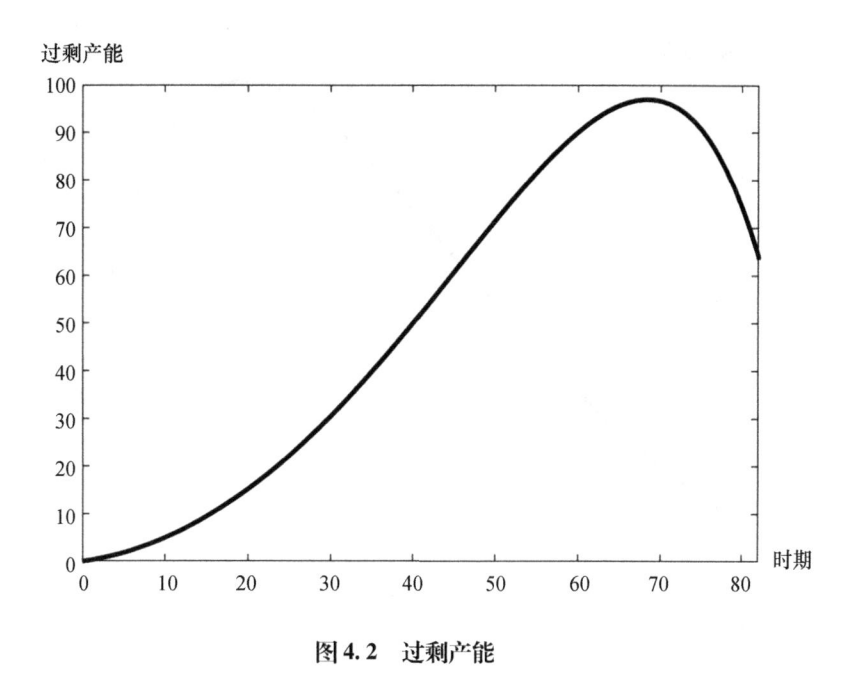

不仅如此，我们以情况（2）模拟的前 79 期中的任意一期为基期进行模拟，重复探究制约第一期均衡存在的过程。结果表明，在任意一期，产能充分利用条件和固定资本市场出清条件都不能同时满足。这意味着，在给定的参数设置下，即使每一期生产的过剩固定资本直接被废弃，依然存在固定资本产出始终高于需求的问题。

如果政策目标不变，要维持尽可能多的均衡条件，那么动态的数量体系就只能是上述情况（1）或情况（2），或是两种情况的结合。我们已经说明了，两种情况下三部类的产出数量是完全相同的，只是对于过剩固定资本的处理方式和可持续的时期存在细微的差别。如果政策的目标允许放松更多的均衡条件，比如只追求实现充分就业和消费品市场出清，或者完全不追求任何的均衡条件，只关心最大化未来某一期的总产出，那么动态均衡问题就转化为线性规划问题，上述 5 个等式形式的均衡条件均转化为不等式形式的约束条件。

图 4.3 过剩固定资本

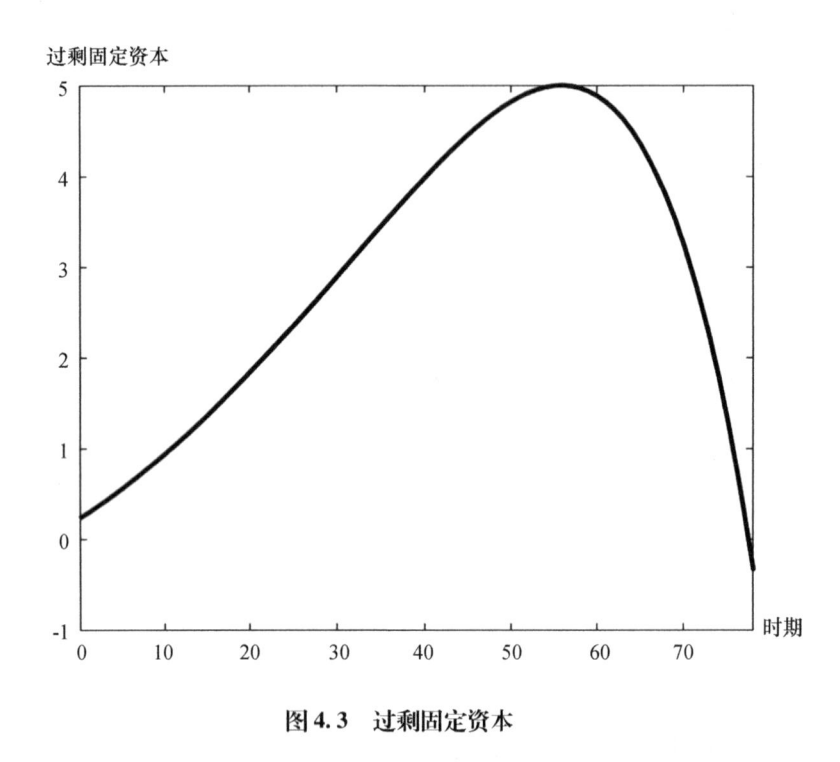

只是与传统线性规划问题不同的是，约束条件中的参数值全部以动态参数的形式给出。

一种比较极端的特殊情况是，如果经济政策的目标要同时实现上述 5 个均衡条件，那么政策的着力点就要放在引导参数的变动上，通过改变参数运动使其在每一期都满足动态均衡的存在性条件和经济的生产性条件，从而实现稳定的均衡增长。但是参数的变动有其自身的运动规律，社会平均的技术系数会受到现有生产技术水平的限制，虽然政策可以引导技术进步的方向，但是技术进步发生的时间具有很强的随机性。而人均消费和人均劳动时间受生产力发展水平和社会、历史因素的制约，也很难在短期内发生变动。因此经济政策对参数的影响只能在长期里发挥作用，在短期里只能通过政策目标的取舍实现相对的均衡增长。

三 价值体系动态路径

从上一节的模型推导可知,给定技术系数的情况下,单位商品价值的求解不依靠均衡条件,也不依赖于实物数量体系,但是价值总量和价值的实现需要依靠数量体系进行求解。由于参数不满足生产性条件的情况下,求解价值体系是没有意义的,因此我们只对前82期的价值体系进行考察。

图 4.4 给出了单位商品价值的动态变化。三部类商品价值都出现了先下降后上升的趋势,转折点分别出现在第 63 期、第 58 期和第 69 期。商品价值由生产过程中转移的生产资料价值和投入的劳动量之和决定,也即由间接劳动和直接劳动之和决定。考察初期单位商品价值出现下降,是由于直接投入劳动量的节约超过了转移的生产资料价值的增长。而在考察期末,生产单位商品所需的固定资本和中间投入持续增加,间接劳动的增长超过了直接劳动的节约,于是出现了单位商品价值的上升。由于给定参数中三部类技术系数的变动方向相同但数值有所差异,所以三部类商品单位价值出现了相同的变动趋势,而转折点出现的时期略有差异。

尽管求解单位商品价值可以直接从技术系数入手,但是商品价值的实现必须结合具体的数量体系进行讨论,我们考虑上一小节数量体系中的两种情况。

在情况(1)下,每一期的产品市场全部出清,不存在产品价值实现的问题,但积攒的大量过剩产能,其价值并不能转移到后续生产的商品之中,而是白白损失了。于是就会出现新增的价值量小于当期投入的生产劳动的情况,每一期用于消费和净投资的价值实际上低于当期生产过程中投入的活劳动。图 4.5 给出了由于产能过剩造成的每一期价值的损失,也即当期投入的活劳动与净新增价值的差额。图 4.6 给出了每一期净新增价值及其在消费和净投资中的分配。

从社会总生产的角度,情况(1)下每一期损失的价值量小于当

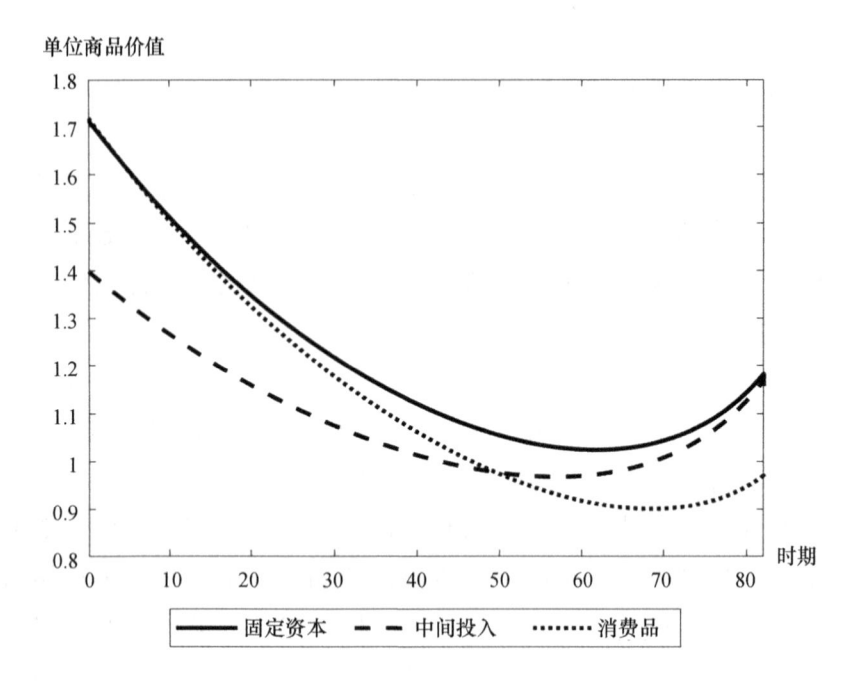

图 4.4　价值体系动态

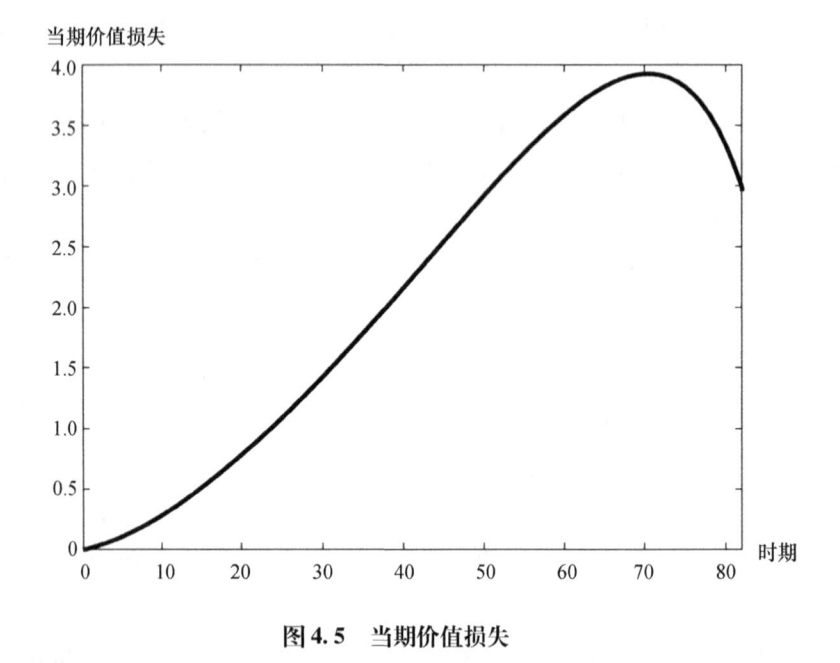

图 4.5　当期价值损失

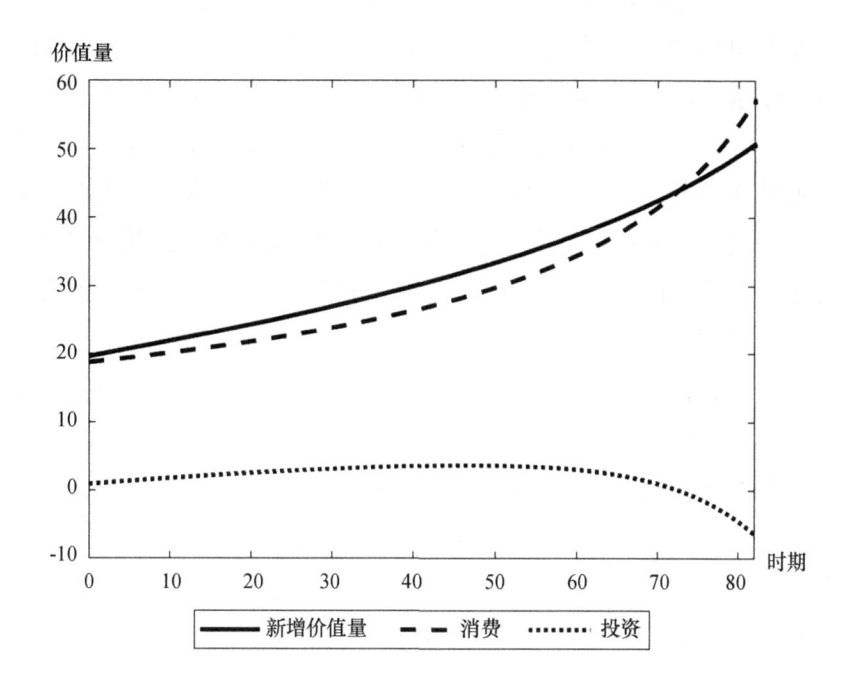

图 4.6　新增价值量及其去向

期投入的活劳动量，因而净新增价值量始终是正的。从图 4.6 可以看出，每期生产的净新增价值大部分都用于消费，少部分用于投资，用于消费的价值量始终是增长的，用于投资的价值量先增长后下降。第 73 期之后出现了负的净投资，同时消费的价值量超过了净新增价值量，这是由于第一部类产出的缩减和第三部类产出的增加，导致了固定资本的折旧量大于第一部类生产的固定资本。

在讨论数量体系时，情况（1）只假设了每一期生产的固定资本全部用于投资，但并没有明确每个部类投资数量的多少，因此我们只能从社会总生产的角度讨论价值的创造和使用的情况。在价值体系下，我们想要进一步考虑每个部类的生产、积累和消费，就需要增加新的假设条件。

我们假设各部类实现的价值只用于该部类内部的消费和再生产，

不存在部类之间的价值流动，那么各部类用于净投资的价值就等于该部类净新增价值量减去该部类劳动者消费的价值量。计算结果表明，在这种假定下第一部类生产的价值量太低，在满足该部类消费需求后，尽管用于投资的价值量仍为正，但固定资本存量的增长不能满足下一期的生产需要，因而从第一期开始，第一部类就会出现产能不足。与此同时，第二部类和第三部类的净投资则会导致部类内部持续的产能过剩。因此，要维持情况（1）所述的动态增长路径，就必须存在部类间的价值转移，从而将第二部类和第三部类的过剩产能转移到第一部类。这种价值转移既可以看作是第二部类和第三部类的净新增价值投入第一部类，也可以看作是第二部类和第三部类的单个资本向第一部类的转移。

在完全的市场机制下，投资或单个资本的流向受利润率引导，总是从利润率低的部类流向利润率高的部类，从而形成利润率平均化的趋势。我们对情况（1）下的三部类利润率进行了计算，结果反映在图4.7中。可以看出，第一部类的价值利润率始终是三部类中最低的，因此资本不会自发地流向第一部类，反而会从第一部类流出，这与维持动态增长路径的价值转移方向恰恰相反。看起来，资本的自发流向会带来第一部类生产规模和产出的下降，从而在一定程度上缓解固定资本的过剩，并恢复第一部类的盈利能力。但这种情况也是不可行的，因为三部类技术系数和劳动系数的差异，流向第二、第三部类的资本需要与更多的劳动相结合，而劳动力供给的约束限制了这种情况的发生。

我们再来考虑数量体系的情况（2）。在情况（2）下，第二、第三部类都能实现市场出清，并且每一期的产能都充分利用，因此固定资本价值折旧的部分全部进入产品价值之中。但第一部类总有一部分产品的价值无法实现，这部分无法实现的第一部类产品价值即每一期社会总价值的损失。图4.8给出了第一部类价值实现困难的示意图，第一部类没有实现的价值量甚至超过了当期的活劳动投入，这意味着第一部类实现的价值量尚不足以弥补生产中耗费的生

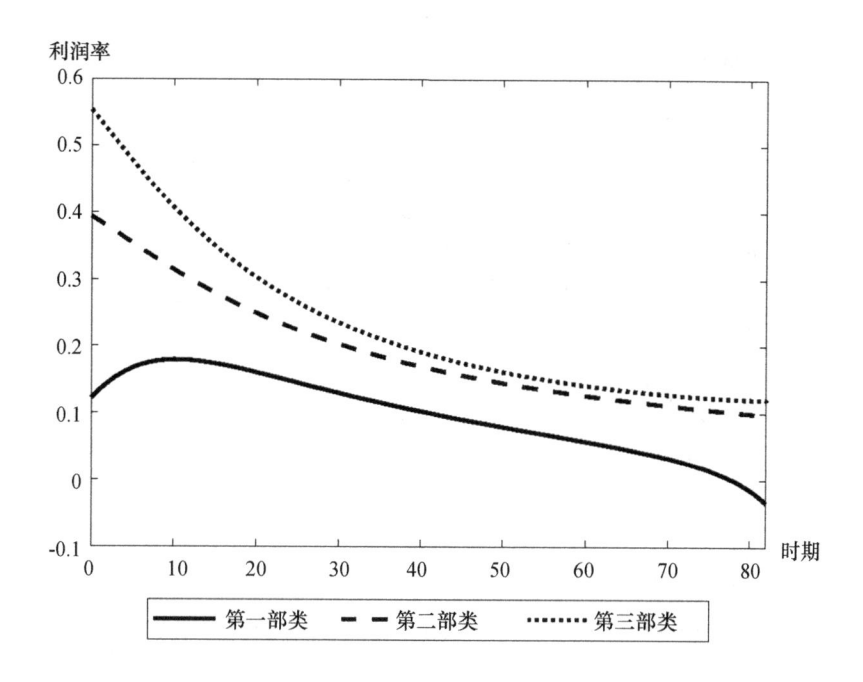

图 4.7 利润率动态

产资料价值，更无法满足本部类的消费需求和投资。与情况（1）类似，如果不存在部类间的价值转移，那么第一部类从第一期开始就会出现生产停滞。并且这种情况下，要维持情况（2）所述的动态增长路径，需要从第二和第三部类转移更多的价值到第一部类，以弥补第一部类产品实现困难造成的价值净损失。

在我们的模型中，净新增价值恒等于消费的价值与净投资的价值。因此，在第一部类存在价值缺口的同时，第二部类和第三部类则出现了新增价值量大于本部类用于消费和投资的全部价值量的情况。我们已经知道，资本不会自发地流向利润率更低，甚至为负的部类。而过剩的资本留在本部类内部，也会退出生产和消费的循环，以货币或其他形式沉淀下来，那么部类间的价值转移似乎可以通过借贷的方式实现。但从图 4.8 反映的情况来看，如果通过借贷的方式实现了第一部类的消费和投资，那么在接下来的每一期，第一部

价值量

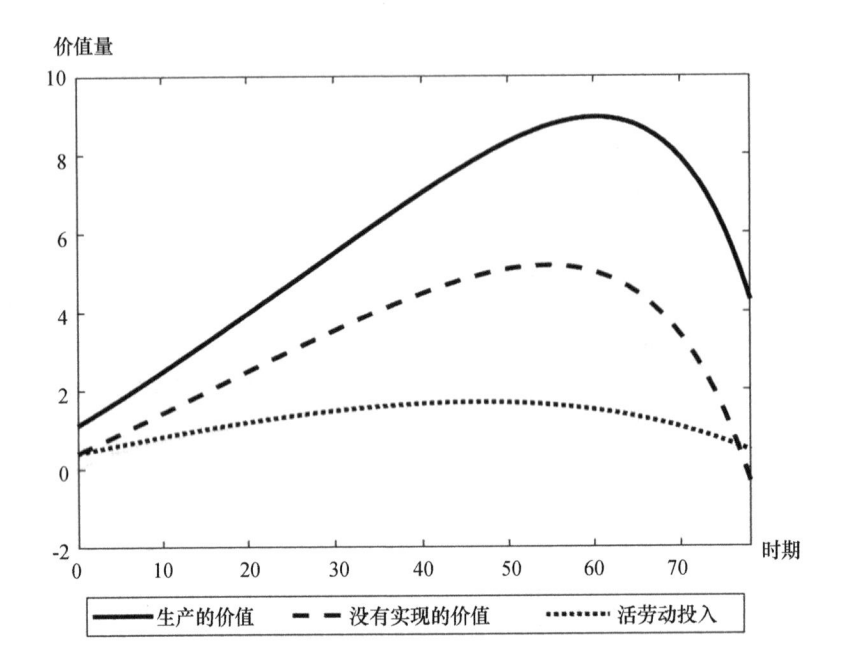

图中曲线：生产的价值、没有实现的价值、活劳动投入

图 4.8 第一部类价值实现困难

类都会出现净亏损。即使不考虑借贷所需偿还的利息，第一部类的债务也会持续累积，这种无力偿还的借贷关系不可能长期持续。

通过价值分析我们知道，在固定资本存量过高的情况下，两种可行的动态路径都存在社会总价值的丧失。在追求产品市场出清，而允许存在过剩产能的情况下，丧失的社会价值体现为三个部类闲置产能的浪费；在追求产能充分利用，而允许第一部类产品过剩的情况下，丧失的社会价值体现为第一部类生产出来而无法实现的过剩产品。这两种数量体系动态路径的实现都依赖于部类之间的价值转移，从而维持第一部类再生产的顺利进行。然而，上述两种情况下，合意的价值转移无法通过市场经济下的资本流动和借贷关系自发实现。这意味着，即使在使用价值层面可以实现再生产的实物补偿，在价值层面也会因为价值丧失导致再生产的价值补偿无法实现。

我们在本章第二节讨论了市场机制下部类间价值转移的途径，即通过单个资本在部类间的转移形成利润率的平均化，还给出了数量体系动态均衡路径上的均衡价格体系及其存在性条件。与价值体系不同，均衡价格体系的存在严格依赖于数量体系的均衡。由于我们的参数设定不满足动态均衡路径的存在性条件，因此也无法对均衡价格体系进行数值模拟。但我们在分析价值体系数值模拟结果的过程中，已经涉及了均衡价格体系的相关探讨。

第四节　本章小结

本章借鉴了帕西内蒂提出的参数动态化建模思想，构建了一个包含结构动态的经济增长模型，并从物质补偿和价值补偿的层面推导了均衡增长路径的存在性条件。结果与我们的预期相一致，在考虑了经济结构动态的情况下，均衡的经济增长路径几乎不可能存在。动态均衡增长路径的存在性条件对结构参数有极为严苛的要求。同时，动态的价格均衡还要追加额外的参数条件。

由于结构参数的外生性质，长期的均衡增长几乎不存在，更不可能自发实现。如果政策目标是追求动态均衡增长，那么就需要通过培育科技创新引导技术进步的方向，通过社会保障制度和生育政策等方式引导消费倾向和劳动力市场的调整。然而上述政策从制定到实施再到见效需要很长的周期，因此通过政策引导参数变动只能在长期里发挥作用，在短期里只能通过政策目标的取舍实现相对的均衡增长。

本章的第二部分通过数值模拟，讨论了放松某个均衡条件可实现的相对均衡增长路径，以及该路径下的价值实现困难。在我们采用的参数设定下，始终存在固定资本和生产能力的过剩，而这种过剩所带来的社会价值的丧失是维持相对均衡增长所必需的代价。如果这种代价全部由出现过剩的部类承担，则会导致该部类再生产的困难，因而需要通过某种途径实现部类间的价值转移。然而在市场机制下，资本流动和借贷关系都受利润率驱动，并不会自发地流向过剩的部门。

如果仅依靠市场机制，那么最可能出现的情况是第一部类生产规模的快速萎缩。看似固定资本的过剩可以通过这样的方式得以化解，然而一个部类的价值实现困难会引发连锁反应，带来其他部类的价值实现危机。此时需要稳定性的经济政策弥补市场的空缺，通过产业政策、税收补贴等方式实现部类间合意的价值转移。

尽管我们的数值模拟中，出现固定资本的过剩是由参数设定直接所致，但所有动态均衡增长路径不存在的情况都必定是由于某一均衡条件被打破，在实际的经济增长过程中，这种结构性的过剩会经常性地存在。

到目前为止，我们已经从理论上说明了为什么长期增长过程中会积蓄结构性问题。在接下来的两章，我们将结合中国的实际经济数据，阐述经济结构性失衡对经济增长的限制，并探讨当前阶段应对经济增速放缓的可行路径。

第 五 章

中国经济的潜在增长率与最优增长结构

自新中国成立以来,中国的经济发展取得了举世瞩目的成就,在 70 余年的时间里从一个积贫积弱的农业国,变成世界第二大经济体和"世界工厂"。这一历史成就,不仅在当代是绝无仅有的,放眼历史也是屈指可数的经济奇迹。在回顾这段发展历程时,我们通常会将其分成改革开放前的 30 年和改革开放后的 40 年两个阶段来加以讨论。这两个阶段固然存在着巨大的差异,但两者绝不是彼此割裂的,更不是根本对立的(习近平,2019)。

事实上,无论是改革开放前还是改革开放后,社会主义的建立、建设和发展一直是中国所面临的主要问题。因此,理解中国 70 年的经济增长,需要一个一脉相承的逻辑。本章的目的就是利用马克思主义政治经济学中剩余和结构分析的基本原理,与线性生产理论的研究工具相结合,构建一个理解中国 70 年经济增长的理论和经验分析框架。

在内容安排上,本章首先给出了三部类模型与经验数据相联系——即利用投入产出表数据构造三部类表——的方法。而后利用三部类表数据分别测算了中国经济的潜在增长率和最优增长结构,并对中国长期增长的趋势性、周期性和结构性特征进行了探讨。

第一节 三部类表的构建

在进行经验研究之前，我们首先需要将现实的经济数据转换为能够直接与我们的理论模型相契合的形式。在本书的第四章，我们构建了一个三部类模型，并简单介绍了多部门模型和三部类模型之间的换算机制。本节，我们将首先阐释三部类表的分析优势，而后给出从投入产出表数据出发构造三部类表的详细方法，最后利用中国1957—2018年的19张投入产出表构造三部类表。

一 三部类表的分析优势

与三部类模型相对应，三部类表也即包含固定资本、流动性生产资料和消费资料三个生产部门的投入产出表（李帮喜等，2019a）。为了方便起见，后文中我们也将这三个部类分别称为第一部类、第二部类和第三部类。构建三部类表在分析上有以下几个重要的优势。

第一，相比于投入产出表按照产品的种类进行分类，三部类表能够更直接有效地反映再生产过程中关键的结构关系。社会再生产过程中的比例结构制约着整体经济的增长，马克思将社会总生产划分为生产资料生产和消费资料生产两大部类，正是按照这些生产过程在社会总资本再生产中的作用不同而进行的划分。这样的处理方式能够使我们专注于那些更为核心的结构关系。

但是，对于我们关心的长期增长问题而言，仅仅划分出生产资料部类和消费资料部类又是不够的。我们将生产资料部类进一步划分为固定资本和流动性生产资料两个部类，是因为固定资本对于我们的研究而言必不可少。固定资本本身既体现了现代社会化大生产最基本的技术性质，也体现了再生产过程中重要的时间结构，更是经济过程中存量流量差别的关键因素。实际上，当我们回顾马克思及其以前的整个古典经济学时期，固定资本与流动资本之间的区分都是重要的理论环节。无论是对长期增长的研究，还是对经济结构的考察，固定资本都是一个绕不开的概念。而包含了固定资本部类的三部类模型和与之对应的三部类表，既能反映我们所关心的全部核心结构，又能通过适度抽象对多部门模型和投入产出表进行简化，兼具了两方面的分析优势。

第二，三部类表能够有效解决投入产出表中存在的数据缺失问题，最明显的体现是对固定资本存量的估算。投入产出方法的独特之处在于展示不同部门间的联系，但是目前中国的投入产出统计体系并不提供固定资本的折旧和存量矩阵。Fujimori（1992）和 Li（2014a）提供了估计固定资本存量矩阵的方法，这种方法需要借助投资矩阵。但很多国家也没有提供投资矩阵的信息，固定资本的折旧和投资都是以向量的形式出现的，估测同样会受到限制。而根据投入产出表制作的三部类表，由于表格内部是根据再生产过程中的结构和作用划分的，所以可以获得相应的固定资本折旧矩阵和投资矩阵，并且可以在投资矩阵的基础上估计固定资本存量矩阵，从而解决将固定资本存量纳入分析的困难。

第三，三部类表通过部门间的加总能够统一部门口径，为长时期的分析提供方便。在国民经济核算体系当中，为了适应分工的持续变化和新部门的不断涌现，产业划分会随着时间不断变化。随之而来的是投入产出表口径的调整，这种调整意味着对经济长时段的分析将面临不可比的问题。而三部类表通过相应的加总，可以把所有数据统一到固定不变的部类划分上，从而让时间跨度较大的分析成为可能。不仅如此，在使用估算表的时候，三部类表还可以通过加总让可能存在的统计和估计偏差相互抵消，在更大程度上减少数据质量对分析产生的影响。

二 三部类表的构建方法

构建三部类表的基本思路是：利用投入产出表分配系数不变的性质，首先估算出每个产业部门的产出中用于固定资本投资、中间投入和消费的比例；再利用这个比例将每个部门的投入过程进行分解，从而将每个部门的生产过程分解为分别对应三部类的三个生产过程；再将各个部门的这三个生产过程进行加总，最终得到三部类的生产过程。

设投入产出表中，部门 j 的生产需要投入 x_{ij} 单位的部门 i 的产品作为中间投入，部门 i 的总产出为 x_i，总的劳动报酬量为 w_i，利润量或营业盈余量为 r_i，固定资本折旧量为 Δk_i，用于最终消费的产出量为 c_i，用于固定资本形成的产出量为 s_i，存货的增加量为 Δa_i。同时，设一个部门的国内需求总量为 H_i，显然，我们有 $H_i = \Sigma_j x_{ij} + s_i + c_i + \Delta a_i$。每个部门总产出中三大部类所占的比例可以分别表示为：$\theta_{1i} = s_i / H_i$，$\theta_{2i} = (\sum_{j=1}^{n} x_{ij} + \Delta a_i) / H_i$，$\theta_{3i} = c_i / H_i$。由此，部类 λ 的流动性生产资料使用量可以表达为：

$$a_\lambda = \Sigma_i \Sigma_j \theta_{\lambda i} x_{ij}$$

劳动者报酬为：

$$w_\lambda = \Sigma_i \theta_{\lambda i} w_i$$

利润为：

$$r_\lambda = \Sigma_i \theta_{\lambda i} r_i$$

固定资本折旧为：

$$\Delta k_\lambda = \Sigma_i \theta_{\lambda i} \Delta k_i$$

总产出为：

$$x_\lambda = a_\lambda + w_\lambda + r_\lambda + \Delta k_\lambda$$

设经济体的固定资本净增加量为 $S = \Sigma_i s_i - \Sigma_i \Delta k_i$，存货增加总量为 $\Delta A = \Sigma_i \Delta a_i$，最终消费总量为 $C = \Sigma_i c_i$。则三大部类的国内最终需求分别为 S、ΔA 和 C。

最后，对于进出口，我们将每个部门的进口按比例 $\theta_{\lambda i}$ 分配到三大部类，然后根据总产出的平衡条件得到出口：

$$m_\lambda = \Sigma_i \theta_{\lambda i} m_i$$
$$e_1 = x_1 - \Sigma_\lambda \Delta k_\lambda - S + m_1$$

$$e_1 = x_1 - \Sigma_\lambda \Delta k_\lambda - S + m_1$$
$$e_3 = x_3 - C + m_3$$

其中 m_i 代表部门 i 的进口，e_λ 是第 λ 部类的出口。

由此我们就构建了一个完整的三部类表，其结构如表 5.1 所示。

表 5.1　　　　　　　　　　三部类表基本结构

	第一部类	第二部类	第三部类	最终需求	出口	进口	总产出
第一部类	Δk_1	Δk_2	Δk_3	S	e_1	$-m_1$	x_1
第二部类	a_1	a_2	a_3	ΔA	e_2	$-m_2$	x_2
第三部类	0	0	0	C	e_3	$-m_3$	x_3
利润	r_1	r_2	r_3				
工资	w_1	w_2	w_3				
总投入	x_1	x_2	x_3				

在三部类表的基础上，可以利用 Fujimori（1992）和 Li（2014a）的方法估计三个部类的固定资本存量。为此，我们首先需要得到三个部类的固定资本投资量，思路与上一小节中其他估算一致：

$$s_\lambda = \Sigma_i \theta_{\lambda i} s_i$$

估算固定资本存量的基本思想是利用均衡增长条件下的边际固定资本存量系数，也即新增固定资本与新增产量的比值等于整体的固定资本存量系数这一思想进行估计。整体的和边际的固定资本存量系数 k_λ、κ_λ 可以表示为：

$$k_\lambda = \kappa_\lambda = \frac{\gamma_\lambda s_\lambda}{g x_\lambda} \tag{5.1}$$

其中，γ_λ 是净增的固定资本存量与投资之比，因而 $\gamma_\lambda s_\lambda$ 也即固定资本的净增加量或边际量。g 是经济的均衡增长率，$g x_\lambda$ 即为产量的净增加量或边际量。

在斯拉法 – 置盐 – 中谷（SON）模型框架下，具有最大潜在增长率的均衡增长路径为：

$$x = M(g)x \tag{5.2}$$

$$M(g) = (\hat{\varphi}(g) + gI)K + (1+g)A \tag{5.3}$$

其中 x 是产量，K 是固定资本存量矩阵，A 是中间投入矩阵，I 是单位阵，$\hat{\varphi}(g)$ 是一个对角矩阵，其主对角线元素为：

$$\varphi_{ii} = \frac{g}{(1+g)^{\tau_i} - 1} \tag{5.4}$$

其中，τ_i 是部门 i 的固定资本折旧年限。由于 $\gamma_\lambda = 1 - \frac{1}{(1+g)^\tau}$，将方程（5.1）代入方程（5.3）中的固定资本存量矩阵，即有：

$$M(g) = (\hat{\varphi}(g) + gI)K(g) + (1+g)A \tag{5.5}$$

另外，由于 $M(g)$ 关于 g 单调递增，根据方程（5.2）和方程（5.5），我们可以找到一个 g 使得 $M(g)$ 的弗罗宾尼斯根为 1，将这个 g 代回到方程（5.1）中，就得到了估计的固定资本存量系数 k_λ。

三　中国三部类结构

利用上一节的方法，我们使用中国 1981 年、1987 年、1990 年、1992 年、1995 年、1997 年、2000 年、2002 年、2005 年、2007 年、2010 年、2012 年、2015 年、2017 年、2018 年共计 15 张官方投入产出表和 1957 年、1963 年、1968 年、1973 年 4 张估计的投入产出表[①]，计算了相应 19 个年份的三部类表和固定资本存量系数。三部类各自的总产出和固定资本存量系数分别在表 5.2、表 5.3 以及图 5.1、图 5.2 中加以展示。

[①] 参见林晨、陈斌开（2018）。

表 5.2　　　　　　　　1957—2018 年三部类总产出　　　　（单位：亿元）

年份	第一部类	第二部类	第三部类	年份	第一部类	第二部类	第三部类
1957	119.1	902.8	995.7	2000	31725.7	167448.4	58378.7
1963	157.5	1132.7	975.4	2002	42007.2	197183.3	74240.1
1968	159.2	1239.9	1486.7	2005	75151.3	364922.8	102687.9
1973	438.2	2131.7	2127.3	2007	110790.9	564778.6	143289.5
1981	1176.2	5039.5	2832.6	2010	187657.9	861318.0	203669.0
1987	3645.6	14578.8	7438.5	2012	242760.8	1079198.9	279667.4
1990	4634.5	26499.2	11079.8	2015	304091.9	1414010.3	363344.4
1992	7991.3	43113.6	17359.0	2017	368618.7	1436344.2	452770.7
1995	19665.5	100737.2	36142.2	2018	417130.6	1576562.2	501805.5
1997	24310.0	129129.3	46404.9				

表 5.3　　　　　　　1957—2018 年三部类固定资本存量系数

年份	第一部类	第二部类	第三部类	年份	第一部类	第二部类	第三部类
1957	0.84	0.09	0.05	2000	2.53	0.17	0.08
1963	1.00	0.10	0.06	2002	2.39	0.21	0.08
1968	1.03	0.13	0.01	2005	2.88	0.28	0.17
1973	1.65	0.27	0.03	2007	2.53	0.18	0.15
1981	1.05	0.08	0.07	2010	2.91	0.30	0.25
1987	2.06	0.12	0.05	2012	2.80	0.27	0.20
1990	1.73	0.08	0.04	2015	2.80	0.24	0.18
1992	2.11	0.15	0.05	2017	2.51	0.12	0.14
1995	2.25	0.15	0.07	2018	2.58	0.13	0.14
1997	2.25	0.15	0.07				

从计算结果中我们可以看到，就产出而言，第二部类增加最为明显，但是从增长速度上来说，最快的是第一部类。在样本期间，第一部类增长了接近 3502 倍，其次是第二部类，增长了约 1576 倍，而第三部类增长最慢，约为 504 倍。从这个结果来看，中国经济基本上符合政治经济学中的生产资料优先增长规律（吴栋，1990；徐

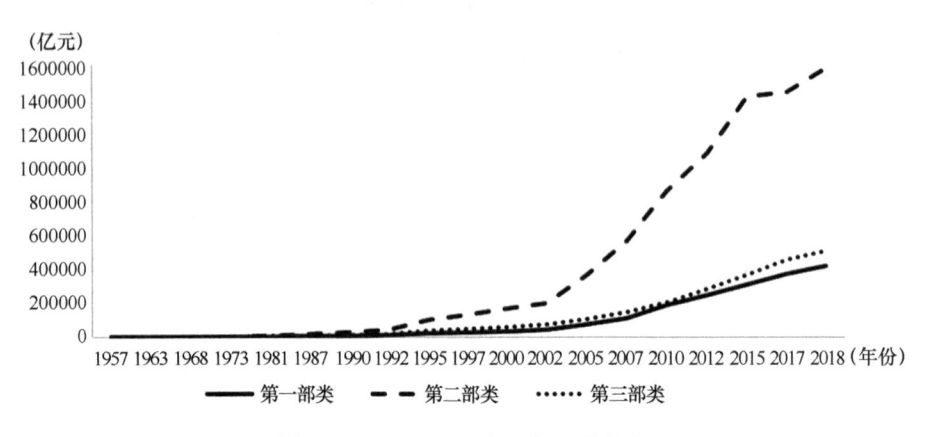

图 5.1 1957—2018 年三部类总产出

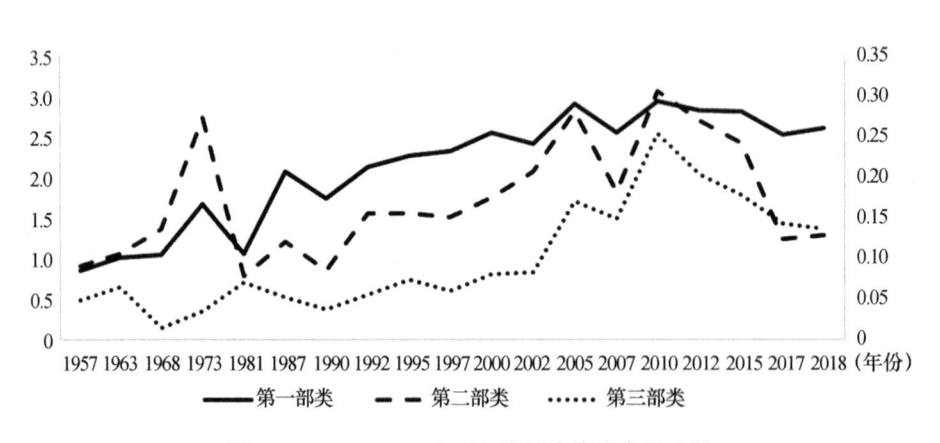

图 5.2 1957—2018 年三部类固定资本存量系数

春华,2017；赵峰等,2018)。

就固定资本存量系数而言,从长期来看基本也处于上升的趋势。但是固定资本存量同时也受到经济波动的影响,在 1987—1990 年,2005—2007 年和 2010—2017 年这三个时间段,固定资本存量系数都出现了下降,表现出与经济增速放缓的一致性。

第二节 中国经济的潜在增长率

对于经济增长的分析，从一般意义上来说，我们可以抽象出两个关键性的因素。一是剩余产品的生产与利用，二是社会生产过程中的比例与结构。本节我们重点考察剩余产品的生产和利用如何影响实际增长率和潜在增长率的差异，而将生产过程的比例结构留到下一节进行讨论。

一 剩余与潜在增长率

经济中足量的剩余是扩大再生产的前提条件，剩余的生产设定了经济增长的可能性边界，从而决定了经济的潜在增长率。而要将这种潜在水平变成现实，则需要对生产出来的剩余进行有效利用，使其转化为生产过程中的要素，也即劳动资料和劳动者。这种对经济增长潜力的分析是包括马克思主义政治经济学在内的，继承自古典经济学传统的经济思想在增长问题上的共识（卡莱茨基，1988；巴兰，2003；马克思，2006a；2006b；Kurz and Salvadori，2003；Cogliano et al.，2019；荣兆梓、李艳芬，2019b）。

资本积累的剑桥方程式就是对剩余生产和利用与经济增长之间关系的刻画：

$$g = \alpha r$$

其中 r 是利润率，α 是积累率。一个经济体的一般利润率代表了这个经济生产剩余的能力。但是这些剩余并不一定都会被有效地利用起来，可能会被非生产性活动消耗，或者由于价值实现问题被浪费，抑或由于各种其他原因没有被用于扩大再生产。只有被有效利用的剩余产品才会带来经济增长，这种剩余转化为扩大再生产的过程体现在积累率上。因此最终经济的增长率由利润率和积累率的乘积决定。

显然，积累率 α 是一个介于 0 到 1 之间的数，在 α = 1 时，整个经济的剩余得到了最为充分的利用，此时经济增长率达到最高，等于一般利润率。因此，一般利润率限制了一定技术条件下经济所能达到的最大增长率水平，也即政治经济学意义上的潜在增长率。计算潜在增长率也就转化为一般利润率的求解。

然而，一般利润率并不是唯一的，其定义取决于对剩余的理解，也即我们将哪些消费作为必需的消费从总产品中加以扣除。在本章的研究中，我们关心两种一般利润率或者说潜在增长率。

第一种潜在增长率只扣除维持简单再生产所需要的生产资料。在这种情况下，剩余的定义包含了经济生产的全部净产品，一般利润率也就成为经济生产净产品能力的度量。显然，在这个定义下的潜在增长率是将全部净产品用于扩大再生产时所能达到的增长率，也即经济最高的潜在增长率，我们将这一潜在增长率称之为"冯·诺依曼潜在增长率"。

第二种潜在增长率扣除了维持简单再生产所需要的生产资料和工人消费的生活资料。这种定义也是我们在政治经济学中通常使用的剩余定义。这一定义衡量了满足生产资料的更新和劳动者生活资料消费的情况下，经济能够有多少剩余产品用于扩大再生产，其所对应的增长率衡量了在技术不变的条件下，将这些剩余产品投入生产过程，用于购买更多的生产资料和消费资料时所能带来的增长率，我们将这一增长率称之为"马克思潜在增长率"。

显然，这两种不同的潜在增长率具有不同的含义。前者不仅是一切潜在增长率的上限，同时也因为没有考虑分配因素对增长的影响，更多地反映了技术的限制。而后者将劳动者消费的多少纳入考虑，因此也就考察了分配关系对潜在增长率的影响。如果我们再将实际的经济增长率纳入考虑，那么我们就可以得到三组经济增长率。冯·诺依曼潜在增长率与马克思潜在增长率的差别反映的是分配过程对积累和增长产生的影响，而马克思潜在增长率与实际的增长率之间的差额则反映了实际经济运行对理论值的偏离。这一偏离的绝对值与我们前面所述的剩余利用水平有关，而时间上的波动则反映了经济运行的周期性特征。

二 潜在增长率的测算方法

如上文所述，潜在增长率本质上就是一般利润率。在没有固定资本的里昂惕夫线性生产体系下，一般利润率和潜在增长率分别对应着投入矩阵的左右特征值，且二者相等。冯·诺依曼潜在增长率如下式所示：

$$Ax(1+g)=x$$

其中 A 是中间投入系数矩阵，x 是均衡产量向量。显然，$1/(1+g)$ 是 A 的特征值而 x 是 A 的右特征向量。根据配龙—弗罗宾尼斯（Perron-Frobenius，PF）定理，在 A 是非负不可约矩阵的情况下，g 和 x 均有唯一有经济意义的解。

马克思潜在增长率如下式所示：

$$(A+cl)x(1+g)=x$$

其中，c 是工人消费系数列向量，代表工人每单位劳动时间所需要的消费资料数量，l 是直接劳动投入系数行向量。cl 也即消费资料投入系数矩阵，代表生产过程中不同部门所需要的各种消费资料的数量，我们可以将其简计为 W。g 和 x 的求解过程与冯·诺依曼潜在增长率一致。

如果要将固定资本纳入分析框架，单一生产模型就不再适用。这里我们采用马克思—斯拉法联合生产模型，将固定资本处理为联合生产的副产品。此时，冯·诺依曼潜在增长率可以表示为：

$$A^*x(1+g)=Bx$$

马克思潜在增长率可以表示为：

$$(A^*+W^*)x(1+g)=Bx$$

其中 A^* 是考虑了固定资本的中间投入系数矩阵，W^* 是考虑了固定资本的消费资料投入系数矩阵，B 是联合生产条件下的产出系数矩阵。

以存在一种折旧年限为 τ 的固定资本为例，中间投入系数矩阵具有以下形式：

$$A^* = \begin{pmatrix} \widehat{K}_1 & \cdots & \widehat{K}_n \\ A_1 & \cdots & A_n \end{pmatrix}$$

其中，$\widehat{K}_i = \begin{pmatrix} k_i & \cdots & 0 \\ \vdots & \ddots & \vdots \\ 0 & \cdots & k_i \end{pmatrix}$ 表示部门 i 的固定资本投入系数对角矩阵。$A_i = (a_i, \cdots, a_i)$ 是部门 i 的中间投入系数矩阵，a_i 是部门 i 在不考虑固定资本生产情况下的中间投入系数向量。矩阵 $\widehat{K}_i$ 和 A_i 的列数均由折旧年限 τ 决定。消费资料系数矩阵

$$W^* = \begin{pmatrix} 0 & \cdots & 0 \\ W_1 & \cdots & W_n \end{pmatrix}$$

其中 0 是与 $\widehat{K}_i$ 维度相同的全 0 矩阵，$W_i = (w_i, \cdots, w_i)$ 是部门 i 在不考虑固定资本生产情况下的消费投入系数行向量。产出系数矩阵具有以下形式：

$$B = \begin{pmatrix} 1 & 0 & \cdots & 0 \\ K_1^* & K_2^* & \cdots & K_n^* \\ 0 & 0 & \cdots & 0 \\ 0 & 1 & \cdots & 0 \\ \vdots & \vdots & \ddots & \vdots \\ 0 & 0 & \cdots & 1 \end{pmatrix}$$

其中，$K_i^* = (\widehat{K}_i \quad 0)$，1 是与 K_i^* 列数相同的全 1 向量，0 是与 K_i^* 列数相同的全 0 向量。

显然，A^*、W^* 和 B 均不是方阵，不能采取传统的特征值特征向量的求解方法。不过，我们在本章第一节当中提到，可以通过 SON 体系将其简化（藤森赖明、李帮喜，2014；Li，2014b），冯·诺依

曼潜在增长率可以表示为：

$$x = M(g)x \tag{5.6}$$

$$M(g) = (\widehat{\varphi}(g) + gI)K + (1 + g)A \tag{5.7}$$

$\widehat{\varphi}(g)$ 是主对角线元素为 $\dfrac{g}{(1+g)^{\tau_i} - 1}$ 的对角矩阵，其中 τ_i 是部门 i 的固定资本折旧年限。类似地，马克思潜在增长率可以表示为：

$$x = M(g)x \tag{5.8}$$

$$M(g) = (\widehat{\varphi}(g + gI)K + (1 + g)(A + W) \tag{5.9}$$

由于 $M(g)$ 关于 g 单调递增，根据 PF 定理，我们可以通过调整 g 让 $M(g)$ 及其特征值逐渐增大，从而求得令 $M(g)$ 特征值等于 1 时的 g，此时的 g 即为我们所需要的均衡增长条件下的潜在增长率。

在三部类表基础上计算潜在增长率，整个过程会变得更为简洁清晰。首先，由于只有一个固定资本部门，所以不需要考虑各个部门固定资本折旧年限不同的问题，我们将整个固定资本部门折旧年限设定为平均水平 25 年即可（李帮喜等，2019a）。矩阵 $\widehat{\varphi}(g) + gI$ 退化为标量 $\dfrac{g}{(1+g)^{25} - 1} + g$。其次，中间投入系数矩阵也具有了更为简洁的形式

$$A = \begin{pmatrix} 0 & 0 & 0 \\ \alpha_1 & \alpha_2 & \alpha_3 \\ 0 & 0 & 0 \end{pmatrix}$$

其中 $\alpha_\lambda = \dfrac{a_\lambda}{x_\lambda}$。再次，通过第一节的估计，可以得到三部类的固定资本存量系数，从而

$$K = \begin{pmatrix} k_1 & k_2 & k_3 \\ 0 & 0 & 0 \\ 0 & 0 & 0 \end{pmatrix}$$

最后，关于消费资料系数矩阵 W，我们采用每个部类工人的工资除以部类的总产出来估计这一矩阵，从而有

$$W = \begin{pmatrix} 0 & 0 & 0 \\ 0 & 0 & 0 \\ \omega_1 & \omega_2 & \omega_3 \end{pmatrix}$$

其中 $\omega_\lambda = w_\lambda / x_\lambda$。

三 潜在增长率的计算结果

利用上一小节中所提到的方法，我们使用本章第一节构建的1957—2018年总计19张三部类表计算了相对应19个年份的冯·诺依曼潜在增长率和马克思潜在增长率，同时将这些潜在增长率与对应年份的实际增长率做了对比，结果如表5.4、图5.3和图5.4所示。

表5.4 1957—2018年中国潜在增长率与实际GDP增长率

年份	冯·诺依曼潜在增长率	马克思潜在增长率	实际GDP增长率	年份	冯·诺依曼潜在增长率	马克思潜在增长率	实际GDP增长率
1957	0.66	0.53	0.05	2000	0.29	0.16	0.08
1963	0.50	0.44	0.10	2002	0.30	0.19	0.09
1968	0.46	0.37	-0.04	2005	0.23	0.16	0.11
1973	0.31	0.27	0.08	2007	0.26	0.17	0.14
1981	0.65	0.32	0.05	2010	0.21	0.13	0.11
1987	0.40	0.26	0.12	2012	0.23	0.14	0.08
1990	0.44	0.26	0.04	2015	0.23	0.13	0.07
1992	0.34	0.22	0.14	2017	0.31	0.18	0.07
1995	0.33	0.20	0.11	2018	0.30	0.18	0.07
1997	0.32	0.17	0.09				

表5.4和图5.3展示了1957—2018年中国的两种潜在增长率以

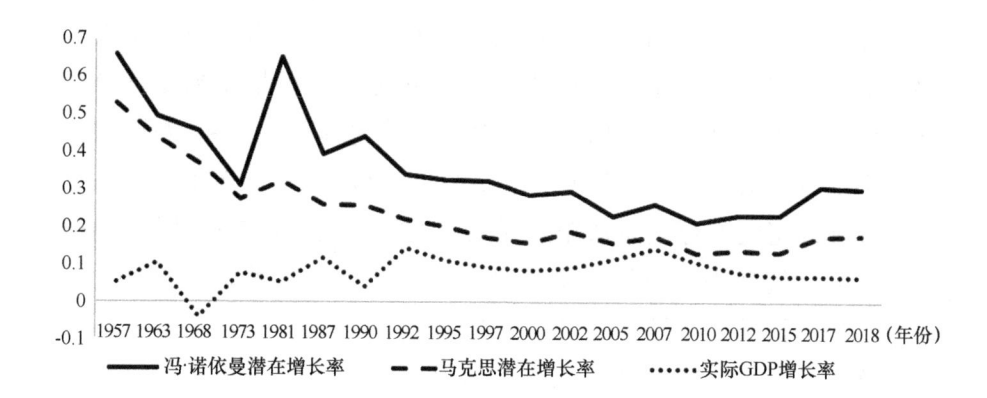

图 5.3　1957—2018 年中国潜在增长率与实际 GDP 增长率

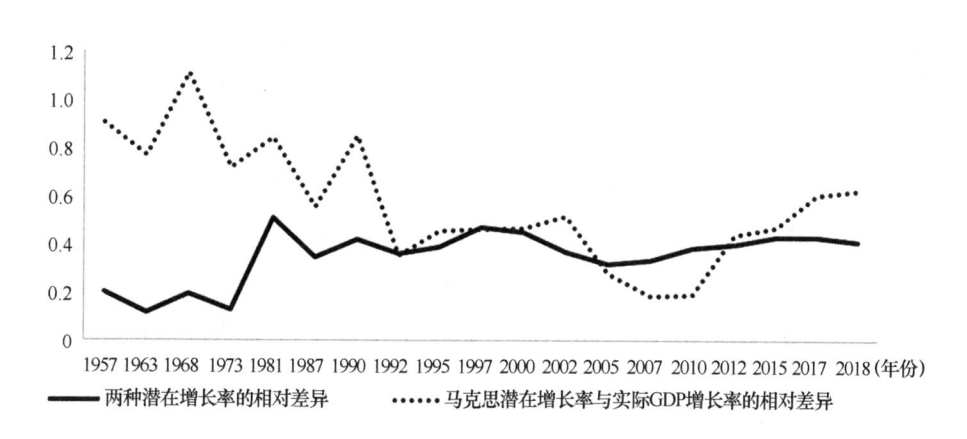

图 5.4　1957—2018 年中国潜在增长率与实际 GDP 增长率的相对差异

及同期的实际 GDP 增长率，而图 5.4 则展示了它们之间的相对差异。其中，两种潜在增长率的相对差异是冯·诺依曼潜在增长率与马克思潜在增长率之差与冯·诺依曼潜在增长率的比值，而马克思潜在增长率与实际 GDP 增长率的相对差异则是马克思潜在增长率与实际 GDP 增长率之差和马克思潜在增长率的比值。

通过上述结果，我们可以得出以下几个重要的结论：

第一，从长时段来看，两种潜在增长率都存在下降的趋势。这一点并不令人意外，因为从三部类表的计算结果来看，第一部类和第二部类的比重经历了快速的上升，而固定资本存量系数也在整个样本期间处于上升过程，由此可以推断经济整体的投入系数在增加。从数学上看，对于方程（5.7）和方程（5.9）而言，当中间投入系数矩阵和固定资本存量系数矩阵元素增大的时候，对应达到特征值1所需要的 g 就越小。而从经济含义上来看，这意味着资本使用—劳动节约型的技术进步带来经济整体剩余生产能力的相对缩小。

这一结论又对应着两个引申的含义。首先，是对于中国经济新常态的理解。对于中国近年来所经历的增速放缓，习近平总书记在《关于〈中共中央关于制定国民经济和社会发展第十三个五年规划的建议〉的说明》中曾经明确地提到："随着经济总量不断增大，增长速度会相应慢下来，这是一个基本规律"（习近平，2016）。这是由很多发达国家的历史所证明的，很多研究也将经济增长放缓与经济潜在增长率的下降联系起来（郭晗、任保平，2014；陆旸、蔡昉，2014；2016；郭豫媚、陈彦斌，2015）。我们的结果支持了这一观点，不过相比于其他诉诸人口结构等因素的研究，我们的研究说明这种随着经济发展而产生的经济增长放缓现象，与大规模的资本使用—劳动节约型的技术进步有关，是一个工业化带来的技术现象。

而这又引起了我们的第二个引申含义。我们已经知道在线性生产体系下，均衡增长率与一般利润率实际上是相等的。那么均衡增长率的长期下降也同时就是一般利润率的长期下降。所以从这个意义上来说，我们的计算结果是马克思长期利润率下降理论的例证之一。随着经济的发展和劳动生产率的进步，不变资本相对可变资本的增加最终会引起利润率的长期下降趋势。

第二，从两种潜在增长率的相对差异来看，可以发现这一差异在改革开放前后呈现出很大的不同。改革开放前的比例明显更低，说明改革开放前整个经济的净产品中用于工人消费的比例是比较低的。这也反映了改革开放前，中国为了建成完整的工业体系，更多的偏向积累而抑制了消费（刘国光，2002）。改革开放开始之后，中国先是经历了一个工人消费比例快速提高的阶段，而在之后的40年中，这个相对差异开始逐渐保持稳定。但是，在1992年之后仍然呈现出几个明显的阶段：1992年至1997年为上升阶段，说明工人消费的比重在分配结构中逐渐上升。1997年至2005年表现为一个下降的过程，可能是受国有企业改制的影响，中国劳动力市场供求关系明显变化，带来工人消费比重的相应下降。在2005年之后则是一个缓慢上升的过程，反映了中国劳动力成本的逐渐上升，不过这个过程在2015年之后出现了明显的放缓。

第三，马克思潜在增长率与实际GDP增长率的相对差异在中国实行市场化改革前后存在着明显的不同。在1992年市场化改革之前，中国实际GDP增长率与潜在增长率的相对差异更大，而且波动也更剧烈。这意味着，尽管在此之前较低的消费比例带来了更高的剩余产品量，但是这些剩余产品并没有被全部有效地利用而转化为投资和新的生产能力。波动更剧烈也意味着经济本身更不稳定。改革开放之前经济的不稳定是不言而喻的，而从改革开放之后到90年代，经济也呈现"一放就乱、一收就死"的周期循环（乌家培，1995），因而我们的结果是符合直觉的。1992年之后，我们可以看到，这一相对差异整体表现为三个阶段：1992年至2002年的缓慢上升阶段，2002年至2010年的快速下降阶段，和2010年至2018年的再次上升阶段。可见中国经济剩余的利用水平，具有明显的周期性特征。

第四，结合上述几点，我们可以将对经济增长速度的影响归结为技术因素，分配因素和周期性因素，并对近年来经济增长的形势做出一个大致的判断。就技术因素而言，中国经济存在着长期潜在增长率下降的问题。不过这个因素并不能完全说明近年来中国经济增速的放缓，因为自2010年之后，潜在增长率不仅没有明显下降，还有所上升。从分配因素来看，劳动力成本上涨确实起到了一定的作用，但是劳动力成本上涨对潜在增长率的影响在2015年之后也在下降。因此，真正影响目前经济增长的主要还是周期性的剩余利用水平下降。

第三节　中国经济的最优增长结构

在上一节中，我们利用潜在增长率讨论了中国经济增长的阶段性特征。但是，仅靠潜在增长率的变动，我们不能解释剩余利用水平为什么会出现周期性的变化。正如我们在上一节引言部分所提到的那样，仅仅讨论剩余的生产和利用是不够的，政治经济学关于增长的讨论包括剩余分析和结构分析两个最基本的部分。

剩余的生产和利用作为确定扩大再生产边界的因素，决定了经济增长的潜力或者说政治经济学意义上的潜在增长率。而社会生产的比例结构则通过扩大再生产"实物补偿"和"价值补偿"的可能性制约着潜在增长率的实现。一方面，现代的社会化大生产表现为复杂的迂回生产，一些部门的生产是另一些部门生产的条件，社会范围的再生产需要一个与其相适应的部门间结构，也即再生产过程的"实物补偿"；另一方面，在商品生产条件下，生产者需要借助交换使其私人劳动被承认为社会劳动，也即再生产过程中的"价值补偿"，而这种承认是以其产品作为生产性消费或生活资料消费被社会所需要为前提的，是由社会生产的比例和结构决定的（林子力、刘国光，1980；科拉奇、弗拉什卡利奇，1982；马克思，2006a；2006c；吴易风，2007；Kurz and Salvadori，1993）。

因此，要实现潜在增长率，就需要社会不同部门、部类和其他一些重要结构关系保持一个适当的比例，也即"最优增长路径"。显然，潜在增长率需要通过最优增长路径来实现，而将二者在数学上联系在一起的是著名的"大道路径理论"（Dorfman et al.，1958；Li，2013；李帮喜，2014）。

一 大道路径理论

所谓大道路径，是指在多部门线性生产条件下，给定技术和外生初始条件，最优化不同部门产量以达到模型设定的最优目标所形成的一条各部门的增长路径，其本质是一个线性规划问题。大道路径理论给经济增长添加了结构化的因素，给出了多部门条件下的最优增长路径，而大道定理则对这一最优增长路径进行了描述。这一定理有多个版本（Dorfman et al., 1958; Morishima, 1961; Radner, 1961; Mckenzie, 1963; Koopmans, 1964; Tsukui, 1966），其中以二阶堂证明的"强大道定理"最为重要（Nikaido, 1964）。其经济含义为，不论最优化的目标是什么，初始条件如何，最优化的增长路径都会在相当长的一个时期内连续地接近冯·诺依曼均衡增长路径，初始条件和目标仅会在开始和结束的几期影响最优增长路径。就仿佛驾车出行，不管起始点和终点的相对位置是怎样的，要想更快地到达目的地，最好的选择总是从出发点尽快地驶入车速最快的"大道"，快到终点的时候再驶下"大道"。因此，该定理被称为"大道定理"。大道定理的重要性在于，在不同的条件或模型设定下，我们关心的目标可能是不同的，而大道定理保证了，无论目标如何，在相当长的一段时期内最优增长路径都是一致的，这条路径是实现所有目标的最好方式。

不难看出，大道路径本身所反映的其实就是动态条件下，能够保证经济最快增长的扩大再生产实现条件，也是在资本积累理论的基础上，马克思所要纳入考虑的"流通过程"中最重要的一环。在技术不变的条件下，大道路径表现为在相当长的一个时期内，经济中的每个部门或者部类都以等于经济的潜在增长率的速度增长。当然现实当中不同部门的生产技术是一直在变化的，因此我们可以将不同时期的技术作为约束计算出一条大道路径，这一路径可以帮助我们了解在每一个时期技术不同的前提下，各期最优的经济增长路径和部类结构是什么样的。

二 大道路径的计算方法

我们对大道路径的计算仍然需要使用 SON 体系，不过在前两节当中，这一体系是以静态均衡的形式表达的，我们需要将其转变为动态过程。由于我们希望大道路径能够尽可能地反映实际情况，所以采用了马克思潜在增长率的定义。将方程（5.9）代入方程（5.8）当中，并加入时间因素，我们有：

$$x_t = [(\widehat{\varphi}(g) + gI)K + (1+g)(A+W)]x_t \quad (5.10)$$

由于 $\widehat{\varphi}(g)$ 实际上是固定资本的折旧率，$D = \widehat{\varphi}(g)K$ 也就是固定资本折旧矩阵，我们将马克思潜在增长率带入之后就可以计算出这个固定资本折旧矩阵并将其视为定值。同时，在均衡增长路径上 $x_{t+1} = x_t(1+g)$，因此方程（5.10）可以化为（Tsukui, 1968）：

$$(A + W + K)x_{t+1} = (I - D + K)x_t \quad (5.11)$$

等式右侧是上一期生产结束后能够用于下一期生产的各部类的产品量，$I - D + K$ 类似于在联合生产条件下考虑固定资本问题之后的产出系数矩阵，我们将其记为 B。而等式左端则是在考虑了固定资本情况下，为了生产下一期的产量所需要的总产品数量，$A + W + K$ 类似于投入系数矩阵，我们将其记为 M。显然，方程（5.11）表达了下一期生产所产生的需求与本期的供给相等的含义。在规划中，我们并不需要二者严格相等，只要满足未来生产的需求小于等于现期的供给即可，因此将方程（5.11）改为不等式：

$$M x_{t+1} \leq B x_t$$

这构成了我们最优化的主要约束。

在没有其他约束条件时，理论上在产量最大化的情况下最优化过程会在最后几期将产出全部转移到可以实现最快增长的那个部门，从而表现为一些部门产出最终变为 0。为了防止这种情况的出现，我们还需要添加额外的约束。令最后 T 期当中，每个部门后一期的产出不小于前一期。我们将最优化的目标设定为最大化各期总产出，那么最优化问题可以表示为：

$$\max \epsilon' x$$
$$s.t.\ Gx \leq d \tag{5.12}$$
$$Ex \leq 0$$

其中 ϵ 是与 x 维度相同的全 1 向量，$x' = (x_1, \cdots, x_n)$，$d' = (B_0 x_0, 0, \cdots, 0)$，

$$G = \begin{pmatrix} M_1 & 0 & \cdots & \cdots & 0 \\ -B_1 & M_2 & \cdots & \cdots & 0 \\ 0 & -B_2 & \ddots & & 0 \\ \vdots & \vdots & \ddots & \ddots & 0 \\ 0 & 0 & \cdots & -B_{t-1} & M_t \end{pmatrix},$$

$$E = \begin{pmatrix} 0 & \cdots & 0 & 0 & \cdots & 0 \\ \vdots & & \vdots & \vdots & & \vdots \\ 0 & \cdots & I & -I & \cdots & 0 \\ \vdots & & & \ddots & \ddots & \vdots \\ 0 & \cdots & 0 & 0 & \cdots & I & -I \end{pmatrix}$$

I 是 3×3 维单位矩阵。

求解方程（5.12）的线性规划问题即可得到经济增长的大道路径。不过上述大道路径是在给定整个样本期间的最优值。由于实际 GDP 增长率会一直小于潜在增长率，所以实际增长路径与最优增长路径的差异会一直积累。越到样本后期，最优路径与实际路径的差异就越大，从而逐渐丧失可比性。而我们的目的是试图通过比较最优路径与实际路径的差异，来讨论中国经济增长的阶段性特征和结构性问题，这就要求我们尽可能地让最优增长路径与实际增长路径具有可比性。

因为，我们不仅计算理论上的最优值，同时也计算另一种意义上的最优增长路径：以样本的最初一期作为起始点，计算整体的大道路径之后，在每次技术变化时重新规划，以技术变化前一年的真

实产量为起始点再次计算大道路径，以此类推，得到每一次技术变化后的大道路径。这些大道路径是以后续的实际情况为起点进行规划的，所以相比于前一个时期的大道路径会更贴近实际情况。最后我们将所有前一期规划的起点与后一期规划的起点之间的规划路径连起来，就得到了一条新的最优增长路径。

例如，我们以 1957 年为起点，规划到 2018 年。在 1961 年、1966 年、1971 年等年份三部类表产生了变化，我们就可以以 1957 年至 2018 年规划一次，1961 年至 2018 年规划一次，以此类推。然后将 1957 年至 2018 年规划中的 1957—1960 年路径，1961 年至 2018 年规划中的 1961—1965 年路径，1966 至 2018 年规划中的 1966—1970 年路径等等连在一起，得到一条新的最优增长路径。

这一最优增长路径的含义是每次技术变化我们都重新规划路径，只选择下一次技术变化之前的路径作为最优增长路径，这样每两次技术变化之间的路径都是基于最近的情况规划得到的，从而更贴近实际。将这一路径与实际路径进行对比更能说明现实的路径是如何偏离以最近的情况为基准得到的最优路径的。

三　中国经济的大道路径

与计算潜在增长率一样，我们计算中国的大道路径所使用的原始数据也是 1957 年至 2018 年的 19 张三部类表。但与潜在增长率不同的是，大道路径的计算要求连续的数据。因此，我们假设投入产出表前后几年的技术没有显著的变化（Li, 2013），从而 1956 年、1958 年、1959 年、1960 年的技术与 1957 年一致，1961 年、1962 年、1964 年和 1965 年的技术与 1963 年相同，1966 年、1967 年、1969 年、1970 年的技术与 1968 年相同，1971 年、1972 年、1974 年、1975 年、1976 年、1977 年的技术与 1973 年相同，1978 年、1979 年、1980 年、1982 年、1983 年、1984 年的技术与 1981 年相同，1985 年、1986 年、1988 年的技术与 1987 年相同，其后逢 9 的年份与逢 0 的年份技术相同，逢 1 逢 3 的年份与逢 2 的年份技术相同，逢4的年份与逢5的年份技术相同，逢6逢8的年份与逢7的年份技术相同，并以1956年作为规划的第0期。

另外，规划路径反应的主要是技术关系，没有考虑通货膨胀因素，因此，为了与实际路径可比，我们需要利用价格指数将其转化为现价，理论上应当对不同部门使用不同的价格指数。但是由于我们计算的时间跨度较长，有些价格指数在某些年份存在缺失的情况。因此，考虑到数据的可得性，我们以固定资产投资价格指数作为第一部类价格指数，以工业生产者购进价格指数作为第二部类的价格指数，以商品零售价格指数作为第三部类的价格指数，在第一部类价格指数缺失的情况下以第二部类价格指数作为替代，在第二部类价格指数缺失的情况下以第三部类的价格指数作为替代。

在上述假设基础上，我们计算了全局最优条件下的大道路径以及分段规划的大道路径，为了方便起见我们分别称之为全局大道路径和分段大道路径。由于规划的周期较长，考虑到版面的限制，我们只展示有三部类表的年份对应的大道路径数值。结果如表5.5、表5.6和图5.5、图5.6所示。

表5.5　　　　　　1957—2018年中国经济增长的全局大道路径　　　　（单位：亿元）

年份	第一部类	第二部类	第三部类	年份	第一部类	第二部类	第三部类
1957	132	1376	198	2000	9314532	92764189	28778485
1963	1315	15214	1050	2002	13580433	127576815	37938668
1968	8444	68677	11455	2005	10858111	228780384	45137420
1973	25618	227028	32947	2007	28427220	303276361	60823846
1981	146137	2158800	951576	2010	17935529	449839513	114807459
1987	616395	9644686	3640853	2012	21152564	618815604	159215254
1990	2040460	19316295	5364311	2015	14625322	886845076	274784296
1992	1931006	28746526	8024606	2017	49953535	1251840835	385379913
1995	3151877	48466661	16407532	2018	49953535	1582535512	385379913
1997	5265547	63824268	21329231				

表 5.6　　　　　　1957—2018 年中国经济增长的分段大道路径　　（单位：亿元）

年份	第一部类	第二部类	第三部类	年份	第一部类	第二部类	第三部类
1957	132	1376	198	2000	16257	161907	50229
1963	232	2686	185	2002	24514	230289	68483
1968	334	2716	453	2005	13581	286157	56458
1973	198	1756	255	2007	45344	483750	97019
1981	432	6381	2813	2010	30049	753654	192347
1987	664	10384	3920	2012	54318	1075897	276197
1990	2318	21940	6093	2015	55031	1358547	420939
1992	2649	39436	11009	2017	66053	1655296	509584
1995	3902	60002	20312	2018	368619	1436344	452771
1997	10944	132658	44332				

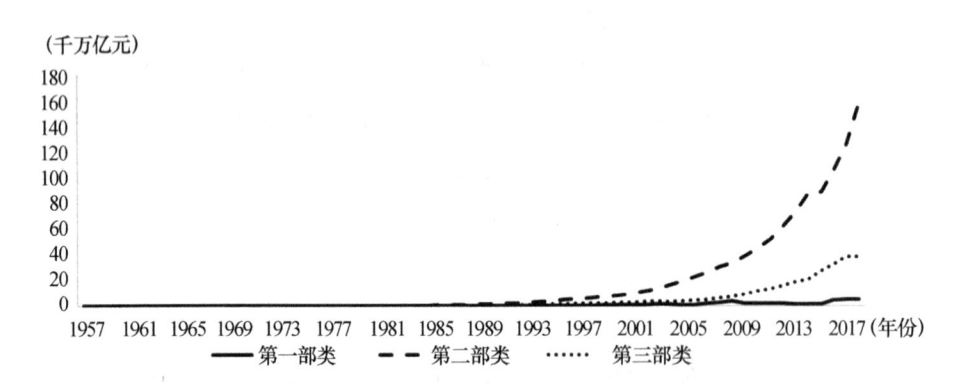

图 5.5　1957—2018 年中国经济增长的全局大道路径

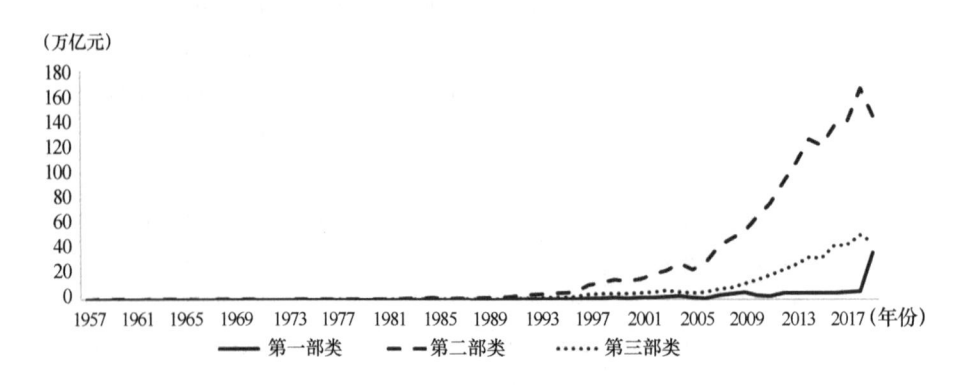

图 5.6　1957—2018 年中国经济增长的分段大道路径

从上述结果来看，两种大道路径都是第二部类所占比重更大，全局大道路径这一性质更加明显。当然，意料之中的是全局大道路径相对而言更加平滑，而分段大道路径在重新规划的地方出现了一些波动。不过，我们更关心的是现实的经济增长路径与理论值之间的关系，而三部类的实际产值数据仅在 19 个投入产出表存在的年份可得，所以我们将这 19 年的三部类实际产值与分段大道路径在这些年份对应的数据做了一个比较，结果如表 5.7 和图 5.7 至图 5.9 所示。

表 5.7　1957—2015 年三大部类实际产值与分段大道路径的比较

年份	第一部类 理论值	第一部类 实际值	第一部类 比值	第二部类 理论值	第二部类 实际值	第二部类 比值	第三部类 理论值	第三部类 实际值	第三部类 比值
1957	132	119	0.90	1376	903	0.66	198	996	5.03
1963	232	157	0.68	2686	1133	0.42	185	975	5.27
1968	334	159	0.48	2716	1240	0.46	453	1487	3.28
1973	198	438	2.21	1756	2132	1.21	255	2127	8.34
1981	432	1176	2.72	6381	5040	0.79	2813	2833	1.01
1987	664	3646	5.49	10384	14579	1.40	3920	7439	1.90
1990	2318	4635	2.00	21940	26499	1.21	6093	11080	1.82
1992	2649	7991	3.02	39436	43114	1.09	11009	17359	1.58
1995	3902	19666	5.04	60002	100737	1.68	20312	36142	1.78
1997	10944	24310	2.22	132658	129129	0.97	44332	46405	1.05
2000	16257	31726	1.95	161907	167448	1.03	50229	58379	1.16
2002	24514	42007	1.71	230289	197183	0.86	68483	74240	1.08
2005	13581	75151	5.53	286157	364923	1.28	56458	102688	1.82
2007	45344	110791	2.44	483750	564779	1.17	97019	143290	1.48
2010	30049	187658	6.25	753654	861318	1.14	192347	203669	1.06
2012	54318	242761	4.47	1075897	1079199	1.00	276197	279667	1.01
2015	55031	304092	5.53	1358547	1414010	1.04	420939	363344	0.86
2017	66053	368619	5.58	1655296	1436344	0.87	509584	452771	0.89
2018	368619	417131	1.13	1436344	1576562	1.10	452771	501806	1.11

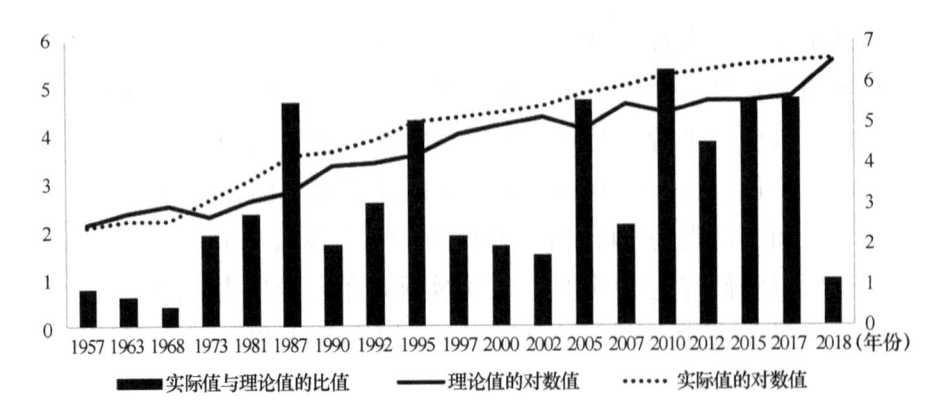

图 5.7　1957—2018 年第一部类实际产值与分段大道路径的比较

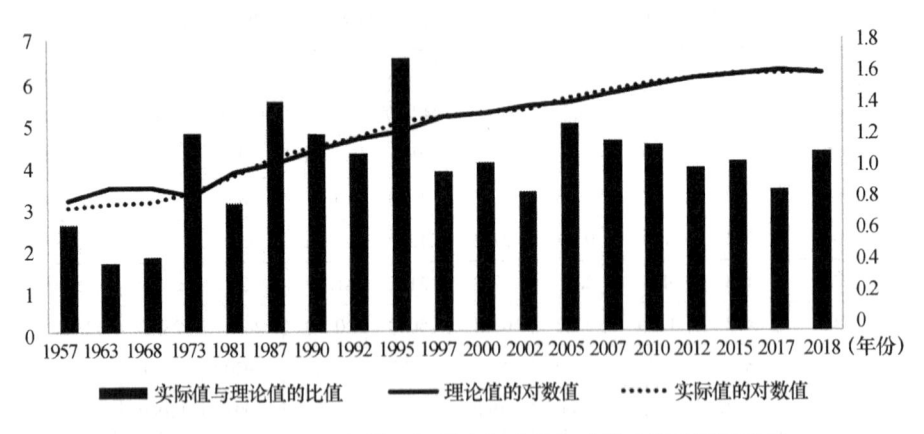

图 5.8　1957—2018 年第二部类实际产值与分段大道路径的比较

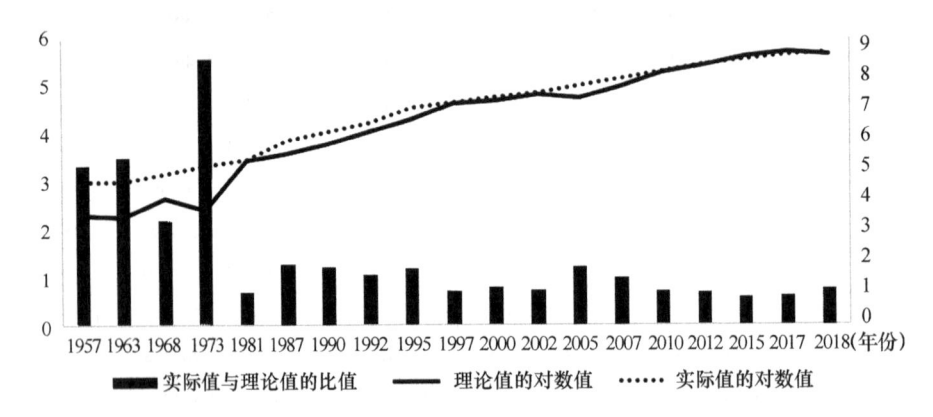

图 5.9　1957—2018 年第三部类实际产值与分段大道路径的比较

从分段大道路径与实际值的比较我们可以发现以下几个结论：

在改革开放以前，除1973年稍高于理论值以外，中国的第一部类和第二部类的产量严重不足。而第三部类的生产，实际值则大大高于理论值。综合起来，说明改革开放前的积累是整体不足的。但是，结合前文的结果，这似乎产生出一个悖论：从冯·诺依曼潜在增长率与马克思潜在增长率的相对差异来看，中国的分配表现为工人消费较低，剩余量较高；然而通过对最优增长结构的考察，我们却发现消费资料部类的规模过大了。

最直接的解释是，改革开放前中国还处在工业化的初期，农业部门比重更高，而农业部门的产出作为消费资料的比重也更高。当然，这个直接的原因其实揭示了新中国成立初期中国经济增长的困境。结合马克思潜在增长率和实际GDP增长率的差异，我们可以更清楚地说明这一点：尽管这些年理论上剩余量是较多的，但是实际的剩余利用并没有达到理论水平。这可能来源于两点，一是尽管工人消费比例不高，但是包括政府消费在内的其它对于剩余的消耗是比较高的，这使得大量剩余没有被用于扩大再生产；二是比例失衡，只有在各部类比例在最优增长路径上，经济的增长率才能够达到潜在增长率，而在这一时期，显然各部类的比例失衡相对严重。

比例的失衡与中国处在工业化起步阶段直接相关。作为一个农业国，尽管经济当中有足量的剩余产品，但是不同部门产品的使用价值是有质的差别的。农业部门的产出主要是作为消费资料的形态存在，这些部门的剩余产品再多，在没有国外市场的前提下，也没有办法转化为像机器制造业这样的固定资本生产部门的生产资料投入。因此，尽管剩余量是足够的，但是这些剩余最终只能留在消费资料部类。这也就解释了中国的消费资料部类比例过高的问题。但是，为什么会出现消费品产量过高而工人消费比例较低呢？这就涉及改革开放以前中国政府消费比例更高的问题。

在我们的最优增长路径上，对消费资料最优规模的计算仅仅考虑了其与其他部类的投入产出关系，而无法将人民的实际需求考虑进来。在经济发展初期，剩余总量较低，也就意味着需要与之相适应的较低的消费资料生产以合理扩大生产资料部类的生产，但是保障人民群众基本生活水平的消费资料量并不会因此降低，并且在越低的经济发展水平上，这种消费资料的量就越表现出刚性。而在改革开放前，为了能够在最大限度上保障人民群众的基本生活，政府采取的是大规模的公共服务的形式，而不是直接将消费资料分配给劳动者。再加上新中国成立初期所面临的国际环境对国防支出的要求，和与之相适应的科研支出，等等，共同造成了大规模的政府支出。最终表现为政府消费的比重很高，而相应用于扩大再生产的比例也较低。简而言之，这一困境表现为：尽管消费水平已经很低了，但是相对于积累的要求还是太高了（荣兆梓、李艳芬，2019a）。实际上，这种矛盾和困境并不仅仅是中国独有的，而是后发国家所面临的普遍困难。对于中国而言，我们看到的是从20世纪70年代开始这个问题被逐渐解决，中国开始走上了高速增长的道路。

我们发现，改革开放以后，之前的问题出现了明显的反转。中国的第二部类产值基本上接近理论值，但是第一部类的产值一直高于理论值，一些年份甚至达到了最优值的5—6倍。尽管这种比值会受到经济周期的影响，但是在经济低谷期的1997—2002年也接近最优值的两倍。这可能与我们假设的固定资本折旧年限较长、固定资本质量的提升在我们的模型中不能完全体现有关，但超出最优值如此之多以至于考虑到这些影响之后，我们仍然可以得出大致的判断，中国确实存在固定资本过度投资的情况。

相比之下，在改革开放后的多数年份，第三部类的消费品与理论值的差异也不是很大。但是一个值得注意的趋势是，从2007年开始，第三部类的实际值相对于理论值的水平一路下降，在2015年时已经跌至历史最低。加上第一部类2010—2015年产量超出最优值的幅度很大，我们认为这说明中国在2008年国际金融危机之后的强刺激政策可能导致了中国经济的增长路径朝着低消费、高投资的方向偏离最优增长路径。

第四节 本章小结

本章从马克思主义政治经济学的视角出发，以剩余的生产和利用、社会再生产的比例结构两个理论，构建了从长期理解中国经济增长的基本框架，并使用线性生产理论中潜在增长率和大道路径两个工具，将二者转化为可供经验研究的概念。在此基础上，本章利用中国1957—2018年的19张投入产出表，构建了相对应的三部类表，计算了中国经济的冯·诺依曼潜在增长率和马克思潜在增长率，以及这一时期的三部类全局大道路径和分段大道路径。计算的结果表明，两组工具配合起来能够较好地解释中国经济的长期趋势、阶段性特征和周期性特征。

从长期趋势来看，随着工业化过程中资本使用—劳动节约型技术进步的持续作用，中国经济的潜在增长率存在一个长期下降的趋势，这也符合马克思所说的利润率趋向下降的基本规律，因而中国经济增速放缓有其技术上的原因。

从阶段性特征来看，我们发现改革开放前中国存在着工人消费较低但是消费部门比例过高的"悖论"。这也体现了后发国家在工业化初期所面临的一个主要困难：高剩余不一定能够带来高增长。剩余的比例看似较高但是绝对量很低，要满足人民群众的基本生活就需要将大量的剩余用于消费。在中国，这种消费主要表现为政府提供的公共服务。此外，农业等产业中的剩余并不能直接有效地转化为带动经济增长的生产资料部门的积累，这也导致了剩余利用的困难。从数据上看，中国从20世纪70年代开始逐渐走出这一困境。而改革开放以后，中国经济增长的路径则出现了明显的翻转，表现为更高的固定资本投资，并且存在着过度投资的可能。

另一个阶段性特征是，我们发现在市场化改革之后，中国经济的波动趋向平稳而不是更加剧烈。在1992年之前，中国实际增长率与马克思潜在增长率的差异更大且存在着剧烈的周期性波动，这说明市场化改革对中国宏观经济的效率带来了很大的改善。

综上所述，我们可以发现，中国经济增长的两个历史性节点是20世纪70年代初和90年代初。前者解决了后发国家所面临的结构困境，释放了中国经济增长的潜力，从而让中国经济开始走上了高速增长的道路。后者则缩小了中国经济增长率的波动，提高了中国经济增长的稳定性。这两个时期所面对的问题及其解决都不是简单的。后发国家的结构化困境至今仍然困扰着世界上大多数的发展中国家，而苏联、东欧等转型国家市场化之后也并没有带来稳定的增长和宏观经济效率的提升。因此，要真正理解中国经济增长的奇迹，总结中国经济模式的一般性规律，并对世界经济增长贡献理论和实践经验，这两个时期的历史过程可能是最值得我们关注的。

就近年来中国经济增长的形势而言，我们可以发现，长期增长率下降的趋势并不能完全说明增长速度的放缓。因为从2010年以来，冯·诺依曼潜在增长率并没有下降，还出现了缓慢的上升。而劳动力成本上涨也仅能解释增长放缓的小部分原因，因为马克思潜在增长率也仅在2012—2015年存在微弱的下降。因此，导致近年来中国实际增长率下降的原因并非剩余的生产不足，而是剩余的利用水平出现了下降。

结合实际增长率与大道路径我们发现，这种剩余利用水平的变化具有明显的周期性特征：实际增长率偏高的年份，中国的生产结构与理论值的偏差会增加，这种生产结构的错位表现为过高的固定资本投资规模和过低的消费部门生产，进而导致后续年份实际增长率的下降和生产结构的调整。我们推测，这与周期性的投资行为以及金融危机之后的大规模经济刺激政策有关。

这一结论给予我们的启示是，尽管从长期趋势来看，经济潜在增长率的下降是一个规律，但是从近年来潜在增长率的变化来看，推动中国经济增长的因素没有明显的变化，因此中国经济增长仍然具有持续、稳定、快速增长的潜力。面对目前生产结构错位导致的周期性经济增速下行压力,政府可以通过分配政策和增加政府公共支出等的方式缓解消费不足,并通过投资政策调控地方政府和企业的投资行为,缓解固定资本过度投资的问题。

在本章的最后,我们想要重新审视实际增长与最优增长的关系。本章中我们计算的最优增长路径实际上是在已知后续结构变化的情况下,从事后角度给出的"最优"价值判断。在实际的长期增长过程中,技术进步对经济结构的调整起到至关重要的作用。但技术进步发生的时间和方向本身无法预知,事后看来无效的投资也可能是探索新技术的必要的研发支出。从这一角度来看,实际增长路径与事后判断的最优增长路径势必会存在一定的差异。这也意味着,对于可能存在的过度投资问题,需要更加辩证的认识。

第六章

经济增长与结构变化的趋势

经历了70年发展，中国的经济和社会已经发生了深刻的历史性变革。中国特色社会主义进入了新时代，中国社会主要矛盾已经转化为"人民日益增长的美好生活需要和不平衡不充分的发展之间的矛盾"。社会主要矛盾转变的影响是全方位的，对于经济发展而言，一个关键的内容就是总量矛盾重要性的相对下降和结构性矛盾的逐渐凸显。

与已经进入后工业化阶段的国家相比，中国长期增长过程发生的结构变化是否有其一般性和特殊性？在新的发展阶段，经济结构变动的可能趋势如何？以及在当前发展阶段，如何应对经济增速下行的压力？要回答上述问题，我们首先要科学地分析中国经济结构在过去70年的变化，理解其中的一般规律和特殊过程，从而更为准确地判断当前中国经济的结构性问题。而这需要我们运用具有长期视角的结构化理论和与之相适应的经验分析工具来达成这一要求。

为此，本章首先在马克思主义政治经济学资本循环理论的基础上，构建了一个理解国民经济循环过程的框架，说明了这种循环的本质是以价值运动为核心的资本循环（或者说价值的循环）。在此基础上，结合社会总资本再生产理论，利用三部类模型，阐述了资本循环得以顺利进行的核心，即经济中技术结构、分配结构、需求结构和生产结构之间的相互配合，并对不同结构之间的可行组合如何构成各种类型的发展模式进行了分析。而后，利用 1957—2018 年的 19 张投入产出表构建的中国的三部类表，阐述了中国技术结构、分配结构、需求结构和生产结构的变迁，以及由此体现的各个历史阶段经济整体价值循环模式的特征，说明了中国发展模式的历史变化。最后，计算了美国 1947—2020 年和日本 1960—2018 年的三部类表，并总结了两个国家经济结构变化的阶段性特征，通过与美国和日本的横向对比，讨论了中国如何在新的发展阶段突破原有的循环模式，以避免美国和日本在相应阶段出现过的结构性困难。

第一节　资本循环与经济结构

将经济理解为一个循环过程，首先在于将经济活动看作一个不断运动且再生产出自身基础的过程，在这个过程中，生产、分配、交换、消费这四个环节形成一个有机的整体，正如马克思所指出的那样"生产、分配、交换、消费……它们构成一个总体的各个环节，一个统一体内部的差别。……一定的生产决定一定的消费、分配、交换和这些不同要素相互间的一定关系；当然，生产就其单方面形式来说也决定于其他要素。……不同要素之间存在着相互作用。每一个有机整体都是这样"（中央编译局，1995）。

不过，上述的分析描述了人类社会经济活动的一般性，在市场经济条件下这种统一表现为一种价值的循环过程（哈维，2018）。要说明这一点我们可以从两点入手。

第一，经济当中存在着各种各样的商品、货币和生产要素的流动和使用，是价值的运动将上述过程统一在一起。换言之，价值的运动构成了经济中各种流量运动的核心逻辑。图 6.1 是资本循环的一个简要的示意图，为了尽可能简单地说明资本循环过程同时表示资本循环如何依赖不同资本之间的相互联系，我们考虑两个资本，这两个资本互为供给和需求方。从图中我们可以看到，每个资本都会经历购买阶段、生产阶段和销售阶段，其价值的载体会在货币、生产要素和商品等不同的形态间依次变换。而如果进一步分析这些阶段我们就会发现，资本 A 的购买阶段和资本 B 的销售阶段是同一过程，此时资本 A 的货币流向资本 B，而资本 B 的商品流向资本 A；资本 B 的购买阶段和资本 A 的销售阶段也是同一个过程，此时货币和商品的流向相反。资本 A 和资本 B 通过交换过程完成了资本和价值在不同形态间的转换，这个转换过程本身我们是无法观察到的，而现实能观察到的只是货币和商品在两个资本之间的流动。最终构成了图中外圈所表示的使用价值在经济中的流动，和内侧货币的流动。但是如果我们不理解每个资本自身价值的循环过程，就只能将经济抽象为简单的商品和货币的相对运动，从而无法真正理解两个资本运动的逻辑。正如马克思所指出的那样："一般商品流通的规律，只有在资本流通过程形成简单流通行为的序列时，才是适用的，而在简单流通行为的序列形成单个产业资本循环的职能上确定的阶段时，却是不适用的。……社会总资本——单个资本在社会总资本中只是独立执行职能的组成部分——的各个不同组成部分在流通过程中怎样互相补偿的问题（无论说的是资本还是剩余价值），不能从商品流通的简单的形态变化的交错得到说明，这种交错是资本流通行为和其他一切商品流通所共有的，这里需要用另一种研究方式"（马克思，2006a）。也就是说，如果我们不能将经济的运动过程理解为资本和价值的循环过程，我们将无法理解经济的运动和循环是如何实现的（Foley，1982a；赵峰，2009）。

第二，循环的一个关键在于其说明了经济活动的"再生产"性质。经济本身不是一个线性流，而是一个循环流（Dorfman et al.，1958；夏明、张红霞，2013）。经济在完成一次生产、分配、交换和消费的过程之后，需要将下一次进行同样过程的条件再生产出来。而在市场条件下，是价值的运动串联起了整个经济的再生产过程。在这个过程当中，拥有货币这种价值的一般表现形式的生产者，一方面通过购买生产要素，完成自身生产的物质补偿，实现自身生产

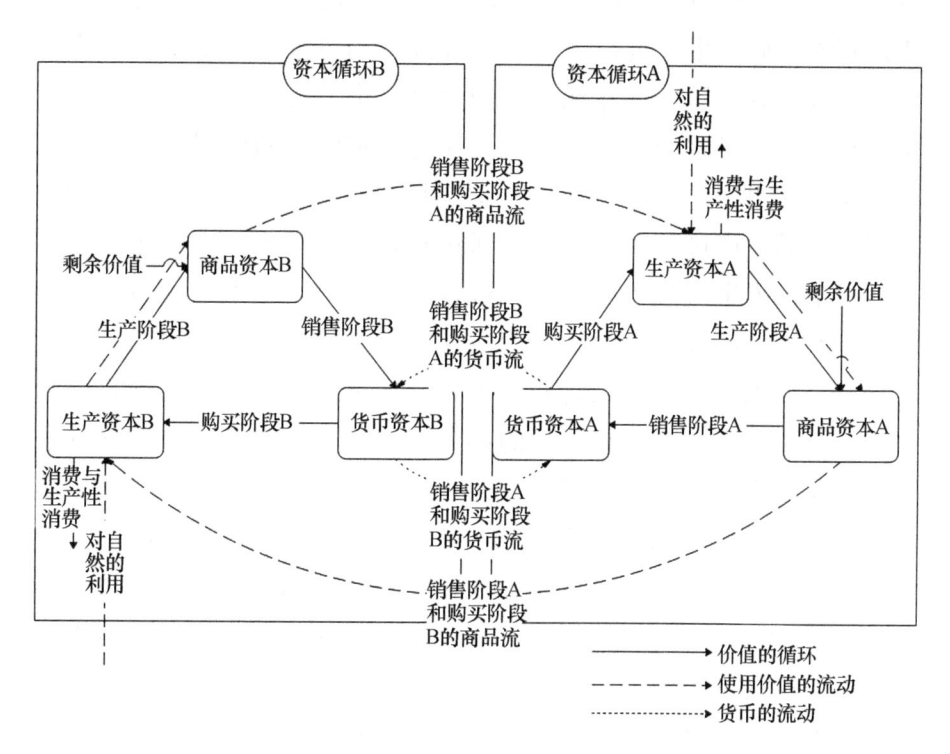

图 6.1 资本循环图示

条件的再生产；另一方面在这个过程中支付货币，使得其他生产者的私人劳动能够被社会承认，实现商品中的价值，完成其他生产者的价值补偿。在此基础上，这一生产者进一步利用生产资料和劳动力生产出新产品，在出售商品的过程中一方面将自身商品中蕴含的价值实现，获得社会劳动的一般代表——货币，从而为下一次物质补偿提供条件；另一方面，也完成了其他生产者的物质补偿。因此，价值能够在各种形态之间顺利循环是经济完成价值补偿和物质补偿，从而实现生产条件再生产的基础（马克思，2006a）。

除此之外，我们还可以从另外一个更直观的角度去理解经济的循环过程。从图 6.1 中可以看到，整个经济的流动中包含三类基本的流量：价值的循环、货币的流动和使用价值的流动。其中，使用价值看上去是在资本之间不断循环，但是实际上，使用价值在变成生产资本之后，生产过程中只有一部分劳动对象的使用价值被劳动改变，并将其物质形态体现在新的商品之中。而劳动工具和一些辅助材料在劳动过程中逐渐被消耗，作为消费资料的使用价值则被工人消费从而再生产出劳动力——这些使用价值没有体现在商品之中。同时，商品生产过程实际上还会通过对自然的利用，将一部分新的使用价值加入生产过程中。这个过程就单纯的生产力意义而言，实际上是利用一部分之前的生产阶段保留的自然界的物质和能量以及一部分新加入生产过程的物质和能量，实现这些物质和能量的形态变换，保留其中对人类有意义的部分，并将其消费或运用于下一个物质能量变换环节，同时将与人类在经济意义上"无关"的部分排放到自然的过程（穆勒，2010；Kurz，2011）。这种物质和能量的变换并不能被称作是一种"循环"。同时，尽管在我们的图中货币表现为在两个所有者之间的"循环"运动，但是在现实当中，一笔货币实际上是在无数不同的市场主体之间流动，也不表现为一种回到起点的"循环"过程。只有价值才会在不断地运动后回到它的起点上，为下一次的生产准备条件，因此只有价值的"循环"才能够真正表现出经济的"再生产"性质，也就是人类社会的再生产性质采取了价值循环这种特殊的形式。

在世界市场范围内，无数的资本循环一起构成了经济整体的循环过程。我们可以将一个经济体所有资本循环加总在一起，这就构成了一国经济的国内循环；而与国内资本循环相联系但是没有被这个加总过程所包含的国外资本的循环，统一在一起，也构成了国际的购买过程和销售过程，形成了一国经济的国际循环。国内国际循环构成了类似于图 6.1 中资本 A 和资本 B 之间的互为供求的关系，但是因为与国内循环相联系的国际循环部分并不一定能够形成完整的闭环，所以只表现为货币和商品的流入和流出。

一国经济的运转有赖于社会总资本的顺利循环或者说再生产，正如前文所引述的马克思的论断那样，这种再生产条件不能简单地理解为一般商品经济实现的条件，而需要社会总资本再生产理论。马克思针对这个问题，构建了经典的两大部类再生产模型。这个模型通过一种极其简洁的方式，阐述了理解经济循环过程的一种基本逻辑：经济在宏观上的循环过程内部表现为各种相互联系的资本之间的物质补偿和价值补偿关系。这些关系构成了经济中的一些关键性的结构，这些结构是经济能够顺利循环的决定性条件（马克思，2006a）。这些关键性的结构主要体现为四类：技术结构、分配结构、需求结构和生产结构，如图 6.2 所示。我们接下来对这四者的关系进行说明。

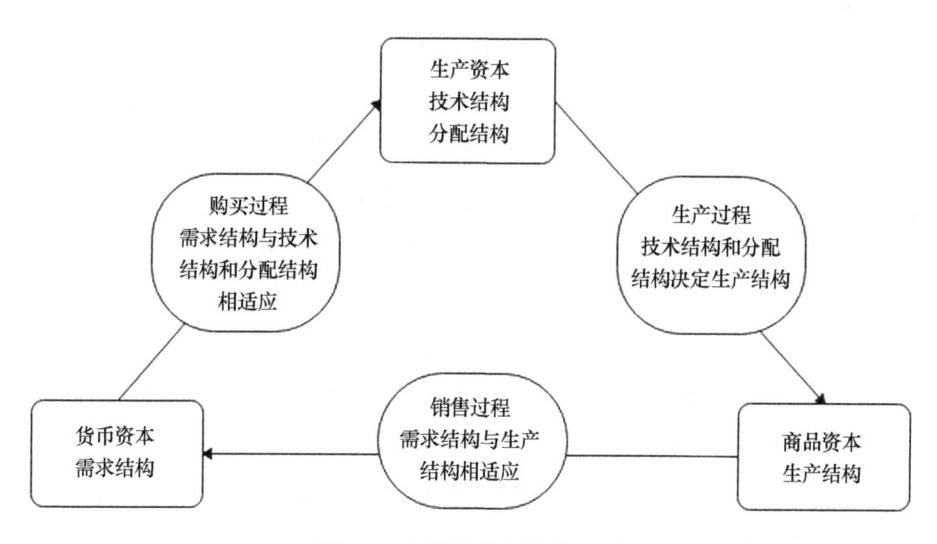

图6.2 经济结构与资本循环

在加总之后循环过程的一个突出特点是：由于不同的资本的购买和销售过程被加总在一起，而我们已经知道一些购买过程和另一些销售过程在时空上是统一的，因此从整个社会来看，货币资本转换为生产资本的过程，实际上也就是商品资本转换为货币资本的过程。货币资本的支出结构构成了整个经济的需求结构的基础，因为一方面货币资本支出直接创造了生产资料的需求，另一方面通过购买劳动力，使得支付可变资本部分的货币流转到工人手中，形成了消费资料的需求。这里我们可以看到，货币资本的支出实际上是形成消费的基础，也就是说从资本循环的角度来说资本的投资是消费的先决条件；工人的消费固然有其自主性，并可能对不同部门消费品的需求产生影响，但是货币资本的支出或者说投资，决定了需求结构的最基本部分。

　　从长期来看，市场若要实现均衡，需要生产资本转换为商品资本的结构，也即生产结构，适应货币资本支出所带来的需求结构。那么需求结构又是由什么决定的呢？这就涉及两个更为基本的结构：技术结构和分配结构。首先，货币资本的支出取决于生产过程中生产资料与劳动力之间的比例关系，同时也取决于不同类型的生产资料内部的比例关系，这些是由生产过程中的技术因素决定的；同时生产资料和劳动力之间的比例关系无法单独决定支出结构，还需要配合支付给劳动力的工资水平才能最终确定货币资本转化为不变资本和可变资本的比例，这体现了分配结构的作用（马克思，2006c；哈维，2017）。同时资本和劳动之间的分配关系还决定了剩余价值率，并与代表技术结构的资本有机构成共同决定了利润率，而利润的水平则通过影响积累的来源和动力两个方面，进一步影响货币资本的支出过程。另外，需要特别说明的是，这里的分配关系是初次分配的比例关系，在政治经济学理论中，这种初次分配实际上是直接生产过程的要素（马克思，2006c；哈维，2017）。技术结构和分配结构还进一步决定了生产结构，每个部类内部的这两种结构影响了生产过程中生产资料、必要产品和剩余产品之间的比例关系，部类之间技术和分配结构的差别则影响了各部类产量的相对关系。

　　由此我们就可以得到技术结构、分配结构、需求结构和生产结构之间的相互关系，如图6.2所示。首先，技术结构和分配结构决定了需求结构，这是货币资本转化为生产资本的基础；其次，技术结构和分配结构又决定了生产结构，这是生产资本转化为商品资本的基础；最后，生产结构又需要与需求结构相适应，这是商品资本转化为货币资本的条件（马克思，2006a；李帮喜、藤森赖明，2014a；2014b）。

第二节 工业化过程中的循环模式

在上一节我们分析了经济当中的四类结构如何决定了经济的顺利循环。本节我们将用更"形式化"的模型来展现四类结构之间的关系。马克思采用了两大部类社会总资本再生产模型对这四类结构的关系加以阐释，尽管这一模型较为简洁，提供了分析的便利，但是应用于现实宏观问题的分析则过于抽象。其中，有两个问题是尤其重要的：

第一个问题是，在技术结构上只体现了不变资本和可变资本之间的关系，而在政治经济学的理论中，描述资本的循环，除了不变资本和可变资本的关系至少还应当包括固定资本和流动资本之间的关系。

我们认为固定资本和流动资本的区分之所以如此重要，至少在于两个方面：

第一，固定资本体现了现代社会化大生产最基本的技术性质。实际上，尽管并非在严格意义上对应，但是现实经济当中固定资本主要对应着机器、厂房等劳动工具，而流动不变资本则更多对应了原材料等劳动对象，二者的技术性质是完全不同的。马克思曾经指出："劳动资料是劳动者置于自己和劳动对象之间、用来把自己的活动传导到劳动对象上去的物或物的综合体。劳动者利用物的机械的、物理的和化学的属性，以便把这些物当作发挥力量的手段，依照自己的目的作用于其他的物。……劳动资料不仅是人类劳动力发展的测量器，而且是劳动借以进行的社会关系的指示器。在劳动资料中，机械性的劳动资料（其总和可称为生产的骨骼系统和肌肉系统）比只是充当劳动对象的容器的劳动资料（如管、桶、篮、罐等，其总和一般可称为生产的脉管系统）更能显示一个社会生产时代的具有决定意义的特征。"（马克思，2006c）因此，要分析一个经济工业化过程中所蕴含的技术结构变化，不能单纯地考察生产资料部类和消费资料部类的区别，而应当将固定资本部类单独区分出来。

第二，固定资本与流动资本的区分也体现了经济中关键的时间结构。一方面，固定资本和流动资本的差异在资本的生产和流通时间给定的情况下决定了不同生产过程的资本周转时间。另一方面，这种固定资本与流动资本的差异也反映了经济过程中存量流量的关键性差别。而这两方面与宏观经济的波动和增长都是高度相关的。因此我们需要将固定资本单独区分出来。

第二个问题是，传统的两大部类分析中没有体现经济的国际循环过程，国际循环不仅构成了需求结构的重要因素，也提供了生产过程中技术因素的重要一环。因此，我们需要对上述模型加以拓展，构成我们所需要的基本模型。

设第一部类为固定资本生产部类，第二部类为流动性生产资料生产部类，第三部类为消费资料生产部类。K_i、A_i、V_i 分别为部类 i 使用本国生产的固定资本、流动性生产资料和消费资料的价值量；M_i 是部类 i 的剩余价值总量；α_i 是部类 i 使用的固定资本的有形折旧率，β_i 是部类 i 固定资本的有形和无形折旧率之和；u_{Ki}、u_{Ai}、u_{Vi} 分别是部类 i 使用的固定资本、流动性生产资料、消费资料中进口品与本国产品的比例；g_{Ki}、g_{Ai}、g_{Vi} 分别是部类 i 使用的固定资本、流动性生产资料和消费资料的增长率。e_K、e_A、e_V 分别是固定资本、流动性生产资料、消费资料出口量与本国总使用量的比值。我们可以得到包含进出口的三大部类再生产条件：

$$\alpha_1 K_1 + \alpha_1 u_{K1} K_1 + A_1 + u_{A1} A_1 + V_1 + u_{v1} V1 + M_1$$
$$= \beta_1 K_1 + \beta_2 K_2 + \beta_3 K_3 + g_{K1} K_1 + g_{K2} K_2$$
$$+ g_{K3} K_3 + e_{K1} K_1 + e_{K2} K_2 + e_{K3} K_3 \qquad (6.1)$$
$$\alpha_2 K_2 + \alpha_2 u_{K2} K_2 + A_2 + u_{A2} A_2 + V_2 + u_{v2} V_2 + M_2$$

$$= A_1 + A_2 + A_3 + g_{A1} A_1 + g_{A2} A_2 + g_{A3} A_3 + e_{A1} A_1 + e_{A2} A_2 + e_{A3} A_3 \tag{6.2}$$

$$\alpha_3 K_3 + \alpha_3 u_{K3} K_3 + A_3 + u_{A3} A_3 + V_3 + u_{V3} V_3 + M_3$$
$$= V_1 + V_2 + V_3 + g_{V1} V_1 + g_{V2} V_2 + g_{V3} V_3 + e_{V1} V_1 + e_{V2} V_2 + e_{V3} V_3 \tag{6.3}$$

上述公式给出的参数和细节过多，我们将方程（6.1）至方程（6.3）进行加总，可以得到：

$$\alpha K + \alpha u_K K + A + u_A A + V + u_V V + M$$
$$= \beta K + g_K K + e_K K + A + g_A A + e_A A + V + g_V V + e_V V \tag{6.4}$$

并进一步表示为：

$$(\beta - \alpha + g_K + \epsilon_K)\varphi\kappa + (g_A + \epsilon_A)(1-\varphi)\kappa + (g_V + \epsilon_V) - s = 0 \tag{6.5}$$

其中 $K = K_1 + K_2 + K_3$，$A = A_1 + A_2 + A_3$，$V = V_1 + V_2 + V_3$，α、β、κ、φ、s 分别是全社会固定资本的有形折旧率、固定资本的总折旧率、资本有机构成、固定资本占不变资本的比重、剩余价值率；g_K、g_A、g_V 分别是第一、二、三部类的增长率；ϵ_K，ϵ_A，ϵ_V 分别是第一、第二、第三部类净出口占国内使用量的比重。

方程（6.5）清晰地反映了技术结构 φ、κ、$\beta - \alpha$，分配结构 s，外部需求结构 ϵ_K、ϵ_A、ϵ_V 与生产结构变化 g_K、g_A、g_V 的关系。由此我们可以得到几个有意义的结论：

第一，$d g_K / d g_A = 1 - \dfrac{1}{\varphi} < 0$，$d g_K / d g_V = -\dfrac{1}{\varphi\kappa} < 0$，$d g_A / d g_V = \dfrac{1}{(\varphi - 1)\kappa} < 0$，即三部类之间的增长率在其他条件不变的情况下存在此消彼长的关系。在社会剩余一定的条件下，提高一个部门的增长率需要牺牲其他部门的增长率。同时，不变资本中固定资本比例越高，压低其他部类增长率所能获得的第一部类的增长率越少；资本有机构成越高，降低第三部类所能获得的第一和第二部类的增长率就越低。

第二，$dg_K/ds = \dfrac{1}{\varphi\kappa} > 0$，$dg_A/ds = \dfrac{1}{(1-\varphi)\kappa} > 0$，$dg_V/ds = 1$。剩余价值率的提高对于提高三个部类的增长率都有正向作用，但是随着资本有机构成的提高，剩余价值率对第一和第二部类增长率的提高作用会逐渐下降，固定资本比重的上升也会使得提高剩余价值率对第一部类增长的促进作用减弱。

第三，$dg_K/d\kappa = -\dfrac{g_A + \epsilon_A + \varphi\delta}{\varphi\kappa} < 0$，$dg_A/d\kappa = -\dfrac{g_A + \epsilon_A + \varphi\delta}{(1-\varphi)\kappa} < 0$，$dg_V/d\kappa = -(g_A + \epsilon_A + \varphi\delta) < 0$，其中 $\delta = \beta - \alpha + g_K + \epsilon_K - g_A - \epsilon_A$，即资本有机构成的提高会降低所有部类的增长率。

第四，$dg_K/d\varphi = -\dfrac{\delta}{\varphi}$，$dg_A/d\varphi = \dfrac{\delta}{\varphi - 1}$，$dg_V/d\varphi = -\kappa\delta$。这说明固定资本比重对于各部类的影响取决于第一部类净产出占总产出的比重（国内需求部分 g_K、净出口部分 ϵ_k 和弥补无形折旧的部分 $\beta - \alpha$）与第二部类净产出占总产出比重（国内需求部分 g_A 和净出口部分 ϵ_A）之间的相对关系，如果第一部类净产出占本部类总产出更大，则提高固定资本占不变资本的比重会降低各部类的增长率，反之则会提高增长率。

第五，$dg_K/d(\beta - \alpha) = -1$，$dg_A/d(\beta - \alpha) = \dfrac{\varphi}{\varphi - 1} < 0$，$dg_V/d(\beta - \alpha) = -\varphi\kappa < 0$。即当固定资本更新速度加快，无形折旧提高时，各部类的增长率会降低。

第六，对外贸易。令 $G = (g_K, g_A, g_V)'$，$E = (\epsilon_K, \epsilon_A, \epsilon_V)'$，有：

$$\dfrac{dG}{dE'} = \begin{pmatrix} -1 & 1 - \dfrac{1}{\varphi} & -\dfrac{1}{\varphi\kappa} \\ \dfrac{\varphi}{\varphi - 1} & -1 & \dfrac{1}{\kappa(\varphi - 1)} \\ -\varphi\kappa & \kappa(\varphi - 1) & -1 \end{pmatrix} \qquad (6.6)$$

(6.6) 式说明各部类的国内使用与净出口之间是此消彼长的关

系，并且这种关系不仅存在于部类内部，对于部类之间也同样成立。而对于各部类净出口之间的关系，有：

$$\frac{dE}{dE'} = \begin{pmatrix} 1 & 1 - \frac{1}{\varphi} & -\frac{1}{\varphi\kappa} \\ \frac{\varphi}{\varphi-1} & 1 & \frac{1}{\kappa(\varphi-1)} \\ -\varphi\kappa & \kappa(\varphi-1) & 1 \end{pmatrix} \quad (6.7)$$

（6.7）式表明不同部类的净出口是此消彼长的关系。这一结论不需要国际收支平衡约束的作用，而如果进一步考虑国际收支平衡条件，各部类净出口之间的替代作用将进一步加强。

另外，需要特别说明的是，模型中所得到的关于进出口的结论，并不仅限于货物贸易，也适用于服务贸易。与货物和服务贸易相关的资本流动也是包含在模型之中的，由于没有引入国际收支平衡的要求，本书的模型允许存在与经常项目不平衡相联系着的金融和资本账户不平衡。外国资本流入带来的净进口和本国借款所带来的净出口都包含在其中。进一步来说，社会总资本再生产模型本身就强调货币流量与实物流量的统一，因此这个模型在国际贸易方面也同样包含了经常项目和金融与资本账户之间的关系。当然，上述内容并不能涵盖国际收支的全部信息，与商品生产和贸易无关的货币流动，例如跨国利润抽取和利息支付，不包含在模型的描述之内，但是就我们的分析目的而言模型所描述的过程已经足够了，因为我们的分析希望抓住的是以本国生产过程为基础的循环，这是一国资本循环过程中的主体和最重要的部分。

由上述结论我们可以发现，经济的循环过程可以根据不同结构之间的相互关系，形成不同类型的发展模式。这些组合可能是多种多样的，我们沿着一个后发国家工业化的脉络叙述其中比较主要的几种可能。

（1）工业化的起步阶段：此时一国的资本有机构成、固定资本比重很低，理论上如果能够配合合理的剩余价值率，将会实现各部类快速的积累。但是此时后发国家面临明显的困难：在这一时期，后发国家的工业化刚刚起步，有机构成会迅速提高，要求经济当中生产不变资本的两个部类比例快速提高。但是资本有机构成一定程度上反映了物化劳动和活劳动的比重，也即一国的产业纵向分工水平或者说产业链的长度，资本有机构成较低也正是落后国家产业体系不完善的一个标志。因此，从物质补偿的角度，扩大不变资本部类规模的需求需要国外满足（路风、余永定，2012）。从价值补偿的角度，尽管这一时期工人的劳动力价值很低，但是由于劳动生产率低下，相对剩余价值生产所产生的效果很小，整个经济中可提供的剩余也很低。

这种困难的解决有几种可能的路径：一是直接依赖外部资本的输入，利用外资实现生产资料的进口，而这实际上意味着使本国的资本循环从属于国际的资本循环，很多发展中国家的进口替代过程实际上采取的是这一模式。二是通过降低本国消费资料的国内使用，提高消费资料出口来实现工业化，也即出口导向的路线。但是这需要配合剩余价值率的上升才能实现，由于剩余生产能力的低下，这是困难而矛盾重重的。很多后发国家在工业化过程中要么形成了对外国资本的依赖，要么造成了本国产业对外国市场的依赖，最终形成一种依附性的发展，增加了本国经济发展的风险；还有一些国家可能直接锁定在低剩余条件下的生产结构陷阱之中。

（2）快速工业化阶段：这一时期经济的资本有机构成和固定资本比重已经有所提高，这导致提高第一部类和第二部类增长率的代价变大，但是两个部类仍然需要较高的增长率，因此需要加大三部类增长的不平衡性。在这个过程中，随着需求结构进一步向第一、第二部类倾斜，存在两种比较常见的满足这一需求结构的方法。一个思路是压缩第三部类生产规模，并改变分配结构使之进一步向资本和积累倾斜，这是以国内循环为主解决工业化问题的模式。不过这一时期随着劳动生产率的提高，整个经济生产剩余的能力也在提高，分配结构的变化并不一定带来劳动者生活水平的绝对下降。另一个思路则是诉诸国际循环，更多地由国际生产满足第一、第二部类的生产过程，同时为了满足国际收支平衡的需要，扩大第三部类的出口。

（3）工业化成熟时期：此时整个经济的主要特点是第一部类和第二部类的需求不再快速增加。应对这种需求变化的一种比较直接的方式是通过增加第一、第二部类出口来弥补本国两大部类需求增长的下降，从而使得本国更加依赖国际市场，进一步从属于国际循环。这种模式下由于分配比例没有变化，国内需求以投资为主，从而形成投资和出口拉动的经济模式。另一种更加依赖国内循环的模式则是通过恢复平衡增长，扩大第三部类增长率，配合收入分配向工资倾斜，实现最终需求向消费为主的模式的转变。这两种方式，前者是不改变生产结构的惯性，利用外部需求来使需求结构适应生产结构，后者则是同步改变生产结构和需求结构达到二者的统一。在这两种方式以外，还存在一种模式是单纯地改变生产结构，而不通过改变分配结构以调整需求结构：在国内分配仍然高度偏向积累、国内第一、第二部类投资需求低迷的条件下，最终使得经济通过资本外流和去工业化的方式完成生产结构的调整。

第三节 中国循环模式的阶段性特征

为理解中国工业化过程中循环模式变迁的机制，我们将1957年、1963年、1968年和1973年4张估计的投入产出表和1981年到2018年15张官方公布的投入产出表转换为三部类表，估算了三部类固定资本存量，并对三部类的技术、分配、生产和需求四种结构进行了考察。

前文提到，马克思主义政治经济学关于技术进步的一个重要判断是，伴随着工业化和劳动生产率提高的是以生产资料替代劳动的有偏技术进步,这种有偏技术进步将使得各部类资本有机构成上升。表 6.1 反映了中国三部类资本有机构成的变动情况,两个重要的时间节点是 1973 年和 2010 年。1973 年之前只有第一部类的资本有机构成有明显的增长,这与中国以重化工业为起点的工业化过程是相吻合的,此时工业化只表现为第一部类内部迂回生产的延长,其效应尚未溢出到其他部类。从 1973 年到 2010 年,三部类有机构成都出现了一定程度的提高。而 2010 年之后,有机构成则表现出下降的趋势,这一方面说明中国已经从加速工业化时期进入了工业化后期,技术进步的形式开始出现转变,另一方面也受到了收入分配变动的影响。

表 6.1　　　　　　　　　三部类资本有机构成

年份	第一部类	第二部类	第三部类	年份	第一部类	第二部类	第三部类
1957	2.2	2.1	0.9	2000	18.4	3.9	2.5
1963	3.2	3.1	0.9	2002	19.2	3.7	2.2
1968	3.3	1.4	0.5	2005	23.7	5.6	3.1
1973	5.6	2.2	0.5	2007	25.5	5.6	3.3
1981	8.0	1.8	1.7	2010	26.3	6.8	3.6
1987	13.3	2.3	1.8	2012	24.1	5.9	3.2
1990	12.9	2.7	2.0	2015	24.8	5.8	3.0
1992	13.8	3.3	2.1	2017	19.4	4.1	2.8
1995	15.7	3.6	2.5	2018	20.3	4.0	2.6
1997	16.1	3.6	2.5				

分配结构我们通过图 6.3 所示的三部类利润工资比来反映。三部类利润工资比的波动情况基本一致,并且与经济增长的变化趋势也是一致的,这种一致性在 1992 年市场化改革之后尤为明显。因为利润工资比取决于增加值的分配,一方面如果我们将工资理解为先

定的，那么利润工资比就包含着工资和利润在生产过程中的分配关系，这与三部类技术特征关系不大；另一方面利润是后定的，其中包含了价值实现的因素，因而利润工资比会出现部类间差别，并与经济增长表现出一致的波动。

在上述技术结构和分配结构的基础上，我们可以进一步考察由它们所决定的需求结构是否与产出结构相匹配。表 6.2 和图 6.4 分别反映了三部类的总产出及生产的比例结构。仅从增长的角度看，三部类都实现了飞跃式增长，但由于快速工业化的过程中三部类产出的增长速度不同，因而三部类产出在国民经济中的比例结构也发生了变化。两个重要的时间节点同样出现在 1973 年和 2010 年。1973 年之后，生产结构才开始出现明显的变动趋势，以第一、第二部类占比的提高和第三部类占比的下降为特征，而 2010 年之后，生产结构开始出现相反的变动趋势，这进一步印证了中国进入工业化后期的论断。

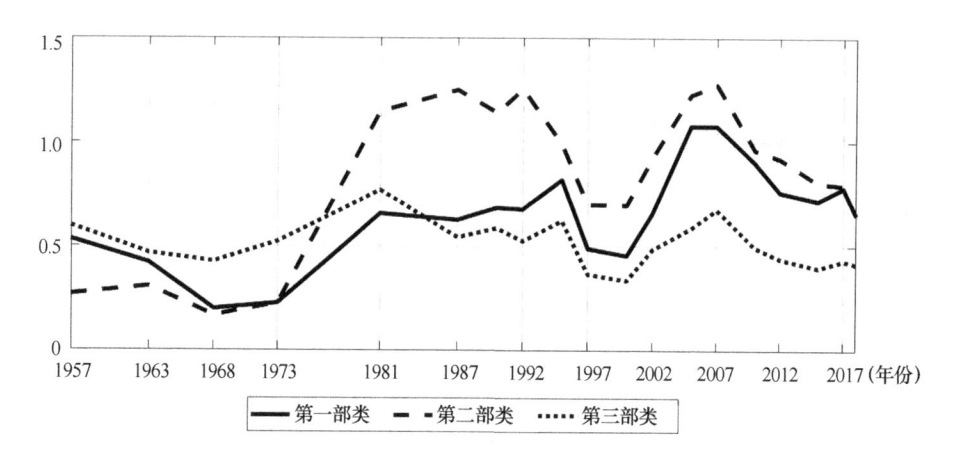

图 6.3 三部类利润工资比

从上述技术、分配、生产和需求四种结构的变动来看，在中国的工业化过程中经历了两次比较明显的循环模式转换：一次在20世纪70年代末到80年代初，在改革开放政策下，中国逐步融入了国际市场，开启了"国内国际双循环"的模式；另一次在2010年前后，随着中国进入工业化后期，积累速度逐渐放缓，循环模式也发生了相应的调整。接下来我们具体考察，三种循环模式如何与积累模式相适应，即整个循环内部的物质补偿和价值补偿如何实现。

一 工业化早期的积累困境

新中国成立初期，中国的经济基本以农业为主，工业基础非常薄弱且不成体系，尤其缺乏生产资料工业，既缺少生产各种机器设备、机床等现代化生产工具的第一部类企业，又缺少生产钢铁、水泥等中间原料的第二部类企业，因而整个经济处于一种低固定资本比例和低有机构成的技术水平。在这种生产条件下，如果只依靠规模扩张，生产能力的提升会非常有限，要实现经济的快速增长，改变中国积贫积弱的状况，只能通过工业化提升生产效率，延长产业链条。但在当时的经济基础上进行快速工业化存在两重困难。

第一重困难是缺少快速工业化所需的高积累和高投资。从收入分配结构来看，1973年之前，虽然工资收入一直处于非常低的水平，但利润工资比并不高，并且还有下降的趋势。这并不是因为收入分配政策偏向于工资，而是因为当时的生产力水平较低，在补偿了生产中损耗的生产资料和人民生活所必需的消费资料后，经济的剩余原本就处于很低的水平。剩余的生产能力不足，直接导致了低积累和低投资，从而限制了生产能力的提高，形成了低产出、低积累循环往复的困境。

面对经济整体剩余生产能力不足的现实情况，中国采取了以重工业和建立国民经济完整体系为导向的工业化战略，通过国家调配的方式实现了第一、第二部类的相对高积累，希望通过促进第一、第二部类的生产，提高技术水平和生产效率，快速走出低产出低积累的困境，这一战略可以从第一部类有机构成率先增长的特征中得到印证。从数据来看，虽然牺牲了第三部类的增长，但1981年之前第一、第二部类的产出也并没有满足积累和扩大再生产的要求。这是因为中国同时还面临着第二重困难，即缺乏积累的物质基础和技术支持。

西方发达国家的工业化过程历时一个多世纪，经过三次工业革命，才建立起完整的工业生产体系，而中国想通过国家调配和倾斜发展战略快速实现工业化，必然面临物质结构调整跟不上价值结构调整，从而导致生产结构与需求结构不匹配的情况发生。在第一部类供给不足的情况下，想要投资建厂，一没有现成的设备可买，二没有生产设备的技术，即使将第三部类的剩余转移到第一部类，也无法实现从积累到产出的快速转化。

在当时的国际社会环境下，中国经济基本依靠国内生产和国内需求之间的内部循环，但在技术水平落后的情况下，仅仅依靠内循环难以解决重要生产资料短缺的问题。要破解上述困局，最快的方式就是通过国际市场协调积累的物质需求和实际产出的不匹配，从而实现从积累到增长的迅速调整。

二 加速工业化时期的双循环模式

改革开放政策的实施为中国破解工业化早期的积累困境、开启国内国际双循环提供了可能性。在本章第二节中，我们曾经提到从工业化起步到快速工业化阶段，解决工业化过程中的结构性困难有两条路径，一是借助国际循环，二是通过不平衡发展利用国内剩余调整生产结构。而从数据上看，自20世纪70年代初，中国实际上采取了两种模式结合的路径。

一方面20世纪70年代初，中国就逐渐开始了技术引进，以解决生产资料尤其是固定资本生产不足的问题，而改革开放则大大加速了这一进程。从数据来看，1981年开始中国第一部类的进口一直大于出口，并且净进口的规模一直在扩张，这种情况一直持续到

2007年。通过进口固定资本的方式，扭转了中国第一部类供给不足的局面，实现了积累的物质结构调整。因而在1981年之后，第三部类的资本有机构成都出现了快速的提高。可见在中国工业化过程中，外部循环的引入起到了非常积极的作用，加速了中国生产力和技术水平的提高，从而推动了整个工业化进程。在融入世界市场的背景下，依靠国际循环调整积累的物质结构需要考虑国际贸易的收支平衡。改革开放初期，在第一、第二部类产品都依赖进口的情况下，只能通过出口第三部类产品实现国际收支平衡，填补进口第一、第二部类产品带来的贸易逆差。

另一方面，随着三部类有机构成和生产能力的提升，中国经济剩余也大幅提高，这在工资不变的情况下，体现为利润工资比的迅速提高。整个20世纪80年代和90年代早期，中国的工资制度基本保持不变，以保证快速工业化所需的高积累率。90年代之后，随着工资制度改革的逐渐深入，加之1995—2000年企业改制带来的生产率下降和商品实现困难，利润工资比出现了阶段性下降。但总的来说，在加速工业化时期，中国的收入分配制度都是向积累倾斜的。这种收入分配结构下，消费需求的增长速度被抑制，而投资需求旺盛，积累进一步流向了第一、第二部类以适应低消费、高投资的国内需求结构，从而导致三部类的增长速度拉开了差距。从三部类总产出占比的情况来看，第一、第二部类占比上升的同时第三部类的占比大幅下降，国内生产形成了生产资料，甚至是固定资本优先增长的格局。

随着技术结构和分配结构的变化，中国三部类的产量开始迅速攀升。走出了早期的"锁定"状态，实现了快速的工业化。虽然通过进口固定资本的方式，中国三部类都实现了技术进步，但不论是从绝对水平还是相对增速来说，第一部类有机构成提高的幅度都明显高于第二、第三部类。从最直接的层面来讲，这是由三部类生产的物质属性决定的，因此三部类对不变资本和劳动投入的需求结构具有天然的区别。更进一步，这种差异的阶段性特征也反映了中国工业化过程中的一些重要事实,即中国的工业化是从第一部类开始的。在倾斜的发展战略下,第一部类首先具有了更高的技术水平,出现了分工的扩大和产业体系的逐渐完善,这与传统发达国家以消费资料部类增长作为工业化的开端是完全不同的道路。

实际上,中国在这一时期两种循环模式结合的积累方式有其重要的优越性,一方面能够借助国际资本循环实现技术结构变化,另一方面,也能够使得本国循环并不完全依赖国际市场,减少发展过程的"依附性质"。最终造就了中国这一时期高积累、高增长、贸易平衡的双循环模式,克服了生产能力不足的制约,再生产结构逐渐合理化,工业化体系也日趋成熟。1997年之后,第二部类基本脱离了对进口的依赖,而第一部类在2007年也实现了正的净出口。这意味着循环模式向下一个阶段调整。

三 工业化后期的循环模式调整

经过了30年的快速工业化建设,在2010年前后,中国基本进入了工业化后期,具备了成熟的工业化体系,生产力水平跻身世界前列。随后,中国的资本有机构成和固定资本比例不再快速增长,而是逐渐趋于平稳并有所下降,利润工资比也出现了下降的趋势。

由于中国生产技术逐渐接近国际前沿面,技术突破不能再依靠引进而要依靠自主研发,无法通过生产资料对劳动的替代进一步提高生产效率,积累的意愿逐渐放缓。与此同时,中国经济的持续增长提高了人民的生活水平,从而平均工资也一直在上涨。两方面共同作用导致了中国资本有机构成的下降。而利润工资比的下降不仅因为平均工资的上涨,还受到了产品实现困难的影响。

在工业化后期,积累和投资的动力不足,而消费意愿逐渐上涨。新的需求结构与快速工业化时期遗留的生产结构出现了错位,在短期里生产结构又难以实现迅速调整,因而会出现部分产品的实现困难。这种情况下要实现持续增长,避免经济"硬着陆",只能通过外循环寻求出路。从2010年开始,中国的第一部类也开始了净出口,尤其随着"一带一路"的推进，中国的净出口结构发生了显著变化。2017年，中国的第一部部类净出口量超过了第三部类。

理论上讲，需求与产出的缺口可以通过国际贸易弥补，也就是通过外循环促进内循环的顺利进行。但实际上，由于不确定性和客观风险的存在，外循环对内循环的促进作用是有限的，甚至可能打破原本平稳的内循环模式。在2008年国际金融危机的影响下，中国的出口部门受到了直接冲击，2010年三部类的净出口比2007年减少了一半有余。而出口部门的危机会通过产业链向前传导，并通过失业问题影响国内消费需求。近两年出现的逆全球化趋势和中美贸易争端问题则进一步增加了国际市场的不确定性和过度依赖外循环的风险。

此外，除了上述潜在风险，在国际贸易中长期保持顺差本身就是国内和国际循环过程失调的表现，根据本章第二节的模型会降低经济整体的增长率。因此从中长期来看，要在新的积累模式下实现稳定的增长，还是要依靠国内循环，通过生产结构的调整适应工业化后期需求结构的转变。

第四节　美国与日本循环模式的比较

本节，我们希望能够探讨中国未来循环模式的可能方向。为此，我们将对美国和日本两个发达经济体的循环模式变迁过程进行考察，寻找其中可能蕴含的一般性规律，以及这些经济体循环模式变化过程中可能的经验与教训。之所以选择美国和日本作为比较研究的对象，一方面是因为这两个经济体与中国经济体量相似，也经历了工业化成熟期后的循环模式转变。另一方面，这两个国家实现循环模式转变的路径并不相同，恰好可以为中国现阶段所面临的复杂情况提供不同侧面的借鉴。

当然，美国和日本与中国存在经济制度的根本性差异，但是我们对循环模式的研究是建立在对社会总资本再生产的一般性分析之上。正如斯大林所指出的那样:"马克思的再生产公式决不只限于反映资本主义生产的特点;它同时还包含有对于一切社会形态——特别是对于社会主义社会形态——有效的许多关于再生产的基本原理。"(斯大林,1952)我们的目的主要是在一般意义上得到工业化过程中经济结构变化的原理性概括,因此,这种比较分析能够为中国未来的循环模式变迁提供一些有益的见解。

基于数据的可获得性,我们截取了美国经济分析局公布的1947—2020年历年投入产出表和日本总务省统计局公布的1960—2018年间的13张投入产出表,并转化为三部类表进行经验分析。

一 美国的工业化与经济结构变迁

图6.5至图6.8展示了美国1947—2020年技术、分配、生产、需求结构的变动情况。从整体来看,美国循环模式在20世纪80年代初经历了一次明显的变化:第一部类资本有机构成开始下降;净进口迅速增加,再生产过程对国际循环的依赖开始大幅增加;第三部类占比上升并超过了逐步下降的第二部类。由于美国早期的投入产出表没有区分工资和利润收入,我们对美国分配结构的叙述只能从1997年开始。但现有研究足以提供美国收入分配结构也是自80年代开始发生变化的经验证据(Shaikh,2016)。自80年代开始,美国利润工资比由降转增,90年代以后与中国和后文的日本相比处于相对较高的水平。从上述变化中我们可以发现,80年代的新自由主义重塑了美国循环模式。

20世纪初期,美国就完成了工业化,在工业化完成后的一段时间,经济增长势头仍然强劲。尤其在两次世界大战期间,欧洲国家经济遭受重创,美国则从中攫取了巨大利益,"二战"结束时美国的黄金储备达到了世界的75%以上,成为世界经济霸主。其后的20年中,美国迎来了战后黄金增长期,但由于出现了用工荒,美国的实际工资增长率快于劳动生产率增长率(Shaikh,2016)。到60年代

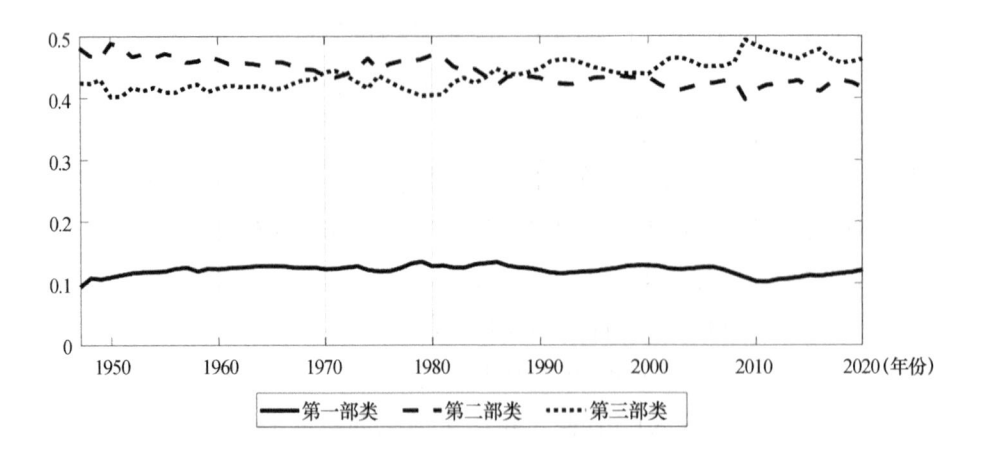

图 6.5　美国 1947—2020 年三部类总产出占比

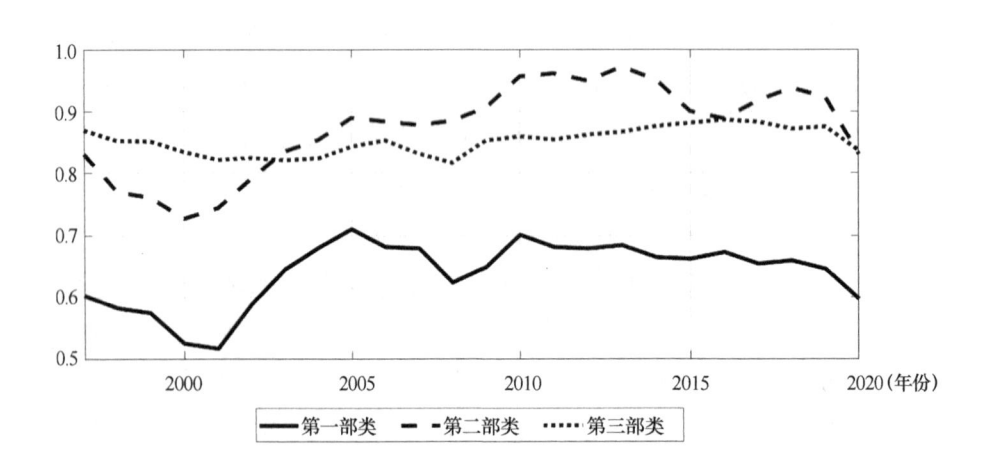

图 6.6　美国 1997—2020 年三部类利润工资比

末,西欧和日本的经济复苏使得国际竞争压力加大,结束了国际贸易中美国一家独大的局面。结合"黄金年代"之后居高不下的工人工资,美国利润率开始下降,增长迟缓,经济陷入了"滞胀"危机,国内投资需求低迷(阿姆斯特朗等,1991)。

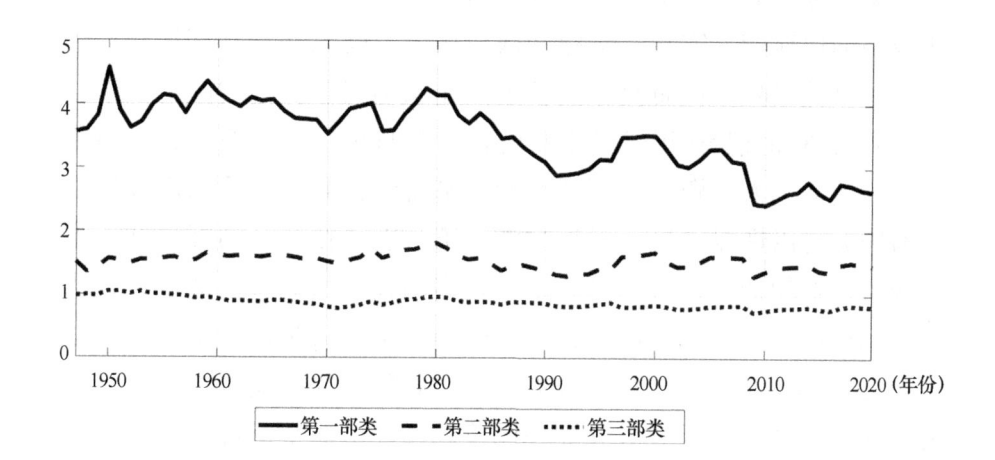

图 6.7　美国 1947—2020 年三部类资本有机构成

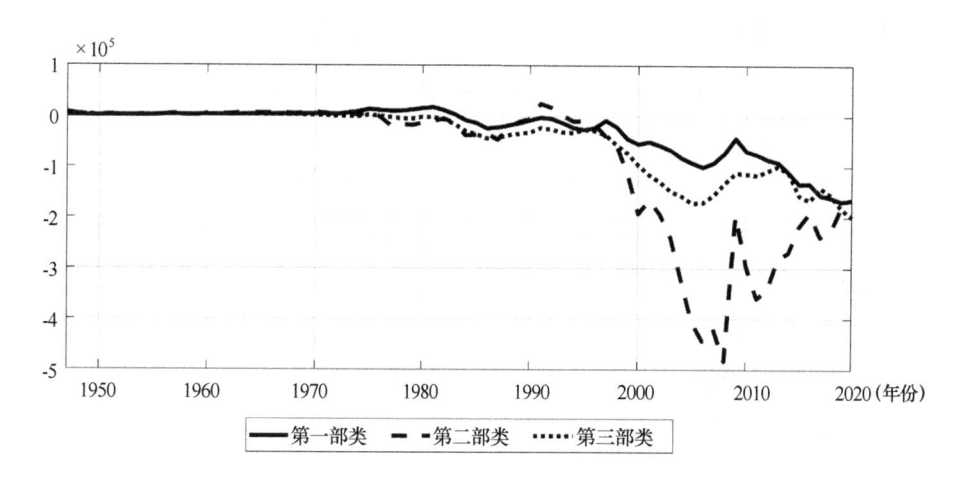

图 6.8　美国 1947—2020 年三部类净出口（百万美元）

为了降低生产成本，美国开始通过跨国公司和对外直接投资的方式将一些中间生产环节和装配工业陆续转移到海外，以利用当地廉价的劳动力和资源，这造成了第二部类占比的下降。随着第二部类产业的迁移，国内固定资本需求相对下降，自 20 世纪 80 年代之后，第一部类的占比也开始下降。由于第三部类产业，例如其中比重较高的房地产、零售、医疗和政府服务，既无法迁移到海外，需求又在日益提高，从而使得第三部类的产出占比继续攀升。

随着20世纪80年代里根政府推行新自由主义政策，打击劳工势力、压低工人工资，美国的利润水平得到提高，但是国内投资并没有因此得以恢复。这一时期，随着第三次科技革命的开展和资本密集型产业的迁出，以信息技术为代表的技术密集型产业逐渐成为美国国内的主导产业。同时，滞胀时期产生了大量的停滞资本，使得金融资本迅速膨胀，加之政府金融监管的放松，美国的金融产业开始蓬勃发展。为了应对利润率的下跌，许多非金融部门也将资产转移到金融资产上，职能资本部门开始出现金融化（赵峰、马慎萧，2015）。加上技术结构"由重转轻"，导致国内积累压力进一步增加，利润和投资外流扩大，进一步助推了产业尤其是第一、第二部类生产活动外流，有机构成和生产结构的变迁部分地反映了这一点。而产业外流又使得制造业岗位减少，进一步压低了工资，最终形成了经济的去工业化。

在生产能力逐渐短缺的情况下，生产资料和消费资料的供给日益依赖美元霸权下的国际循环。对国际循环的过度依赖，一方面形成了国际贸易逆差和国家债务的积累，另一方面国内工作岗位流失严重，造成了大量产业工人失业，工人整体议价能力下降，收入分配更加向利润倾斜，而新形成的积累却更多地流向了金融部门，并进一步造成国内生产结构的扭曲。

二 日本的工业化与经济结构变迁

图6.9至图6.12展示了日本1960—2018年技术、分配、生产、需求结构的变动情况。与美国类似，日本的资本有机构成变迁也经历了比较明显的下降，且以第一部类为主。但与此同时，日本的利润工资比也存在类似的下降趋势，这使得技术结构和收入分配结构相互配合，从而生产结构没有出现去工业化趋势。尽管日本也出现

了第一、第二部类产量占比下降的情况,但从绝对水平上来看仍然较高,且第一部类维持着较高的出口水平。尽管如此,日本的循环模式也存在着另一种形式的对外部循环的过度依赖。

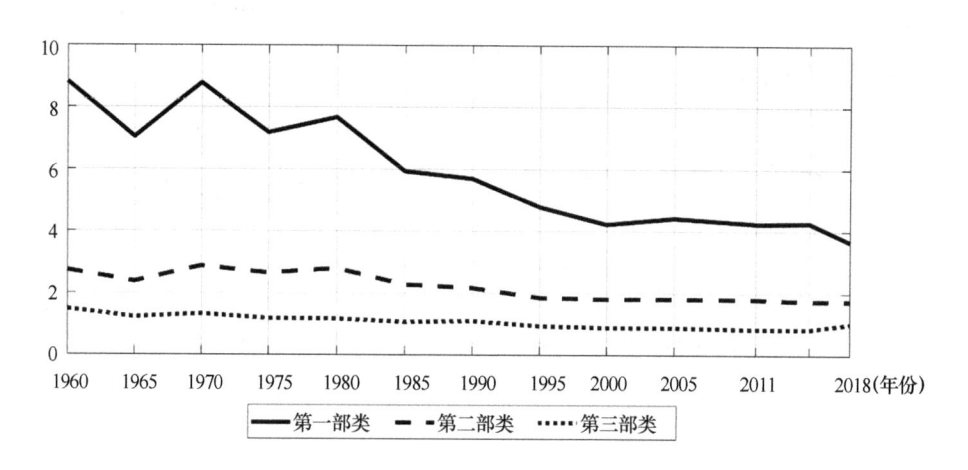

图 6.9 日本 1960—2018 年三部类总产出占比

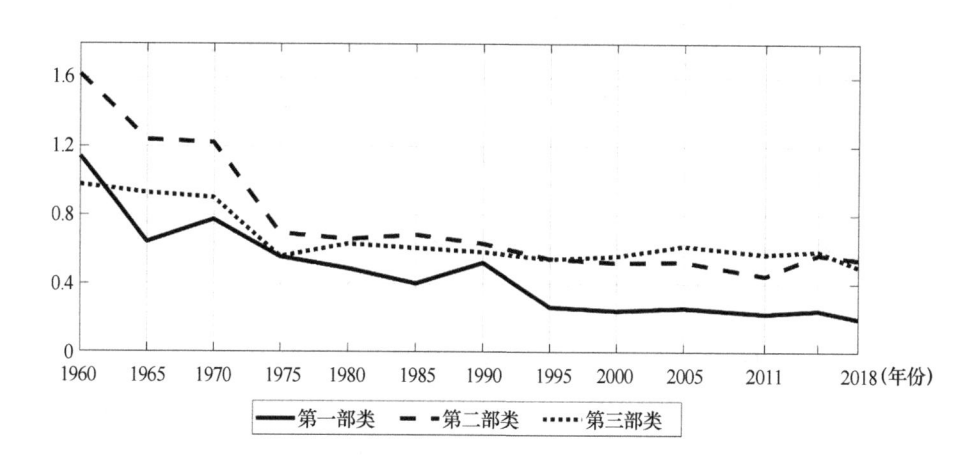

图 6.10 日本 1960—2018 年三部类利润工资比

日本的工业化起步相对较晚,始于明治维新时期,且与美国的工业化过程相比,日本的工业化更具"计划"色彩。在工业化的初

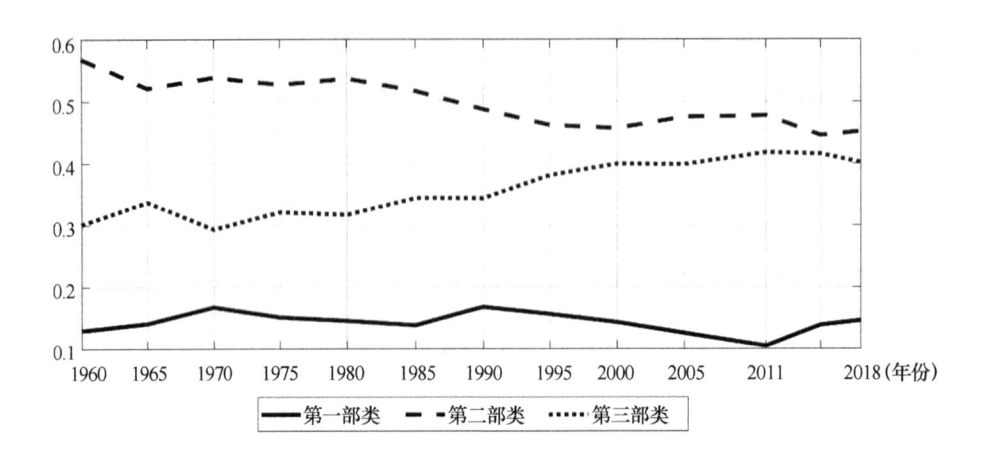

图 6.11　日本 1960—2018 年三部类资本有机构成

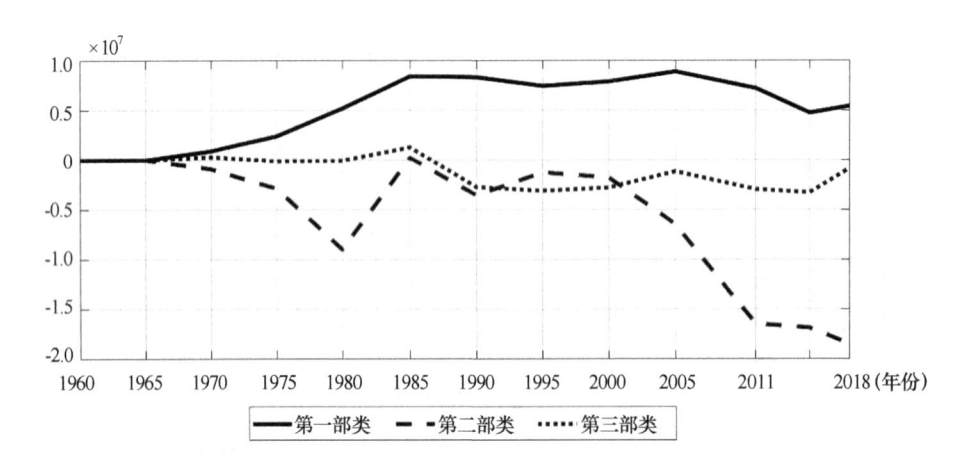

图 6.12　日本 1960—2018 年三部类净出口（百万日元）

始阶段，明治政府通过推行"殖产兴业"的政策，从西方国家直接购买机械并聘请技术人员，迅速建立起采矿、冶炼、机器制造等基本工业体系（王铭，1997）。战后快速工业化时期，日本政府又推行了"倾斜的生产方式"，优先恢复煤炭、钢铁、电力等行业的生产，以带动其他产业部门的恢复重建。20世纪50—60年代，日本开启了"贸易立国"的发展模式，仍推行以重化工业为主的产业政策（陈韶华，2011）。但日本本身是一个资源小国，这种倾斜的发展战略和贸易立国的发展模式导致日本第二部类严重依赖国外进口，而第一部类则依赖出口市场。

由于对外循环的严重依赖，20世纪70年代爆发的两次石油危机使得日本出现了结构性萧条，过度依赖能源的传统工业开始向海外迁移，造成了日本国内需求结构和生产结构的转变。为了克服本国资源约束，1980年前后，日本政府提出了"技术立国"战略，实行了一系列产业政策以扶植技术密集型产业的发展。因此虽然日本的重化工业出现了结构性去工业化，但半导体、计算机、精密仪器等技术密集型工业始终保持着良好的发展势头。对比钢铁、化工、汽车、家电等传统产业，这些新兴产业所需的资本密度更低，但对于研发劳动的需求大幅增长，这进一步促进了收入分配结构的变动。由于工资水平的提高，居民消费结构升级，对于高技术产品的需求不断增长，从而带动了这类新兴产业的发展，推动了日本经济结构的转变。

然而，这一阶段的经济增长态势并没有保持太长时间。1985年广场协议签订后，日元大幅升值，为了应对国际贸易的竞争压力，日本政府采取了宽松的货币政策，进一步推高了日本的资产价格泡沫。随着20世纪90年代日本资产泡沫的破裂，日本企业和家庭的资产均大幅缩水，严重打击了国内市场需求，自此日本经济陷入了长期低迷。2000年以后，随着迂回生产的延长，日本第二、第三部类净进口增加，而在国际竞争下第一部类出口却在减少，这进一步带来了贸易失衡的风险。

三 中国经济结构变迁的一般性与特殊性

从美国、日本和中国的历史经验来看，工业化过程中的宏观经济结构变迁有着一般规律。即在工业化阶段，第一、第二部类增长相对更快，而在工业化完成之后，第三部类增长相对更快。发生这种转变，直观上是由于不同阶段投资和消费需求发生了相对变动，更深层次则是受到技术结构和分配结构变动的影响。

在工业化初期，技术进步带来资本有机构成提高，加上由于生产能力难以满足潜在需求，积累和生产规模扩张的动机充足。而在劳动力充足的情况下，实际工资的增长往往落后于产出的增长，这导致了投资需求的增长快于消费需求的增长。因此，第一部类的增长更为迅速，带动了第二部类的增长，并提高了第三部类的生产能力。而在工业化后期，技术进步速度变慢，有机构成提高速度降低，生产能力的发展使得潜在市场几近饱和，规模扩张的动力明显不足。另一方面，随着经济增长，工资和人均消费水平迅速提高，从美国和日本的经验来看，此时消费需求的增长将成为新的增长动力。收入分配结构的调整一方面可以使得消费需求总量增长，从而带动第一、第二部类产品需求的增长；另一方面可以刺激技术革新，促成技术进步和投资增长的轮动关系。

对比美国和日本，中国现阶段消费资料部类的比重确实很低，这又体现了一定的特殊性。在自主推动的快速工业化过程中，为了促进资本积累，中国特殊的收入分配制度更加向积累倾斜。由于工资增长停滞，在投资需求旺盛的情况下，消费需求的增长缓慢。此外，中国的人均收入水平与美国和日本还有相当大的差距，且城乡间、区域间收入差距也非常大。这进一步制约了中国消费品需求和第三部类产出的增长。与此同时，长期的过度积累还导致中国出现了资本利用率低和产能过剩问题。

从未来发展趋势看，在工业化完成之后，中国也必然会面临着经济结构调整。随着经济的发展和社会生活水平的提高，中国的平均工资开始逐年提高。而在技术出现新的突破前，难以通过追加生产资料提高生产效率，故而积累的意愿会降低，从而消费需求会相对更快地增长。但供给能力的转变要远远慢于需求转变的速度，经济结构调整仍需一段时间。由于中国平均工资相对发达国家还很低，且拥有广阔的国内市场和劳动力资源，依靠中国制度的优势，完全可以通过结构调整释放新的增长动力。

一方面，在国际经济环境日益复杂的情况下，中国应当注意防止国内需求结构与生产结构不匹配导致的对国际循环的过度依赖，并且在调整的过程中注意国内国际循环之间的转换，使得国际循环向国内循环的过渡能够更加平稳，防止经济的硬着陆。另一方面，在长期更应当注意避免生产资料部类积累放缓之后，分配结构调整缓慢，导致需求结构和生产结构无法同时调整，最后积累的压力和生产与需求的矛盾引起去工业化过程。美国的经验表明这种模式是自我强化的，一旦走上这条道路将会造成一系列难以解决的结构性困难。

第五节　本章小结

本章旨在考察工业化过程中，一国经济的结构和循环模式变化的规律和特殊性。为此首先利用资本循环和社会总资本再生产理论构建了一个理解循环模式变迁的理论框架。在此基础上，利用现实数据分析了中国经济结构变化的逻辑和由此带来的发展模式变迁。

20世纪70年代以前，中国的工业化过程遇到了双重困境：剩余生产能力不足和物质补偿困难。这构成了中国工业化初期的结构性难题。在70年代以后，中国一方面加入国际循环，解决了物质补偿的困难，并利用消费资料部类的出口维持了国际收支的平衡；另一方面在劳动生产率提高的前提下提高了利润工资比，提高了积累水平，实现了快速的工业化过程。这意味着，中国改革开放后轻工业出口的发展与重工业的增长本身是相互配合的，前者不能单纯理解为对比较优势的回归，后者也不能理解为对经济发展自然结构的"扭曲"。2010年以后随着工业化的逐步推进，资本有机构成提高放缓，第一、第二部类需求降低，原有的依靠投资和第一、第二部类增长的模式开始发生转变。但是，由于分配结构和生产结构并没有适应这种需求结构的阶段性转换，第一、第二部类日益依赖国际市场，中国更多地介入国际循环之中。

为了探讨中国未来经济转型的方向，本章进一步考察了美国和日本工业化之后的循环模式变迁。总结美国和日本两个国家战后的循环模式转变，其核心都在于如何解决工业化后期的结构性变化问题。具体而言包括三个方面：在传统工业化带来的资本有机构成上升过程结束后，如何引导技术结构和生产结构的变化；如何调整分配结构以改变需求结构；如何处理内部循环与外部循环的关系。对美国而言，由于分配结构在新自由主义模式下长期偏向利润，积累的压力导致了资本流出和产业结构调整，从而出现了去工业化现象。在国内实体经济生产能力不足的情况下，通过美元霸权下长期大量的进口维持内部循环的进行。日本通过分配结构的调整避免了上述情况，但是囿于自身的循环模式仍然无法摆脱对外部循环的依赖，最终受到国际资本市场的裹挟，引发长期的经济衰退。

因此，对于中国而言，在面对工业化后期的结构性变化时，一是要改变分配结构以构建合理的需求结构，不能像美国一样通过压低工资来抵消利润率下降的影响；二是要通过技术和产业政策，引导技术结构和生产结构变化，使生产结构配合需求结构；三是要避免对国外循环的过度依赖，依靠以国内循环为主体的循环模式维持发展的稳定和安全。

第七章

结论与展望

第一节 主要结论

经济增长从来都不是简单的规模扩张,而是始终伴随着经济结构不断的调整变化。短期里,经济结构决定了经济增长的上限。而长期里,经济结构的动态变化既表现出与增长阶段相关联的一般性规律,又受到具体经济制度、国际环境等因素的影响,从而表现为一定的国别差异。本书延续了古典的和马克思的经济思想,关注长期里经济增长和结构动态之间的相互作用,同时应用和发展了线性生产理论,构建了从结构动态的视角考察长期增长的理论和经验研究工具。

本书的研究工作可以划分为理论和经验两个部分。在理论层面上,首先回顾了线性生产理论的现有研究,及其与马克思主义政治经济学融合的相关文献,说明了这两种思想和方法的兼容性。而后从静态均衡和结构动态两方面发展了线性生产理论,为后续中国经济增长问题的考察提供了定量研究的基础。在经验层面上,构建了三部类表,从结构动态的视角对中国经济增长不同阶段的潜在增长率和最优增长路径进行了测算,分析了不同阶段制约或推动中国经济增长的结构性因素。而后对代表性国家工业化过程中的结构变化进行了比较研究，探讨了长期经济增长过程中经济结构变化的一般规律。

具体而言，本书的研究发现如下：

第一，线性生产理论与马克思主义政治经济学继承于同一古典传统，在经济思想上存在诸多共通之处。二者都关注经济的结构和（再）生产的循环过程，坚持客观的价值—价格理论，认为商品的价值或价格是在生产过程中决定的。现有文献通过为线性生产理论增加价值基础、对工资假定进行修正等方式，使其更适用于数理马克思主义政治经济学的分析，目前已经形成了较为完备的体系，在对马克思经济理论进行数理重构方面起到了重要作用。然而，线性生产理论的研究仍存在不足之处。就本书的研究目的而言，至少需要在两方面加以改进：一是对固定资本和联合生产的处理，二是将静态均衡分析拓展到动态。

第二，在单一生产情况下，马克思—置盐体系与配龙—弗罗宾尼斯定理等价，说明该体系具有逻辑上的稳健性。在联合生产情况下，价值、生产价格和数量体系均衡的求解依靠较为严苛的前提条件，其中马克思—斯拉法联合生产模型是一个具有良好性质的特例。在马克思—斯拉法联合生产模型下，满足生产性条件和秩条件的劳动价值体系存在唯一非负解，并且与最优价值等价；生产价格体系存在唯一非负解的条件是压缩矩阵为正；数量体系同样需要满足压缩矩阵为正，非负解存在但不唯一。

第三，通过构建包含结构动态的增长模型，我们发现如果将经济结构的动态变化纳入到分析框架，那么长期均衡增长路径的存在性依赖非常严苛的参数关系，这种外生结构变化导致的增长的非均衡特征无法通过经济政策调整内生变量的方式予以改善。如果政策目标是实现相对稳定的增长，那么经济中就会存在一定的过剩，这种过剩是为了维持稳定增长所必须承担的代价。为了不致过剩的部门出现价值实现困难，维持相对稳定增长的代价需要全部生产部门共同承担。过剩带来的社会价值丧失无法通过市场机制自发地分散到全部生产部门，因此维持相对稳定增长需要通过一定的经济政策实现部类间合意的价值转移。

第四，利用投入产出数据表可以构造包含固定资本部类、流动性生产资料部类和消费资料生产部类的三部类表。三部类表既可以反映长期增长过程中关键性的结构关系，又可以解决固定资本存量矩阵数据缺失和较长时间跨度下统计数据口径不一的问题。通过构建三部类表，可以将包含结构动态的三部类增长模型和实际统计数据相联系，从而为考察中国经济的长期增长提供统一的量化分析框架。

第五，通过对中国增长历史特征的考察我们发现：从长期来看，资本使用—劳动节约型的有偏技术进步导致了中国经济的潜在增长率下降。在新中国成立初期，制约中国经济增长的主要问题是封闭经济体在结构调整上的困难，改革开放之后，这种结构性制约通过国际贸易得到缓解，但同时周期性问题开始显现出来。对于2010年之后出现的增长放缓问题，长期趋势固然起到了一定的作用，但主要影响因素仍然是周期性的。

第六，为了探讨中国经济未来可能的结构调整方向和应对策略，我们对美国和日本的长期增长与结构变化趋势也进行了考察。结果表明，在工业化完成后，必然会面临经济结构调整和增长放缓，如何找到经济增长的新动力是这一阶段的核心问题。当国内实体经济利润率出现下降，美国采取的方式是资本的对外扩张和金融化，从而导致了国内实体经济生产能力不足，出现了去工业化的现象。而日本采取了技术立国的战略，同时维持了较高的工资增长率，从而形成了供给和需求的良性互动，实现了经济结构的转型升级。但由于过度依赖国际循环和货币政策的重大失误，日本资产泡沫破灭最终引发了长期衰退。从美国和日本的经验和教训来看，现阶段中国应当合理调整收入分配结构，正确引导资本的流向，发展产业核心竞争力；此外，中国人口规模和经济体量庞大，在经济结构自然调整过程中，须得防范对国际循环的过度依赖，避免出现大规模基础产业出逃和去工业化问题。

第二节 政策启示

本书从理论建模和经验检验两方面，对中国长期的经济增长特征进行了考察，并通过国际比较探讨了中国当前面临的结构变化趋势。现阶段，中国已经基本实现工业化，正处于转变发展方式、优化经济结构、转换增长动力的攻关期。当前制约中国经济增长的已不再是物质生产问题，而是价值实现问题。因此，前一阶段以积累促增长的模式将不再适用。同时，面临国际贸易保护主义和新冠疫情的威胁，构建以国内大循环为主体的新发展格局也成为当务之急。针对中国当前面临的经济发展阶段转换和国际贸易冲击，本书的研究具有以下四点政策启示。

第一，实现供给和需求的高水平动态平衡、构建新发展格局根本上有赖于供给侧结构性改革。技术结构和分配结构是生产过程所体现的、经济中最基本的结构性特征，因此结构的有机统一在根本上只能从生产领域加以解决。这也是政治经济学理论中生产的第一性的体现。

第二，需要让分配结构适应技术结构的调整，二者共同构建合理的需求结构。中国在工业化阶段转换、生产资料国内需求不再大幅增长的情况下，由于没有进行相应的分配结构调整而是依靠国外需求，有相当长一段时间存在三个部类对国际循环依赖都加深的情况。因此在新的历史时期需要改善收入分配结构，完善初次分配中生产要素按贡献参与分配的机制，再分配中注重调节积累和消费的比例关系，塑造与国内大循环配套的需求环境。

第三，构建适应新发展阶段的生产结构。具体来说，在构建国内大循环的背景下，通过压低消费资料部类来提高生产资料生产和资本有机构成的阶段已经成为过去时，工业化后期的整体规律是从部类的不平衡发展向平衡发展变化。因此不能通过改变其他结构以延续过去的生产结构，而应该主动实现生产结构的再平衡。

第四，借鉴美国和日本的经验和教训。一方面，在国际经济环境日益复杂的情况下，中国应当注意防止国内需求结构与生产结构不匹配导致的对国际循环的过度依赖，并且在调整的过程中注意国内国际循环之间的转换，使得国际循环向国内循环过渡的过程能够更加平稳，防止经济的硬着陆。另一方面，更应当注意避免生产资料部类积累放缓之后，分配结构调整缓慢，导致需求结构和生产结构无法同时调整，最后积累的压力和生产与需求的矛盾引起去工业化过程。美国的经验表明这种模式是自我强化的，一旦走上这条道路将会造成一系列难以解决的结构性困难。

当然，全面实现工业化、顺利完成发展阶段的转换只是当前的阶段性目标，要实现共同富裕的目标则需要维持长期稳定的经济增长。本书的研究表明，工业化本身是一个资本使用—劳动节约型的技术进步过程，而这种有偏技术进步将导致潜在增长率的持续下降。虽然从实物层面来看，潜在增长率的降低可能伴随着使用价值生产的持续增长，但从价值层面来看，这将造成积累和新增投资动力的不足，从而影响长期生产能力的提升。

因此，为了避免经济发展到后工业化阶段出现积累和增长的停滞，必须依靠技术创新开发新的增长点。一方面，重点培养技术溢出性强的新技术产业，推动工业化与信息化、智能化的结合，以新技术带动全产业链的效率提升。另一方面，培育和研发新的产品和新的需求，从而带动上下游产业的增长和技术革新，以消费升级带动新一轮经济增长。当然，无论是关键技术的革命，还是全新产品的研发都会存在高额的试错成本，这就需要发挥中国制度的优越性，提供稳定的金融和汇率环境，通过倒逼机制推动技术创新和产品研发活动。

第三节　模型的适用性和研究展望

本书的核心贡献是构建了包含固定资本的三部类模型，并以此为基础编制了三部类表，对中国经济增长和结构动态进行了理论阐释和定量分析。第三章考察了仅包含固定资本的联合生产模型均衡解的存在性，为三部类模型的构建进行理论铺垫。第四章构建了三部类结构动态模型，通过理论模型推导和数值模拟，说明了均衡增长的不可持续以及维持相对稳定增长依赖的条件。第五章和第六章利用三部类表数据，从经验上考察了中国经济增长的历史特征，并通过与美国、日本进行比较，总结了长期经济增长过程中经济结构变化的一般趋势。可以说，三部类模型与三部类表构成了本书理论分析与经验分析的基础。在本书的最后，我们希望对三部类模型及三部类表的适用性进行讨论。

本书的基础模型建立在最具一般性的实物量之上，而后衍生出了价值和生产价格模型，分别用于考察经济增长（或者说规模扩大的再生产过程）的实物补偿和价值补偿。在经验分析的部分，则采用了以（市场）价格为基础的统计数据编制而成的三部类表。之所以可以采用以价格为基础的三部类表进行经验分析，首先是因为再生产的实物补偿并不依赖于价值或价格体系的选择，任何价值或价格体系都是实物体系的一种表现形式。

再生产的实物补偿涉及的只是产品的使用，这对应了投入产出方法中的行关系。在行关系下，由于同一产品是同一种价格，所以分配系数是不变的。实际上，对于再生产的实物补偿而言，我们所采用的表达形式是每个部类的总产出与对该部类的需求相等，也即等式的一侧是某一部类产品的供给，另一侧则是对该部类产品的需求。由于等式两侧是同一种产品，在任意价值或价格体系下，该产品都只能具有统一的价格，两侧的单位商品价格也就同时约掉了。因此，价值或价格体系的选择并不影响对实物补偿的考察。从实物补偿这个最基础、最一般的层面，无论是对中国计划经济时期和市场经济时期进行考察，还是对发达资本主义国家的经济增长和结构变化进行分析，三部类模型和基于投入产出表数据构建的三部类表都是适用的。

但是，对于再生产的考察不仅包含对实物补偿的分析，还包含价值补偿。而价值补偿不仅依赖于实物的生产关系，也依赖于一定的价值或价格体系，这对应了投入产出方法中的列关系。对于某一个部类而言，其生产过程使用了其他部类的产品作为固定资本、中间投入和消费品，这些生产性投入或消费的总量是使用其他部类产品的价值或价格进行计算的，与本部类产品的价值或价格并不相同。因此，在涉及列关系的数据上，这些价值或价格无法像行关系那样直接约掉，采用的价值或价格体系确实会影响计算结果。

本书的经验分析部分，应用三部类表计算了部类内部的利润工资比、资本有机构成等数据，就涉及了投入产出方法中的列关系。这些数据并没有采取理论推导中所使用的劳动价值或生产价格，而是直接采用基于（市场）价格的统计数据进行的计算。不过在这里采用价格体系来表达经济的结构关系是适当的，主要原因在于以下三点。

首先，本书构建三部类模型和三部类表，目的是从结构的视角研究经济增长，而结构的刻画是以同一时期内部各个变量的比例关系或相对水平为主。这些比例关系或相对水平，不仅反映实物层面的结构变化，也会受到相对价格变化的影响。比如资本有机构成，是以资本价值构成的形式反映资本技术构成的变化。在劳动价值体系下研究再生产的价值补偿问题，资本有机构成是比资本技术构成更重要也更直接的因素。对于选定的价值或价格体系，这类比例关系或相对水平，本身在纵向上是可比的，并不受选择的价值或价格体系的影响。

其次，尽管马克思使用价值量去表达部类间的比例关系、资本和劳动之间的分配关系以及资本有机构成，但是市场价格体系下的数据本身也是马克思主义政治经济学理论体系下有意义的内容。因为市场价格反映了现实的交易和货币流动情况，最直接地说明了价值补偿和物质补偿的形式。现实中部类间的产出和需求的关系，正是受市场价格调节的。因此，三部类模型和三部类表采用市场价格进行定量分析，可以更多地反映实际经济的运行状况。

最后，本书采用的不是投入产出表，而是经过加总之后的三部类表。一般而言，经过加总之后，各个部门之间的差异会在加总中相互抵消。加总程度越高，价值与价格的偏离程度就越小。最极端的情况就是如果所有部门加总为总量模型，则总价格等于总价值。因为总产量一定，单位商品的价格和价值是相等的，不存在偏差。同理，经过加总之后，不同时期和不同国家在统计口径上的差异也被相互抵消。因此，三部类模型在不同时期和不同国别的研究中都具有非常强的适用性。

与总量生产模型和两大部类模型相比，三部类模型可以反映影响经济增长的关键结构变量。与多部门模型相比，三部类模型又可以抵消统计口径的差异，并提供缺失的固定资本存量信息。这使得三部类模型在分析较长时期经济增长和结构动态时具有独特的优势。

当然，本书对三部类模型的应用也存在局限性。受限于笔者个人的知识积累和时间等因素，本书的研究仍存在以下不足之处，有待未来进一步的研究。首先，在理论推导部分，本书从实物生产体系出发推导了动态均衡增长路径的存在性条件，并进行了数值模拟，但并没有将数值模拟与具体的社会制度相联系。如能将制度因素融入理论模型和数值模拟，那么对于中国问题的分析将更具针对性。其次，在定量分析部分，由于三部类表的数据来源是投入产出表，因此只有在有投入产出表的年份才有对应的三部类表，这使得定量分析中能够给出的数据信息相对较少且不连贯，从而影响对结构动态的考察。如能将三部类模型与时间序列数据相联系，可能会提供更多更有价值的信息。

附　　录

附录 A　矩阵幂收敛

A.1　预备知识

在大多数情况下，我们处理的都是方阵。至于矢量和矩阵符号，0^n 和 0_n 分别表示 n 维零列向量和行向量，O 表示适当维数的零矩阵。在矩阵和向量不等式中，区分了三个不等号，$>$（严格不等）、$\geqslant$（半不等）和 $\geq$。反向的不等号同样适用。术语和细节详见 Nikaido (1968), Senate (1980), Strang (1988), Meyer (2004), Chatelin (2012)。

A.2　非负矩阵相关定理

后续讨论主要由两个数学命题支撑：一个是关于正矩阵的配龙（Perron, P）定理，另一个是关于非负不可约矩阵的弗罗宾尼斯（Frobenius, F）定理。定理的核心部分如下：

定理 A.1：(Perron – Frobenius 定理) 设 $A \geqslant O$ 为非负不可约矩阵，则

(1) 存在正特征对 $(\lambda_A, x) > (0, 0^n)$，使得 $\lambda_A x = Ax$；

(2) λ_A 是 A 矩阵特征方程的单根；

(3.a) 其他特征根 $\lambda_i \neq \lambda_A$，且 $\lambda_A \geqslant |\lambda_i|$；

(3.b) 如果 $A > O$，那么严格不等号成立，即 $\lambda_A > |\lambda_i|$。

（1），（2）和（3.a）构成了 F 定理的核心，（1），（2）和（3.b）构成了 P 定理的核心。P 定理可以容易地扩展到 $A \geq O$，且可用于一些 $m > 0$，$A^m > O$ 的情况。注意（3.a）和（3.b）的区别，F 定理允许在谱半径上存在其他特征值，这一点非常重要。后文中，λ_A 表示矩阵 A 的配龙—弗罗宾尼斯根，简称 PF 根。

我们需要处理矩阵的幂 A^k 的极限。

给定一般的 $m \times n$ 维矩阵序列 $\{A^{(k)}\}$，$k = 1, 2, \cdots$，如果对于任意的 i, j，序列 $\{a_{ij}^{(k)}\}$ 都收敛，我们说矩阵序列 $\{A^{(k)}\}$ 收敛。

然而，对于特殊矩阵序列 $\{A_{n \times n}^k\}$，$k = 1, 2, \cdots$，有其他方法判别它的收敛性。这里需要使用若当标准型。

A.3 若当标准型

命题 A.1：（若当标准型）令 A 表示 $n \times n$ 维矩阵。则存在 $n \times n$ 维非奇异矩阵 P，使得

$$P^{-1}AP = \begin{pmatrix} J_1 & & \\ & \ddots & \\ & & J_m \end{pmatrix}$$

其中

$$J_i = \begin{pmatrix} \lambda_i & 1 & & \\ & \lambda_i & \ddots & \\ & & \ddots & 1 \\ & & & \lambda_i \end{pmatrix}_{d_i \times d_i}$$

称为若当块，λ_i 是 A 的特征值，d_i 是 λ_i 的重数。

于是，我们有

$$A^k = P\mathrm{diag}(J_1^k, \cdots, J_m^k)P^{-1}$$

命题 A.2：矩阵 A^k 收敛，当且仅当 $J_1^k, \cdots, J_m^k$ 收敛。

由矩阵乘法可知

$$J_i^k = \begin{pmatrix} \lambda_i^k & C_k^1 \lambda_i^{k-1} & \cdots & C_k^{d_i-1} \lambda_i^{k-d_i+1} \\ & \lambda_i^k & \ddots & \vdots \\ & & \ddots & C_k^1 \lambda_i^{k-1} \\ & & & \lambda_i^k \end{pmatrix}_{d_i \times d_i}$$

其中

$$C_k^l = \begin{cases} \dfrac{k(k-1)\cdots(k-l+1)}{l!} & ,\text{当 } l \leqslant k \\ 0 & ,\text{当 } l > k \end{cases}$$

如果 $|\lambda_i| < 1$，那么 J_i^k 收敛到零矩阵。

如果 $|\lambda_i| > 1$，那么 J_i^k 发散。

如果 $|\lambda_i| = 1$，那么需要进一步讨论。由于上三角的元素是发散的，要使 J_i^k 收敛，λ_i 的重数必须是 1，即矩阵 J_i 退化为一阶矩阵 (λ_i)。此外，由于负数和虚数的幂不收敛，λ_i 的取值必须是 1。

现在我们可以总结矩阵序列 $\{A_{n \times n}^k\}$，$k = 1, 2, \cdots$ 收敛的条件。

命题 A.3：矩阵序列 $\{A_{n \times n}^k\}$ 是收敛的，如果下述两个条件满足其一：

(1) A 的谱半径小于 1。

(2) 1 是 A 的特征值[①]，且其他特征值的绝对值严格小于 1。

A.4 幂方法的收敛性

基于矩阵的若当标准形式可知：

命题 A.4：设 A 为 n 阶方阵，且具有特征值 $\lambda_1, \cdots, \lambda_n$，使得 $|\lambda_1| > |\lambda_2| \geqslant \cdots \geqslant |\lambda_n|$。由下式生成的数列 $\{x^t\}$

[①] 1 的代数重数必须等于几何重数。

$$x^{t+1} = Ax^t, t = 0, 1, \cdots$$

收敛到 $c\lambda_1^t\xi$，其中 $A\xi = \lambda_1\xi$，c 是给定的适当标量。

A.5 非素矩阵情况下的提示

如果矩阵 A 是不可约的，则 A^k 不会收敛，因此需要引入一些技巧从 P 定理来证明 F 定理。

首先，确认以下事实：

命题 A.5：令 $A = \{a_{ij}\} \geqslant O$ 表示 n 维不可约矩阵。如果存在 $i = 1, \cdots, n$，使得 $a_{ii} > 0$，那么 A 是素矩阵。

现在，考虑不可约非素矩阵 A 的情况。构造序列 $\{A_k\}$，使得 $A_k = \frac{1}{k}I + A$。则 A_k 是素矩阵。考虑特征对序列 $\{(\lambda_k, x^k)\}$，$k = 1, 2, \cdots$，其中 $x^k > 0^n$ 被标准化为 $\|x^k\| = 1$。由于 $\{A_k\}$ 单调减，$\{\lambda_k\}$ 单调减，且有下界 $\lambda_k \geqslant 0$。随着 $k \to \infty$，$x^k \to x > 0^n$，且 $\lambda_k \to \lambda_A > 0$。因此，F 定理可由 P 定理推出。

附录 B　Perron-Frobenius 定理的一个推广

B.1 预备知识

为简单起见，首先列出后续要使用的符号。

$\geqslant$ 表示两个矩阵或向量之间的元素比较，即对于矩阵 $A \in \mathbb{R}^{m \times n}$，$A \geqslant 0$ 意味着对于任意 $i \in \{1, 2, \cdots, m\}$，$j \in \{1, 2, \cdots, n\}$，都有 $a_{ij} \geqslant 0$。这同样适用于 $A > 0$ 和 $v \geqslant 0$。

给定一个向量 v，v_j 表示它的第 j 个项。

e_i 表示第 i 项为 1 的自然坐标基向量，例如 $e_3 \in \mathbb{R}^5 = (0, 0, 1, 0, 0)'$。

$S_k(\lambda)$ 表示有限级数求和，即：

$$S_k(\lambda) = \sum_{i=1}^{k} \lambda^i = \frac{\lambda^{k+1} - \lambda}{\lambda - 1}$$

其逆函数为：

$$S_k^{-1}(x) = \lambda > 0 , x > 0 , S_k(\lambda) = x$$

由于 $S_k(\lambda)$ 在 $x \geq 0$ 是单调递增的，我们知道它是一个双射函数，因此对于 $x \geq 0$ 存在逆函数。

B.2 定理3.9的证明

$K = (k_{ij}) > 0$ 的定义如正文所述，则方程 $p(B - \lambda M) = 0$ 可以表示为 λ 的函数 $\det(K(\lambda)) = 0$。定理3.9可以拆分为三个子命题：

命题 B.1：对于任意一个矩阵 $K = (k_{ij}) > 0$，存在最大实数解 λ_l 和对应的向量 $w, v > 0$（分别被称为广义特征值和广义特征向量），满足：

$$w'K(\lambda_l) = 0 , K(\lambda_l)v = 0$$

命题 B.2：对于任意其他的实广义特征值 $\lambda \neq \lambda_l$，有 $\lambda < \lambda_l$。

命题 B.3：满足 $w'K(\lambda_l) = 0$ 和 $K(\lambda_l)v = 0$ 的向量 w 和 v，在标量倍数的意义上是唯一的。

证明：考虑下面的优化问题

$$\max_{\lambda, x} \lambda$$
$$s.\, t.\ K(\lambda)x \geq 0$$
$$x \geq 0$$

注意，对于某个足够小的 $\epsilon > 0$，$\lambda = \epsilon$ 一定是可行的，因此最优值 λ^* 一定存在并且是正的。我们要证明 $\lambda^* = \lambda_l$。

假设最优的 λ^* 和对应的 x^* 不满足 $K(\lambda^*)x^* = 0$，这意味着存在某个 $i_0 \in \{1, 2, \cdots, n\}$，$(K(\lambda^*)x^*)_{i_0} > 0$。那么考虑新的向量 $\tilde{x} = x^* + \epsilon e_{i_0}, \epsilon > 0$。

对于 $i \neq i_0$，

$$(K(\lambda^*)\tilde{x})_i = \sum_{j=1}^n k_{ij}\tilde{x}_j - S_{d_i}(\lambda^*)\tilde{x}_i$$

$$= (\sum_{j=1}^n k_{ij} x_j^* - S_{d_i}(\lambda^*) x_i^*) + \epsilon k_{ii_0} > 0 \quad (B.1)$$

这是因为括号中的项是非负的，并且 $\epsilon k_{ii_0} > 0$。对于 $i = i_0$，我们也有，对于某个合适的 ϵ：

$$(K(\lambda^*)\tilde{x})_{i_0} = \sum_{j=1}^n k_{i_0 j}\tilde{x}_j - S_{d_{i_0}}(\lambda^*)\tilde{x}_{i_0}$$

$$= (\sum_{j=1}^n k_{ij} x_j^* - S_{d_i}(\lambda^*) x_i^*)$$

$$+ \epsilon(k_{i_0 i_0} - S_{d_{i_0}}(\lambda^*)) > 0 \quad (B.2)$$

最后一个不等号是因为，根据我们的假设，括号里面的项是严格正的。那么不论 $k_{i_0 i_0} - S_{d_{i_0}}(\lambda^*)$ 是正是负，总存在严格正的 $\epsilon < \dfrac{(K(\lambda^*)x^*)_{i_0}}{|k_{i_0 i_0} - S_{d_{i_0}}(\lambda^*)|}$，使得不等号成立。

由 (B.1) 和 (B.2)，$K(\lambda^*)\tilde{x} > 0$。而这是不可能的，因为对于任何 k，$s_k(\lambda)$ 都是单调递增的。我们总是可以将 λ^* 增加一点点得到 $\lambda = \lambda^* + \delta$，同时使得：

$$k_{ii}(S_{d_i}(\lambda) - S_{d_i}(\lambda^*)) \leqslant (K(\lambda^*)\tilde{x})_i, \ \forall i \in \{1,2,\cdots,n\}$$

这将使 $\tilde{x}$ 成为一个合意的非负向量，从而产生更大的 $\lambda > \lambda^*$。而这与 λ^* 的最优性相矛盾。因此，对于最优的 λ^* 和 x^*，我们知道 $(K(\lambda^*)x^*)_i \geqslant 0$ 所有的项必须取等，这意味着：

$$K(\lambda^*)x^* = 0$$

这已经足以证明最优的 λ^* 是 K 的一个正的实广义特征值。但是我们仍然需要证明没有更大的 λ 可以满足方程，即使对应的向量 x 不是正的。这样才能确定 λ_l 确实是最大的实广义特征值。

假设存在另一个广义特征值 $\hat{\lambda} > \lambda^*$ 与对应的广义特征向量 $\hat{x}$，我们有：

$$(K(\widehat{\lambda})\widehat{x})_i = \sum_{j=1}^{n} k_{ij}\widehat{x_j} - S_{d_i}(\widehat{\lambda})\widehat{x_i} = 0$$

因此对于任意 $i \in \{1,2,\cdots,n\}$：

$$\left|\sum_{j=1}^{n} k_{ij}\widehat{x_j}\right| = |S_{d_i}(\widehat{\lambda})\widehat{x_i}|$$

$$\sum_{j=1}^{n} k_{ij}|\widehat{x_j}| \geq \left|\sum_{j=1}^{n} k_{ij}\widehat{x_j}\right| = S_{d_i}(\widehat{\lambda})|\widehat{x_i}|$$

因此我们知道 $|\widehat{x}| = \{|\widehat{x_1}|,\cdots,|\widehat{x_n}|\}$ 是优化问题中 $\widehat{\lambda}$ 的有效向量。而这与 λ^* 是最优解相矛盾，所以 $\lambda_l = \lambda^*$。

最后，我们将证明与 λ_l 对应的 w 和 v 的唯一性。注意 w 的唯一性与 v 的唯一性是等价的，因此我们只需要证明 v 是唯一的。

首先证明满足 $K(\lambda_l)x = 0$ 的 x 具有以下性质：对于任何 $x \geq 0$，使得 $K(\lambda_l)x = 0$，我们有 $x > 0$。即，$K(\lambda_l)x = 0$ 的非负解 x 没有零项。

假设 $x_t = 0$，那么约束 t 是松的，即：

$$(K(\lambda_l)x)_t = \sum_{j=1}^{n} k_{tj}x_j - S_{d_t}(\lambda_l)x_t = \sum_{j=1}^{n} k_{tj}x_j > 0$$

最后一个不等号是因为 x 是非零的，因此一定有某些项是正的。根据上面的推论，如果取 $\tilde{x} = x + \epsilon e_t$，就可以得到更优的 λ，这是不可行的。因此，x 的所有项必须严格为正。

假设存在两个非平行解 v_1, v_2。根据上述性质，有 $v_1, v_2 > 0$，它们都满足 $K(\lambda_l)x = 0$。取 $\alpha = \max\mu$，使得 $v_1 - \mu v_2 \geq 0$。由于 v_1 和 v_2 是正的，我们知道 $\alpha > 0$，并且 $v = v_1 - \alpha v_2$ 中一定有零项。注意到：

$$K(\lambda_l)v = K(\lambda_l)v_1 - \alpha K(\lambda_l)v_2 = 0$$

因此，我们知道 v 也是 λ_l 的广义特征向量。但是通过构造，我们知道 v 有零项，这显然是不可能的。因此合意的 v 是唯一的。

参考文献

马克思，2006a，《资本论（第二卷）》，人民出版社。

马克思，2006b，《资本论（第三卷）》，人民出版社。

马克思，2006c，《资本论（第一卷）》，人民出版社。

习近平，2016，《关于〈中共中央关于制定国民经济和社会发展第十三个五年规划的建议〉的说明》，《人民日报》2016年2月19日。

习近平，2019，《关于坚持和发展中国特色社会主义的几个问题》，《求是》第7期。

中央编译局，1995，《马克思恩格斯全集（第三十卷）》，人民出版社。

［英］阿姆斯特朗、格林、哈里逊，1991，《战后资本主义大繁荣的形成和破产》，史敏、张迪恩等译，中国社会科学出版社。

［美］巴兰，2003，《增长的政治经济学》，蔡中兴、杨宇光译，商务印书馆。

白暴力、白瑞雪，2011，《斯拉法价格体系分析》，《当代经济研究》第1期。

蔡昉，2016，《认识中国经济减速的供给侧视角》，《经济学动态》第4期。

陈佳贵、黄群慧、吕铁、李晓华等，2012，《中国工业化进程报告（1995—2010）》，社会科学文献出版社。

陈韶华，2011，《战后日本产业政策研究》，博士学位论文，武汉大学。

冯金华、侯和宏，2011，《负剩余价值和正利润可以同时存在吗？——破解斯蒂德曼的联合生产之谜》，《中国人民大学学报》第 3 期。

冯志轩，2012，《国民收入中劳动报酬占比测算理论基础和方法的讨论——基于马克思主义经济学的方法》，《经济学家》第 3 期。

冯志轩、刘凤义，2020，《马克思—斯拉法框架下的全劳动生产率增速测算》，《世界经济》第 3 期。

冯志轩、乔晓楠，2019，《基于投入产出方法的政治经济学经验研究述评》，《政治经济学评论》第 6 期。

郭晗、任保平，2014，《结构变动，要素产出弹性与中国潜在经济增长率》，《数量经济技术经济研究》第 12 期。

郭学能、卢盛荣，2018，《供给侧结构性改革背景下中国潜在经济增长率分析》，《经济学家》第 1 期。

郭豫媚、陈彦斌，2015，《中国潜在经济增长率的估算及其政策含义：1979—2020》，《经济学动态》第 2 期。

［美］哈维，2017，《资本的限度》，张寅译，中信出版集团。

［美］哈维，2018，《马克思与〈资本论〉》，周大昕译，中信出版集团。

何小锋，1984，《评所谓"斯拉法—马克思模式"的命题》，《经济学动态》第 1 期。

胡代光，1984，《评斯拉法的生产方程与价格决定之间关系的分析》，《经济科学》第 2 期。

胡代光，1985，《斯拉法的商品生产和价格决定理论》，《北京大学学报》（哲学社会科学版）第 3 期。

黄群慧，2014，《"新常态"、工业化后期与工业增长新动力》，《中国工业经济》第 10 期。

黄群慧，2019，《中国工业化进程与产业政策》，《中国经济报告》第 1 期。

江小涓、孟丽君，2021，《内循环为主，外循环赋能与更高水平双循环——国际经验与中国实践》,《管理世界》第 1 期。

[波] 卡莱茨基,1988,《社会主义经济增长理论导论》,符钢战译,上海三联书店。

[爱尔兰] 坎蒂隆,1997,《商业性质概论》,余永定、徐寿冠译,商务印书馆。

[苏] 康托洛维奇,2015,《最优化规划论文集》,王铁生译,商务印书馆。

[南] 科拉奇、弗拉什卡利奇,1982,《政治经济学:资本主义和社会主义的商品生产理论分析原理》,邵玉环译,人民出版社。

[美] 库兹涅茨,1989,《现代经济增长》,戴睿、易诚译,北京经济学院出版社。

[法] 魁奈,2021,《经济表》,张草纫、吴斐丹译,商务印书馆。

[美] 里昂惕夫,1993,《1919—1939 年美国经济结构》,王炎庠、邹艺湘等译,商务印书馆。

李帮喜,2014,《康托洛维奇规划论、DOSSO 模型与中国经济》,《经济理论与经济管理》第 9 期。

李帮喜、顾珊、梁俊尚,2022,《成本准则、技术进步与利润率——对置盐定理的经验检验》,《中国经济问题》第 6 期。

李帮喜、刘充、赵峰、黄阳华,2019b,《生产结构、收入分配与宏观效率——一个马克思主义政治经济学的分析框架与经验研究》,《经济研究》第 3 期。

李帮喜、藤森赖明,2012,《马克思—斯拉法均衡与特征值问题——摩尔—彭诺斯伪逆的一个应用》,《政治经济学评论》第 3 期。

李帮喜、藤森赖明,2014a,《马克思的价值理论与联合生产:一个线型经济学的视角》,《政治经济学评论》第 4 期。

李帮喜、藤森赖明,2014b,《马克思—斯拉法模型与固定资本:兼论剑桥方程式的成立条件》,《经济学家》第 5 期。

李帮喜、赵奕菡、冯志轩,2019a,《新中国 70 年的经济增长:趋势、周期及结构性特征》,《管理世界》第 9 期。

李帮喜、赵奕菡、冯志轩、赵峰，2021，《价值循环、经济结构与新发展格局：一个政治经济学的理论框架与国际比较》，《经济研究》第 5 期。

［英］李嘉图，1962，《政治经济学及赋税原理》，郭大力、王亚南译，商务印书馆。

李扬主编，2014，《中国经济增长报告（2013—2014）》，社会科学文献出版社。

李扬、张晓晶，2015，《"新常态"：经济发展的逻辑与前景》，《经济研究》第 5 期。

林晨、陈斌开，2018，《重工业优先发展战略对经济发展的长期影响——基于历史投入产出表的理论和实证研究》，《经济学》（季刊）第 2 期。

林子力、刘国光，1980，《学习马克思关于再生产的理论》，人民出版社、中国社会科学出版社．

刘国光，2002，《改革开放前的中国的经济发展和经济体制》，《中共党史研究》第 4 期。

刘瑞翔、安同良，2011，《中国经济增长的动力来源与转换展望——基于最终需求角度的分析》，《经济研究》第 7 期。

刘世锦，2011，《从增长阶段理解发展方式转型》，《经济研究》第 10 期。

刘伟，2016，《经济新常态与供给侧结构性改革》，《管理世界》第 7 期。

刘伟、范欣，2019，《现代经济增长理论的内在逻辑与实践路径》，《北京大学学报》（哲学社会科学版）第 3 期。

柳欣，1994，《资本理论：价值、分配与增长理论》，陕西人民出版社。

路风、余永定，2012，《"双顺差"、能力缺口与自主创新——转变经济发展方式的宏观和微观视野》，《中国社会科学》第 6 期。

陆旸、蔡昉，2014，《人口结构变化对潜在增长率的影响：中国和日本的比较》，《世界经济》第 1 期。

陆旸、蔡昉，2016，《从人口红利到改革红利：基于中国潜在增长率的模拟》，《世界经济》第 1 期。

孟捷，2018，《从"新解释"到价值转形的一般理论》，《世界经济》第 5 期。

孟捷，2021，《价值转形与置盐定理：一个批评和自我批评》，《经济思想史学刊》第 2 期。

［英］米克，1979，《劳动价值学说的研究》，陈彪如译，商务印书馆。

［英］穆勒，2010，《政治经济学要义》，吴良健译，商务印书馆。

裴长洪、彭磊，2006，《对外贸易依存度与现阶段我国贸易战略调整》，《财贸经济》第 4 期。

［英］配第，1963，《赋税论》，陈冬野等译，商务印书馆。

裴宏，2017，《劳动价值论数理模型新探——兼论部分常见模型中的数理缺陷》，《政治经济学报》第 2 期。

裴宏，2019，《有货币的剩余价值模型：一个资本循环视角及其应用》，《政治经济学评论》第 6 期。

［美］钱纳里，1991，《结构变化与发展政策》，朱东海、黄钟译，经济科学出版社。

荣兆梓，2020，《成本价格转形与转形问题 C 体系的特点》，《世界经济》第 6 期。

荣兆梓、陈旸，2014，《转形问题 B 体系：模型与计算》，《经济研究》第 9 期。

荣兆梓、李帮喜、陈旸，2016，《马克思主义广义转形理论及模型新探》，《马克思主义研究》第 2 期。

荣兆梓、李艳芬，2019a，《社会主义积累规律研究：基于中国经济增长 70 年》，《教学与研究》第 9 期。

荣兆梓、李艳芬，2019b，《积累率政治经济学：改革开放前三十年的中国故事》，《政治经济学报》第 2 期。

［苏］斯大林，1952，《苏联社会主义经济问题》，人民出版社。

［英］斯密，2015，《国富论》，郭大力、王亚南译，商务印书馆。

宋佳音、谭璇、范志勇，2020，《长期停滞及其应对方案——基于"全球化深化"的视角》，《政治经济学评论》第 4 期。

宋树理、姚庐清，2019，《从单一生产到联合生产的国际价值决定论》，《世界经济》第 11 期。

孙小雨，2019，《回归马克思——价值转形理论的新发展》，《中国经济问题》第 2 期。

藤森赖明、李帮喜，2014，《马克思经济学与数理分析》，社会科学文献出版社。

王铭，1997，《"殖产兴业"与日本资本主义的发展》，《辽宁大学学报》（哲学社会科学版）第 6 期。

王一鸣，2020，《百年大变局、高质量发展与构建新发展格局》，《管理世界》第 12 期。

卫兴华、侯为民，2007，《中国经济增长方式的选择与转换途径》，《经济研究》第 7 期。

魏埙，2001，《当代一种独具特色的价格理论体系——斯拉法〈用商品生产商品〉介评》，《南开学报》第 6 期。

乌家培，1995，《中国宏观调控的历史与现实》，《财经问题研究》第 1 期。

吴栋，1990，《生产资料优先增长规律及其数学论证》，《数量经济技术经济研究》第 6 期。

吴易风，2007，《马克思的经济增长理论模型》，《经济研究》第 9 期。

夏明，2006，《投入产出体系与经济结构变迁》，中国经济出版社。

夏明、张红霞，2013，《投入产出分析：理论、方法与数据》，中国人民大学出版社。

徐春华，2017，《生产资料部类优先增长：理论逻辑与经验证据》，《经济学动态》第 2 期。

杨帅泓、朱安东，2021，《马克思—斯拉法生产价格体系下的利润率下降规律——对置盐定理的一个修正》，《当代经济研究》第4期。

余斌，2013，《斯拉法的计算错误与价值的历史转形过程》，《河北经贸大学学报》第2期。

张宇，2011，《〈资本论〉的当代意义》，《政治经济学评论》第4期。

张忠任，2001，《转形问题的最终解决》，《数量经济技术经济研究》第2期。

赵峰，2009，《资本主义经济增长的逻辑——马克思经济增长理论的现代阐释》，经济科学出版社。

赵峰、马慎萧，2015，《金融资本、职能资本与资本主义的金融化——马克思主义的理论和美国的现实》，《马克思主义研究》第2期。

赵峰、赵奕菡、李帮喜，2018，《固定资本、生产资料优先增长与工业化——基于三大部类再生产图式的结构分析》，《教学与研究》第3期。

中国经济增长前沿课题组，2015，《突破经济增长减速的新要素供给理论、体制与政策选择》，《经济研究》第11期。

中国经济增长前沿课题组、张平、刘霞辉、袁富华、陈昌兵、陆明涛，2012，《中国经济长期增长路径、效率与潜在增长水平》，《经济研究》第11期。

置盐信雄，1961，《Sraffa: Commodity Production by Means of Commodities》，《国民経済雑誌》第3期。

置盐信雄，1976，《蓄積論》，东京：筑摩書房。

置盐信雄，1972，《Marxの生産価格論について》，《神戸大學經濟學研究年報》。

置盐信雄、中谷武，1975，《利潤存在と剰余労働——固定資本を考慮して》，《季刊理論經濟學》第2期。

Acemoglu, Daron and Veronica Guerrieri, 2008, "Capital Deepening and

Nonbalanced Economic Growth," *Journal of political Economy*, Vol. 116, No. 3.

Ahmad, Syed, 1975, "Marx's Economics," *The Canadian Journal of Economics*, Vol. 8, No. 3.

ArocheReyes, Fidel, 2021, "On Growth Regimes, Structural Change and Input Coefficients," *Economic Systems Research*, Vol. 33, No. 1.

Baker, Scott R., Robert A. Farrokhnia, Steffen Meyer, Michaela Pagel, and Constantine Yannelis, 2020, "How Does Household Spending Respond to an Epidemic? Consumption during the 2020 COVID-19 Pandemic," *The Review of Asset Pricing Studies*, Vol. 10, No. 4.

Baldone, Salvatore, 1980, "Fixed Capital in Sraffa's Theoretical Scheme," in Luigi Lodovico Pasinetti ed., *Essays on the Theory of Joint Production*, London: Palgrave Macmillan, pp. 88–137.

Barro, Robert J. and Xavier Sala-i-Martin, 1992, "Convergence," *Journal of political Economy*, Vol. 100, No. 2.

Basu, Deepankar and Oscar Orellana, 2023, "Technical Change, Constant Rate of Exploitation and Falling Rate of Profit in Linear Production Economies," *Metroeconomica*, Vol. 74, No. 3.

Bellino, Enrico, 2004, "On Sraffa's Standard Commodity," *Cambridge Journal of Economics*, Vol. 28, No. 1.

Bellino, Enrico, 2014, "Necessary Prices and Necessary Income Distribution in Classical Political Economy: A Bridge with the Notions 'Just' Prices and 'Just' Wage," *Rivista Internazionale Di Scienze Sociali*, Vol. 122, No. 2.

Bidard, Christan, 1996, "All-Engaging Systems," *Economic Systems Research*, Vol. 8, No. 4.

Brodeur, Abel, David Gray, Anik Islam and Suraiya Bhuiyan, 2021, "A Literature Review of the Economics of COVID-19," *Journal of economic surveys*, Vol. 35, No. 4.

Burmeister, Edwin, 1968, "On a Theorem of Sraffa," *Economica*, Vol. 35, No. 137.

Chatelin, Françoise ed. , 2012, *Eigenvalues of Matrices: Revised Edition*, Philadelphia: SIAM.

Cogliano, Jonathan F. , Peter Flaschel, Reiner Franke, Nils Fröhlich and Roberto Veneziani, eds. , 2019, *Value, Competition and Exploitation: Marx's Legacy Revisited*, Cheltenham and Northampton: Edward Elgar Publishing.

D'Agata, Antonio, 2021, "Normative (and Objective) Analysis in Sraffa's System," *Metroeconomica*. Vol. 72, No. 3.

de Vivo, Giancarlo, 2016, "Some Notes on Marx's Role in the Development of Sraffa's Thought," *Contributions to Political Economy*, Vol. 35, No. 1.

Dennis, Benjamin N. and Talan B. İşcan, 2009, "Engel versus Baumol: Accounting for Structural Change using Two Centuries of US Data," *Explorations in Economic History*, Vol. 46, No. 2.

Dobb, Maurice, 1973, *Theories of Value and Distribution since Adam Smith*, London: Cambridge University Press.

Dorfman, Robert, Paul Anthony Samuelson and Robert M. Solow, 1958, *Linear Programming and Economic Analysis*, New York: McGraw-Hill.

Duménil, Gérard, 1983, "Beyond the Transformation Riddle: A Labor Theory of Value," *Science & Society*, Vol. 47, No, 4.

Echevarria, Cristina, 1997, "Changes in Sectoral Composition Associated with Economic Growth," *International Economic Review*, Vol. 38, No. 2.

Farjoun, Emmanuel, 1984, "The Production of Commodities by Means of What?" in Ernest Mandel and Alan Freeman, eds. , *Marx, Ricardo, Sraffa: The Langston Memorial Volume*, London: Verso.

Foellmi, Reto and Josef Zweimüller, 2008, "Structural Change, Engel's Consumption Cycles and Kaldor's Facts of Economic Growth," *Journal of Monetary Economics*, Vol. 55, No. 7.

Foley, Duncan K., 1982a, "Realization and Accumulation in a Marxian Model of the Circuit of Capital," *Journal of Economic Theory*, Vol. 28, No. 2.

Foley, Duncan K., 1982b, "The Value of Money the Value of Labor Power and the Marxian Transformation Problem," *Review of Radical Political Economics*, Vol. 14, No. 2.

Fujimori, Yoriaki, 1982, *Modern Analysis of Value Theory*, Berlin, Heidelberg and New York: Springer.

Fujimori, Yoriaki, 1992, "Wage – Profit Curves in a von Neumann – Leontief Model: Theory and Computation of Japan's Economy 1970 – 1980," *Journal of Applied Input – Output Analysis*, Vol. 1, No. 1.

Fujimori, Yoriaki, 1998, "Innovations in the Leontief Economy," *Waseda Economic Papers*, Vol. 37.

Fujimoto, Takao, 1978, "Exploitation, Profits and Growth: A Disequilibrium Analysis," *The Economic Studies Quarterly*, Vol. 29, No. 3.

Gale, David, 1960, *The Theory of Linear Economic Models*, New York: McGraw – Hill.

García de la Sienra, Adolfo, 1992, *The Logical Foundations of the Marxian Theory of Value*, Dordrecht: Kluwer Academic Publishers.

Garegnani, Pierangelo, 1984, "Value and Distribution in the Classical Economists and Marx," *Oxford Economic Papers*, Vol. 36, No. 2.

Garegnani, Pierangelo, 1998, "Sraffa, Piero," in Heinz D. Kurz and Neri Salvadori, eds., *The Elgar Companion to Classical Economics*, Cheltenham: Edward Elgar Publishing, ch. 159.

Harada, Tsutomu, 2018, "A Model of Intersectoral Flow of Technology Using Technology and Innovation Flow Matrices," *Economic Systems*

Research, Vol. 30, No. 2.

Hawkins, David and Herbert A. Simon, 1949, "Note: Some Conditions of Macroeconomic Stability," *Econometrica*, Vol. 17, No. 3/4.

Hirschman, Albert O., 1958, *The Strategy of Economic Development*, New Haven: Yale University Press.

Howe, Charles W., 1960, "An Alternative Proof of the Existence of General Equilibrium in a von Neumann Model," *Econometrica*, Vol. 28, No. 3.

Huth, Thomas, 2013, "Georg von Charasoff's Theory of Value, Capital and Prices of Production," *Working Paper Series in Economics*, No. 279.

Jorgenson, Dale W., 1960, "A Dual Stability Theorem," *Econometrica*, Vol. 28, No. 4.

Kongsamut, Piyabha, Sergio Rebelo and Danyang Xie, 2001, "Beyond Balanced Growth," *The Review of Economic Studies*, Vol. 68, No. 4.

Koopmans, Tjalling C., 1964, "Economic Growth at a Maximal Rate," *The Quarterly Journal of Economics*, Vol. 78, No. 3.

Kotz, David M. and Deepankar Basu, 2019, "Stagnation and Institutional Structures," *Review of Radical Political Economics*, Vol. 51, No. 1.

Krelle, Wilhelm, 1977, "Basic Facts in Capital Theory: Some Lessons from the Controversy in Capital Theory," *Revue d'économie politique*, Vol. 87, No. 2.

Krugman, Paul, 2014, "Four Observations on Secular Stagnation," in Coen Teulings and Richard Baldwin, eds., *Secular Stagnation: Facts, Causes and Cures*, London: CEPR Press.

Kurz, Heinz D., 1979, "Sraffa after Marx," *Australian Economic Papers*, Vol. 18, No. 32.

Kurz, Heinz D., 2011, "Who Is Going to Kiss Sleeping Beauty? On the 'Classical' Analytical Origins and Perspectives of Input – Output Analysis," *Review of Political Economy*, Vol. 23, No. 1.

Kurz, Heinz D. and Neri Salvadori, 1993, "Von Neumann's Growth Model and the 'Classical' Tradition," *Journal of the History of Economic Thought*, Vol. 1, No. 1.

Kurz, Heinz D. and Neri Salvadori, 1995, *Theory of Production: A Long-Period Analysis*, Cambridge: Cambridge University Press.

Kurz, Heinz D. and Neri Salvadori, 2000, "'Classical' Roots of Input-Output Analysis: A Short Account of Its Long Prehistory," *Economic Systems Research*, Vol. 12, No. 2.

Kurz, Heinz D. and Neri Salvadori, 2006, "Input-Output Analysis from a Wider Perspective: A Comparison of the Early Works of Leontief and Sraffa," *Economic Systems Research*, Vol. 18, No. 4.

Kurz, Heinz D. and Neri Salvadori, 2003, "Theories of 'Endogenous' Growth in Historical Perspective," in Heinz D. Kurz and Neri Salvadori, eds., *Classical Economics and Modern Theory*, London: Routledge.

Landesmann, Michael A. and Roberto Scazzieri, 1996, *Production and Economic Dynamics*, Cambridge: Cambridge University Press.

Lange, Oskar, 1957, "Some Observations on Input-Output Analysis," *Sankhyā: The Indian Journal of Statistics* (1933-1960), Vol. 17, No. 4.

Leontief, Wassily, 1936, "Quantitative Input and Output Relations in the Economic System of the United States," *The Review of Economic Statistics*, Vol. 18, No. 3.

Leontief, Wassily, 1953, *Studies in the Structure of the American Economy*, Oxford: Oxford University Press.

Li, Bangxi, 2013, "Turnpike Paths in a Marx-Sraffa-von Neumann Model with Fixed Capital: A Case Study of China's Economy 1995-2000," *Review of Western Economics*, No. 3.

Li, Bangxi, 2014a, "Fixed Capital and Wage – Profit Curves à la von Neumann – Leontief: China's Economy 1987 – 2000," *Research in Political Economy*, No. 29.

Li, Bangxi, 2014b, "Marx's Labour Theory of Value and Its Implications to Structural Problems of China's Economy," *Economic and Political Studies*, Vol. 2, No. 2.

Li, Bangxi, 2017, *Linear Theory of Fixed Capital and China's Economy*, Singapore: Springer.

Li, Bangxi, Yihan Zhao and Yoriaki Fujimori, 2018, "Marx – Okishio System and Perron – Frobenius Theorem," *Post Keynesian Review*, Vol. 6, No. 1.

LiBangxi, Rui Lu, Yihan Zhao and Yoriaki Fujimori, 2019, "Linear Programming with Moore – Penrose Inverses and the Gravitation Method," *Post Keynesian Review*, Vol. 7, No. 1.

Lo, Dic and Yu Zhang, 2011, "Making Sense of China's Economic Transformation," *Review of Radical Political Economics*, Vol. 43, No. 1.

LongZhiming, Feng Zhao, Bangxi Li and Rémy Herrera, 2020, "US – China Trade War Has the Real 'Thief' Finally Been Unmasked?" *Monthly Review*, Vol. 75, No. 5.

Ludvigson, Sydney C., Sai Ma and Serena Ng, 2020, "Covid – 19 and the Macroeconomic Effects of Costly Disasters," NBER Working Paper, No. w26987.

Manara, Carlo Felice, 1980, "Sraffa's Model for the Joint Production of Commodities by Means of Commodities," in Luigi Lodovico Pasinetti ed., *Essays on the Theory of Joint Production*, London: Palgrave Macmillan.

Mangasarian, O. L., 1979. "Uniqueness of Solution in Linear Programming," *Linear Algebra and Its Applications*, Vol. 25.

Marquetti, Adalmir, Luiz Eduardo Ourique and Henrique Morrone, 2020, "A Classical – Marxian Growth Model of Catching Up and the Cases of China, Japan, and India: 1980 – 2014," *Review of Radical Political Economics*, Vol. 52, No. 2.

Matsuyama, Kiminori, 1992, "A Simple Model of Sectoral Adjustment," *The Review of Economic Studies*, Vol. 59, No. 2.

McKenzie, Lionel W., 1963, "Turnpike Theorems for a Generalized Leontief Model," *Econometrica*, Vol. 32, No. 1/2.

Meyer, Carl D., 2004, *Matrix Analysis and Applied Linear Algebra*, Philadelphia: SIAM.

Morishima, Michio, 1960, "Economic Expansion and the Interest Rate in Generalized von Neumann Models," *Econometrica*, Vol. 28, No. 2.

Morishima, Michio, 1961, "Proof of a Turnpike Theorem: the 'No Joint Production' Case," *The Review of Economic Studies*, Vol. 28, No. 2.

Morishima, Michio, 1964, *Equilibrium, Stability and Growth*, Oxford: Oxford University Press.

Morishima, Michio, 1969, *Theory of Economic Growth*, Oxford: Oxford University Press.

Morishima, Michio, 1974, "Marx in the Light of Modern Economic Theory," *Econometrica*, Vol. 42, No. 4.

Morishima, Michio and George Catephores, 1978, *Value, Exploitation and Growth: Marx in the Light of Modern Economic Theory*, London: McGraw – Hill.

Morishima, Michio, 1973, *Marx's Economics: A Dual Theory of Value and Growth*, Cambridge: Cambridge University Press.

Moseley, Fred, 2018, "Which Way Forward: Marx's Theory or Sraffa's Theory? A Reply to Laibman," *World Review of Political Economy*, Vol. 9, No. 2.

Ngai, L. Rachel and Christopher A. Pissarides, 2007, "Structural Change in a Multisector Model of Growth," *American Economic Review*, Vol. 97, No. 1.

Nikaido, Hukukane, 1964, "Persistence of Continual Growth near the von Neumann Ray: A Strong Version of the Radner Turnpike Theorem," *Econometrica*, Vol. 32, No. 1/2.

Nikaido, Hukukane, 1968, *Convex Structures and Economic Theory*, New York and London: Academic Press.

Ochoa, Eduardo M., 1989, "Value, Prices and Wage – Profit Curves in the U. S. Economy," *Cambridge Journal of Economics*, Vol. 13, No. 3.

Okishio, Nobuo, 1961, "Technical Changes and the Rate of Profit," *Kobe University Economic Review*, Vol. 7.

Okishio, Nobuo, 1993, *Essays on Political Economy: Collected Papers*, Berlin: Peter Lang.

Okishio, Nobuo, 1959, "Measurement of the Rate of Surplus Value," *Economic Review*, Vol. 10, No. 4.

Okishio, Nobuo, 1963, "A Mathematical Note on Marxian Theorems," *Weltwirtshaftliches Archiv*, Vol. 91.

Parchure, Rajas, 2019, "Sraffian General Equilibrium," *Metroeconomica*, Vol. 70, No. 4.

Pasinetti, Luigi Lodovico, 1977, *Lectures on the Theory of Production*, New York: Columbia University Press.

Pasinetti, Luigi Lodovico, 1981, *Structural Change and Economic Growth: A Theoretical Essay on the Dynamics of the Wealth of Nations*, London: Cambridge University Press.

Pasinetti, Luigi Lodovico, 1993, *Structural Economic Dynamics*, London: Cambridge University Press.

Pasinetti, Luigi Lodovico and Robert M. Solow, eds., 1994, *Economic Growth and the Structure of Long – Term Development*, New York: St. Martin's Press.

Petrovi, Pavle, 1991, "Shape of a Wage – Profit Curve, Some Methodology and Empirical Evidence," *Metroeconomica*, Vol. 42, No. 2.

Porta, Pier Luigi, 1986, "Understanding the Significance of Piero Sraffa's Standard Commodity: A Note on the Marxian Notion of Surplus," *History of Political Economy*, Vol. 18, No. 3.

Qi, Hao, 2020, "Power Relations and the Labour Share of Income in China," *Cambridge Journal of Economics*, Vol. 44, No. 3.

Radner, Roy, 1961, "Paths of Economic Growth That Are Optimal with Regard Only to Final States: A Turnpike Theorem," *Review of Economic Studies*, Vol. 28, No. 2.

Roemer, John E., 1979, "Marx after Sraffa by Ian Steedman," *Science & Society*, Vol. 43, No. 1.

Roemer, John E., 1981, *Analytical Foundations of Marxian Economic Theory*, Cambridge: Cambridge University Press.

Rosenberg, Nathan, Ralph Landau and David C. Mowery, 1992, *Technology and the Wealth of Nations*, Stanford: Stanford University Press.

Rosenstein – Rodan, Paul N., 1943, "Problems of Industrialisation of Eastern and South – Eastern Europe," *The Economic Journal*, Vol. 53, No. 210/211.

Samuelson, Paul A., 1971, "Understanding the Marxian Notion of Exploitation: A Summary of the So – Called Transformation Problem between Marxian Values and Competitive Prices," *Journal of Economic Literature*, Vol. 9, No. 2.

Schefold, Bertram, 1980, "Fixed Capital as a Joint Product and the Analysis of Accumulation with Different Forms of Technical Progress," in Luigi Lodovico Pasinetti ed., *Essays on the Theory of Joint Production*, London: Palgrave Macmillan.

Schefold, Bertram, 1989, *Mr Sraffa on Joint Production and Other Essays*, London: Unwin Hyman Ltd.

Schefold, Bertram, 2019, "The Transformation of Values into Prices on the Basis of Random Systems Revisited," *Evolutionary and Institutional Economics Review*, Vol. 16, No. 2.

Seneta, Eugene, 1980, *Non-negative Matrices and Markov Chains*, New York: Springer.

Seton, Francis, 1957, "The 'Transformation Problem'," *The Review of Economic Studies*, Vol. 24, No. 3.

Shaikh, Anwar M., 2016, *Capitalism: Competition, Conflict, Crises*, Oxford: Oxford University Press.

Shaikh, Anwar M. and E. Ahmet Tonak, 1994, *Measuring the Wealth of Nations: The Political Economy of National Accounts*, New York: Cambridge University Press.

Sienra Soklis, George, 2011, "Shape of Wage-Profit Curves in Joint Production Systems: Evidence frome the Supply and Use Tables of the Finnish Economy," *Metroeconomica*, Vol. 62, No. 4.

Solow, Robert M., 1959, "Competitive Valuation in a Dynamic Input-Output System," *Econometrica*, Vol. 27, No. 1.

Sraffa, Piero, 1960, *Production of Commodities by Means of Commodities*, Cambridge: Cambridge University Press.

Steedman, Ian, 1975, "Positive Profits with Negative Surplus Value," *The Economic Journal*, Vol. 85, No. 337.

Steedman, Ian, 1976, "Positive Profits with Negative Surplus Value: A Reply," *The Economic Journal*, Vol. 86, No. 343.

Steedman, Ian, 1977, *Marx after Sraffa*, London: NLB.

Steenge, Albert E., Maaike C. Bouwmeester and André Carrascal Incera, 2019, "Rents, Resources, and Multiple Technologies-Ricardian Mechanisms in Input-Output Modelling," *Economic Systems Research*, Vol. 31, No. 3.

Strang, Gilbert, 1988, *Linear Algebra and Its Applications*, London:

Thomson Learning.

Summers, Lawrence H., 2014, "U. S. Economic Prospects: Secular Stagnation, Hysteresis, and the Zero Lower Bound," *Business Economics*, Vol. 49, No. 2.

Torrens, Robert, 1821, *An Essay on the Production of Wealth*, London: Longman, Hurst, Rees, Orme, and Brown.

Tsukui, Jinkichi, 1966, "Turnpike Theorem in a Generalized Dynamic Input – Output System," *Econometrica*, Vol. 34, No. 2.

Tsukui, Jinkichi, 1968, "Application of a Turnpike Theorem to Planning for Efficient Accumulation: An Example for Japan," *Econometrica*, Vol. 36, No. 1.

Uzawa, Hirofumi, 1962, "Walras' Existence Theorem and Brouwer's Fixed Point Theorem," *The Economic Studies Quarterly*, Vol. 13, No. 1.

Varri, Paolo, 1980, "Prices, Rate of Profit and Life of Machines in Sraffa's Fixed – Capital Model," in Luigi Lodovico Pasinetti ed., *Essays on the Theory of Joint Production*, London: Palgrave Macmillan.

Veneziani, Roberto, 2004, "The Temporal Single – System Interpretation of Marx's Economics: A Critical Evaluation," *Metroeconomica*, Vol. 55, No. 1.

Von Charasoff, Georg, 1909, *Karl Marx über die menschliche und kapitalistische Wirtschaft: eine neue Darstellung seiner Lehre*, Berlin: Hans Bondy.

Von Charasoff, Georg, 1910, *Das System des Marxismus: Darstellung und Kritik*, Berlin: Hans Bondy.

Von Neumann, J., 1945, "A Model of General Economic Equilibrium," *The Review of Economic Studies*, Vol. 13, No. 1.

Weiss, John and Michael A. Tribe, eds., 2015, *Routledge Handbook of Industry and Development*, London and New York: Routledge.

Wolff, Edward, 1977, "Unproductive Labor and the Rate of Surplus Value in the United States: 1947 – 1967," *Research in Political Economy*, No. 1.

Zhu, Andong and David M, Kotz, 2011, "The Dependence of China's Economic Growth on Exports and Investment," *Review of Radical Political Economics*, Vol. 43, No. 1.

索 引

B

比较优势　6，183
边际主义　5，17，85
标准商品　19，21，25，28
标准体系　18—21，29
不变价值尺度　14，19，28

C

参数动态化　34，84，86，87，119
产能过剩　98，109，110，113，116，182
产能增长路径　47，53，54
产业链　164，170，174，189
长期均衡　45，46，48，186
垂直整合　86，87

D

大道定理　32，139
大道理论　31，32

F

发展经济学　6，7，33，84
非负不可约矩阵　50，54，131
非均衡　21—23，46，55，102，186
分工　3，5，38，123，164，173
冯·诺依曼潜在增长率　130，131，133—135，147，149，150

G

供给侧　3，4，30，188
规模报酬　17，18，22，30，43
国际贸易　163，172，174，176，178，181，187，188
国际收支平衡　163，165，172

H

后工业化　3，152，189

J

技术选择　24，33，34，36，56，85
价值丧失　118，186
价值实现困难　104，117，119，120，186
剑桥方程式　28，129
结构主义　33，85
金融化　178，187
金融危机　3，148，150，174
经济剩余　2，13，14，19，38，137，172
经济政策　3，112，120，186

K

魁奈　13，14

L

劳动价值论　36，37，39，41，55，56
李嘉图　5，14，19，38，85
劣等生产过程　41，57，64
流通　13，139，154，160

M

马克思基本定理　41，42，52，55，67
马克思潜在增长率　130，131，133—135，137，140，147，149，150
马克思—斯拉法模型　58—60，64，65，70，74，76
马克思—置盐体系　49—51，53—55，82，186
摩尔—彭诺斯伪逆　27，56，68
美元霸权　178，184

P

帕西内蒂　34，35，86，87，102，103，119
配龙—弗罗宾尼斯定理　19，25—27，49，186

Q

去工业化　3，165，178，181，183，184，187，189

S

社会化大生产　8，122，138，159
生产过剩　103
生产性条件　24，82，83，96，107，109，112，113，186
生存工资　19，40，102
市场化改革　137，149，166
市场机制　116，119，120，186
市场价格　19，28，192
收入分配制度　91，172，182

数理马克思主义政治经济学 8，20，39，48，186
衰退 6，184，187
双循环 4，170，171，173
双重对偶性 50，54
斯蒂德曼 36，39，41
斯密 5，14，37，85

W

稳态 30，81，105

X

新常态 4，136
新发展格局 4，188
新发展阶段 3，188
新自由主义 175，178，184

Y

一般均衡 17，18，48，55，105

用商品生产商品 14，18，20，35
有偏技术进步 166，187，189
有时期的劳动 20，21，36，38
迂回生产 138，166，181

Z

再生产理论 7，9，37，39，46，152，157，183
再生产图式 14，15，38，46
增长理论 4—6，12，85，105
置盐定理 33，34，53
转形问题 15，43，44，49，101
资本循环 152—154，156—158，163，164，173，183
资本周转 3，160